COMPUTER
GRUNDWISSEN

Christian T. Wolff

COMPUTER
GRUNDWISSEN

**Eine Einführung in Funktion
und Einsatzmöglichkeiten**

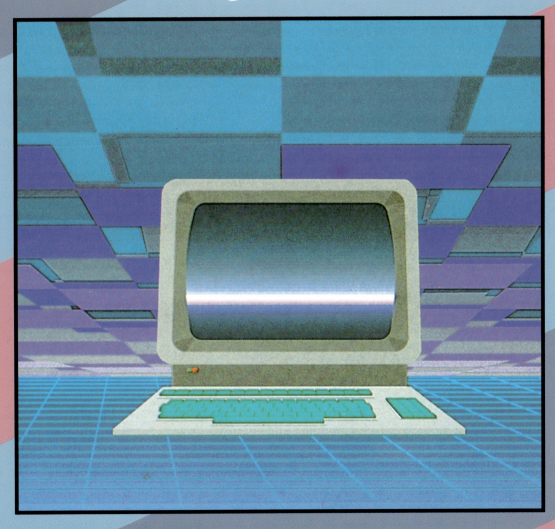

Vorwort

Die Hände waren das erste Werkzeug, das der Menschheit zur Verfügung stand, nachdem sie den aufrechten Gang erlernte. Mit den Händen ließ sich einiges anfangen: Bananen pflücken, Feuer schlagen, Pfeile schnitzen ... Jedermann weiß sicherlich einiges hinzuzufügen.

Die Sumerer zum Beispiel formten – sehr viel später – Tontafeln und drückten mit Keilen Symbole in die weiche Masse, um auf diese Weise Bestandsaufnahmen über ihre Lagervorräte zu machen. Damit war die Schrift erfunden (und die Buchhaltung). Es dauerte noch gut 5 000 Jahre, dann mechanisierte Gutenberg die Verbreitung des geschriebenen Wortes.

Irgendwann wurden Web- und Dampfmaschinen erfunden, Lokomotiven und Automobile. Immer verursachten solche Neuerungen Staunen, Bewunderung und Angst. Von Revolution gar war die Rede, wenn auch von industrieller, oder von Wunderwerken der Technik. – Nicht anders ging es bei der Erfindung des Computers zu.

Heute haben sich die Gemüter beruhigt. Hinter Bahnhofs- und Bankschaltern, im Büro und im abendlichen Fernsehkrimi, auch in zahlreichen Kinderzimmern ist der Computer zu Hause: Die Schwellenängste und Akzeptanzprobleme sind überwunden.

Doch, wie es bei allen bereits etablierten technischen Neuerungen der Fall ist: Man sieht sie täglich, man benutzt sie täglich, man hat sich an ihre Gegenwart gewöhnt, aber – Hand aufs Herz – man weiß wenig darüber. Denen, die den im Prinzip einfachen Dingen auf den Grund gehen wollen und sich nicht von Neuerungen und einer eigenen Fachsprache abschrecken lassen, ist dieses Werk zugedacht.

Unter dem Titel „Computer Grundwissen" ist dieses Buch 1984 zum ersten Mal im FALKEN Verlag erschienen. Seitdem ist es immer wieder überarbeitet und aktualisiert worden. Denn es gibt keine andere Branche, die in derart kurzen Zeiten immer neue, bahnbrechende Entwicklungen hervorbrachte.

Ist heute eine leichte Stagnation bei der Hardware-Entwicklung zu sehen, so schreitet der Fortschritt bei der Software immer mehr voran. Seitdem die grafische Benutzeroberfläche Windows von Microsoft ihren Siegeszug angetreten hat, ist der Begriff „Ergonomie" auch bei DOS PCs kein Fremdwort mehr. So wurde vor allem dem Kapitel „Software" in dieser Auflage eine völlige Überarbeitung gewidmet, um dem geneigten Leser einen aktuellen und vollständigen Überblick zu bieten.

Autor und Verlag

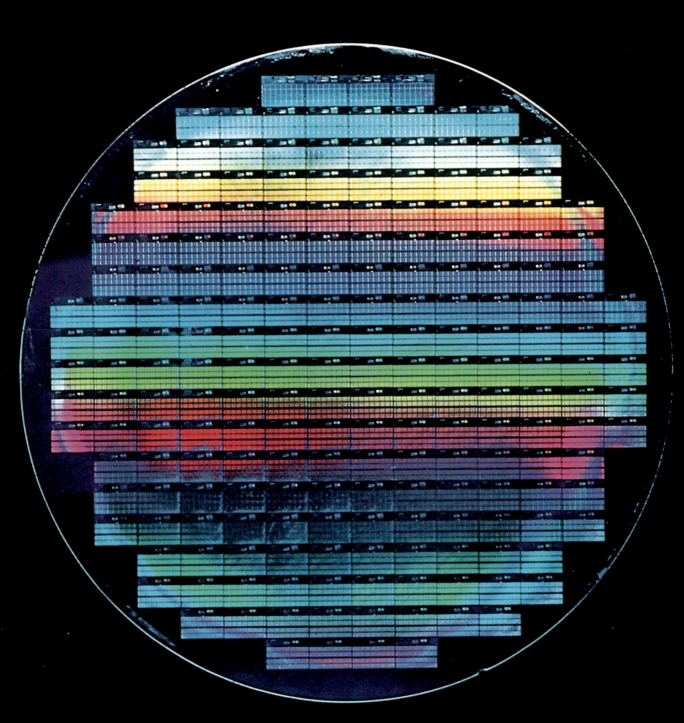

Inhalt

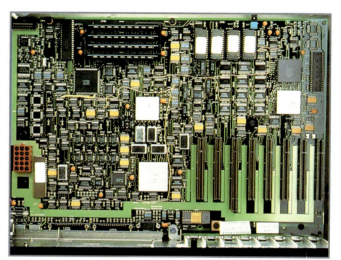

Übersicht	10
Übersicht	12
Anwendung	12
Computertypen	12
Bestandteile	12
Funktionsweise	13
Herstellung	13
Geschichte	13
Anwendung	14
Wozu braucht man einen PC?	14
Der PC: das Büro zu Hause?	17
Computertypen	18
Preisbereiche	25
Bestandteile	26
Funktionsweise	30
Der Arbeitsspeicher	38
Rechnen mit Bits	39
Der Prozessor	40
Herstellung	46
Geschichte	50

Hardware	56
Hardware – das „Anfaßbare"	58
Zentraleinheit	58
Steuergeräte	58
Peripherie	59
Kommunikation	59
Zentraleinheit	60
Prozessor	60
Arbeitsspeicher	64
RAM	64
ROM	67
Cache-Speicher	68
Grundschnittstellen	68
Parallele Schnittstellen	68
Serielle Schnittstellen	69
Erweiterungssteckplätze	71
Co-Prozessoren	72
Grafikkarten	73

Laufwerke	75
Disketten und ihre Laufwerke	76
Festplatten	80
Magnetbandlaufwerke	81
Optische Speicher	82
Sonderanwendungskarten	84
Steuergeräte	85
Tastatur	85
Bildschirm	86
LCD- und Plasmatechnik	88
Maus	90
Grafiktableau	91
Lightpen	91
Touchdisplay	91
Joystick	91
Peripherie	92
Drucker	92
Nadeldrucker	93
Laserdrucker	94
Tintenstrahldrucker	95
Typenraddrucker	96
Thermodrucker	96
Plotter	96
Scanner	98
Kommunikation	100
Datenfernübertragung	100
Modems	101
Telex	102
Die Weiterentwicklung: Teletex	102
Bildschirmtext	102
Telefax	104
Datexnetz	104
ISDN	105
Lokale Netze	106

Software | 108

Software – das Lebenselixier des Computers | 110
Betriebssystem | 110
Anwendungssoftware | 110
Programmiersprachen | 111

Betriebssystem | 112
Woraus besteht ein Betriebssystem? | 113
Das Betriebssystem DOS auf dem PC | 113
    Das Startprogramm | 113
    Das Betriebssystem DOS | 114
    Die Benutzeroberfläche (Shell) | 114
    Der Boot-Vorgang | 114
    Verzeichnisstruktur | 115
Forderungen an ein modernes Betriebssystem | 117
    Direkte Speicheradressierung | 117
    Multitasking | 117
    Protected Mode des Prozessors | 118
    Multiuser-Betrieb | 118
    Weitere Anforderungen | 118
Benutzeroberflächenstandards | 119
    Grafische Benutzeroberflächen | 120
Microsoft Windows | 120
    Programmierschnittstellen (API) | 120
    Der Windows-Desktop | 121

    Multitasking | 122
    Virtuelles Speichermanagement | 123
    Die Zwischenablage | 124

Anwendungssoftware | 126
Textverarbeitung | 128
Datenbankmanagementsysteme | 132
Tabellenkalkulation | 134
Geschäftsgrafik | 135
Integrierte Softwarepakete | 136
Desktop Publishing | 138
Gewerbliche Programme | 140
    Branchenlösungen | 140
    Individualsoftware | 140
    Buchhaltung | 140
    Finanzbuchhaltung | 140
    Fakturierung | 142
    Lohnbuchhaltung | 142
    Lagerverwaltung | 143
Technisch-wissenschaftliche Programme | 144
Lernprogramme | 146
Expertensysteme (KI) | 148
Hilfsprogramme | 150
Spiele | 152
Sonstiges | 154

Programmiersprachen — 156	**Service** — 164
Strukturierung — 157	
Assembler — 159	Beratung — 166
ADA — 159	Entscheidung mit Folgen — 166
BASIC — 160	Guter Rat kann billig sein — 166
C — 160	Berater — 166
COBOL — 161	Zeitschriften — 166
FORTRAN — 161	Handel — 168
LISP — 161	
LOGO — 162	Schulung — 169
PASCAL — 162	Verkürzte Einarbeitung — 170
PROLOG — 162	Welche Schule ist die beste? — 170
Andere Programmiersprachen — 163	
ALGOL — 163	Wartung — 171
FORTH — 163	Beim Kauf bereits an den Ausfall denken — 171
PL/1 — 163	Wenn es passiert ist — 171
APL — 163	Wägen Sie ab: Zeit gegen Kosten — 172
COMAL — 163	**Anhang** — 174
MODULA-2 — 163	Fachwortverzeichnis — 174
PEARL — 163	Literatur — 181
	Register — 182

| Übersicht | Hardware | Software | Service | Anhang |

| Anwendung | Computertypen | Bestandteile | Funktionsweise | Herstellung | Geschichte |

Übersicht

Die Informationstechniken und die Mikroelektronik verändern die unterschiedlichsten Lebensbereiche der Menschen mit atemberaubender Geschwindigkeit. Die Industriegesellschaft entwickelt sich immer mehr zur Informationsgesellschaft.

Eine technologische Neuerung, die den Umbau unserer Lebensverhältnisse vorantreibt, sind die elektronischen Maschinen, die ursprünglich bloß Rechnungen ausführen sollten, die sogenannten Computer (lateinisch: „computare", zusammenrechnen, berechnen; englisch: „to compute", berechnen, errechnen). Inzwischen hat man sich an den Einsatz von Mikroprozessoren in einer Vielzahl von Geräten gewöhnt, meist werden diese schon gar nicht mehr wahrgenommen.

Unter den Computern wächst die Bedeutung eines Universalrechners, des Personal Computers („persönlicher Computer" oder kurz „PC"), der sowohl im privaten wie im beruflichen Bereich eine Vielzahl von Aufgaben lösen kann. Derzeit schätzt man die Zahl der kommerziell in der Bundesrepublik eingesetzten PCs auf mehr als 4 Millionen, und es ist bereits absehbar, daß in naher Zukunft in jedem Haushalt und – beinahe schon selbstverständlich – in jeder Fabrik so eine oder ähnliche Maschinen benutzt werden.

Anhand des am weitesten verbreiteten Arbeitsplatzcomputers, dem Personal Computer, soll im vorliegenden Buch Grundwissen auch zur Computertechnik als solches vermittelt werden.

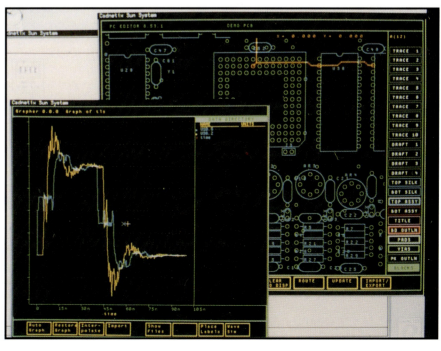

| Übersicht | Hardware | Software | Service | Anhang |

| Anwendung | Computertypen | Bestandteile | Funktionsweise | Herstellung | Geschichte |

Übersicht

Der Themenbereich „Computer" ist sehr komplex, denn es gehören nicht nur mehrere Einzelthemen dazu, sondern das Gesamtthema berührt auch viele Bereiche des menschlichen Lebens. So mußte gleich zu Anfang die Entscheidung getroffen werden: soll dieses Buch sich „nur" mit Technik und Anwendung des Computers auseinandersetzen, oder sollen auch Themen wie „der Einfluß von Computerspielen auf die Entwicklung Jugendlicher" oder „der Einfluß der Computertechnik auf die Waffenentwicklung" usw. eine Rolle spielen.

Es wurde dann bewußt die Entscheidung getroffen: dieses Buch soll dem Nicht-Techniker, dem Computerlaien, eine verständliche Einführung in Technik und praktische Anwendung des Computers bieten. Das ist aber bei diesem Thema gar nicht so einfach. Goethe soll einmal gesagt haben „Wenn ich Zeit habe, schreibe ich kurze Briefe." Alle an diesem Buch Beteiligten haben bewußt darauf geachtet, daß die Inhalte nicht nur verständlich, sondern auch beim eigentlichen Thema

Anwendung

Überall, wo Aufgaben und Probleme des Messens, Rechnens, Regelns, Steuerns oder Überwachens zu lösen sind, werden heute Computer eingesetzt. Ihre vielfältigen Einsatzmöglichkeiten scheinen beinahe unerschöpflich. Welche Arbeiten und Tätigkeiten der Rechner im Alltag unterstützen kann, wo die Anwendungsgebiete der verschiedenen Computer und Computerprogramme liegen, wird im Unterabschnitt „Anwendung" ausgeführt.

Computertypen

Eine Fülle von sich überschneidenden Bezeichnungen (insbesondere auch von anglo-deutschen Wortschöpfungen) erschwert exakte Definitionen und einen Leistungsvergleich von Computerklassen. Es scheint, als würden nur Fachleute verstehen, was den einen Computer vom anderen unterscheidet. Die hier gegebene Übersicht stellt die zur Zeit gebräuchlichsten Computer vor und hilft, das Wirrwarr der Begriffe zu durchschauen.

Bestandteile

Ein Computer, speziell ein Personal Computer, besteht aus mehreren Funktionseinheiten, deren Zusammenspiel den Benutzer erst in die Lage versetzt, sinnvoll mit der Maschine zu arbeiten. Ohne besondere Einrichtungen für die gezielte Eingabe, Ausgabe, Verarbeitung und Speicherung von Zeichen und/oder von in Zeichenkombinationen verschlüsselten Informationen (wie Buchstaben oder Ziffern) ist das Betätigen eines Rechenautomaten ein sinnloses Experimentieren. Die Maschine wäre zu nichts nütze und könnte von einem Menschen nicht „bedient" werden. Das Unterkapitel stellt die wichtigsten Bestandteile in einer Übersicht vor.

bleiben. Wenn der Leser dieses Buches eine fundierte Grundlage erhält, um mitreden und mitentscheiden zu können, hat dieses Buch sein Ziel erreicht – und kann so auch einen positiven, versachlichenden Einfluß auf die Diskussion gesellschaftlich brisanter Themen im Umfeld des Computers leisten.

Als erster Schritt dazu wird in diesem Kapitel dem Leser ein Überblick über das Gesamtthema gegeben und Grundlagen für das Verständnis der folgenden Kapitel gelegt. Es gliedert sich in die Unterkapitel:
- Anwendung
- Computertypen
- Bestandteile
- Funktionsweise
- Herstellung
- Geschichte

Funktionsweise

Bislang rechnen und funktionieren alle Computer nach denselben Regeln und Grundprinzipien. Beispielsweise werden mit Hilfe von Funktionen digitale Verknüpfungen von Werten in elektronischen Schaltkreisen vorgenommen. Dieses Unterkapitel vermittelt theoretische Grundlagen zum „Innenleben" eines Rechners in allgemeinverständlicher Form. Sie erfahren, wie der Computer Zeichen und/oder in Zeichenkombinationen verschlüsselte Informationen (also Daten) entschlüsselt (dekodiert) und verarbeitet.

Herstellung

Was haben Kieselsteine mit einem Computer zu tun? Die wichtigsten Bestandteile heutiger Computer, die Halbleiterbauelemente, verdanken ihre Existenz dem gewöhnlichen Kiesel beziehungsweise dem Silizium (lateinisch: „siex", Kiesel). Aber wie wird das eine zum anderen, wie wird der Kiesel zu einer elektronischen Schaltung, die aus einer Vielzahl von integrierten Schaltkreisen besteht? Und wie wird dann aus den Schaltkreisen und anderen Teilen ein fertiger Computer? Darauf geht dieses Teilkapitel ein.

Geschichte

Neben der Computergeschichte im engeren Sinne – die erst in diesem Jahrhundert beginnt – wird in diesem Abschnitt auch auf die Geschichte der Rechenhilfsmittel und Rechenmaschinen eingegangen: denn ohne die im Verlauf von Jahrhunderten, ja Jahrtausenden von der Menschheit entwickelten Methoden der Informationsverarbeitung sind die heutigen Computer nicht denkbar.

Anwendung

Es wurde bereits erwähnt, daß man unter dem Begriff „Computer" alle elektronischen, programmgesteuerten Rechenmaschinen zusammenfaßt, und zwar unabhängig von ihren konkreten Verwendungszwecken. Programmgesteuert bedeutet, daß der Rechner eine Arbeitsanweisung oder eine Folge von Anweisungen zur Lösung einer bestimmten Aufgabe abarbeitet. Die Erstellung derartiger Anweisungen heißt Programmierung. Ironisch wird manchmal gesagt: das ist die Kunst, den Computer mit vielen unverständlichen Worten zu veranlassen, das zu tun, was man mit wenigen Handgriffen schneller selbst erledigen könnte. Allerdings ist das meist nur solange der Fall, bis man mit dem Computer und dem Programm genau vertraut ist: dann geht es mit dem Computer schneller. Die Art und Reihenfolge der Anweisungen legt ein Programmierer fest. Unter Computeranwendung oder -benutzung versteht man nun, daß Menschen zur Erledigung von bestimmten Aufgaben den Rechner einsetzen beziehungsweise vorhandene Lösung verwenden, ohne selbst über spezielle Programmier- oder Rechenkenntnisse verfügen zu müssen.

Im Sinne dieser Definition gebraucht heute jeder, kleinere Computer, ohne weiter darüber nachzudenken. Typisches Beispiel hierfür ist die auf einem winzigen Chip untergebrachte Steuerung in einer modernen Armbanduhr. Kaum jemand käme mehr auf die Idee, eine digitale Uhr als etwas sehr Merkwürdiges und Befremdliches zu empfinden. Oder denken Sie an Heizungssteuerungen und Klimaanlagen, die im Büro für eine angenehme Temperatur sorgen sollen, aber schon so manchen zum Schwitzen oder Frieren gebracht haben. Hier sind stets die Computer selbstverständlicher Bestandteil einer größeren, maschinellen Einheit geworden, die von ihnen gesteuert wird. Wie solche Rechner funktionieren, interessiert nur die Techniker. Die Hauptsache ist, daß sie etwas tun (daß sie zum Beispiel die Zeit messen) und ein zuverlässiges Ergebnis liefern (hier die Uhrzeit). Die Bedienung erfolgt für den Anwender wie von selbst. Allerdings: Solche speziellen Mikroprozessoren können nur Aufgaben bewältigen, die vorab definiert und für die sie konstruiert worden sind. Beispielsweise spielen Sie mit einem Schachcomputer Schach, aber Sie kommen nicht auf die Idee, mit ihm Briefe schreiben zu wollen. Oder Sie versuchen mit Hilfe eines Camcorders Ihre Familie auf Videoband einzufangen. Aber dessen Rechenautomatik zur Abrechnung Ihrer Einkommensteuer anzuwenden oder sie gar zu diesem Zweck umzuprogrammieren fällt niemand im Traum ein.

Der Einsatz von Computern ist nicht auf vordefinierte Teilgebiete begrenzt. Das Leistungspotential moderner Rechner oder Datenverarbeitungsanlagen erlaubt es sogar, unterschiedliche Aufgaben gleichzeitig zu bewältigen. Mehrere Bediener können an sogenannten Mehrplatzsystemen arbeiten. Komplexe Organisations- und Steuerprogramme sorgen dafür, daß der Anweisungsfluß innerhalb der Computersysteme dabei nicht durcheinander gerät.

Weitgehend vertraut sind Bilder vom Computereinsatz in der Weltraumfahrt, in Rechenzentren von Großbetrieben, in der Verkehrsüberwachung, bei der Flugsicherung und so weiter. Die Leistungsfähigkeit dieser Systeme muß aufgrund der Aufgabenstellung sehr hoch sein. Für weniger aufwendige Arbeiten gibt es kleinere Computersysteme, die Personal Computer oder PCs. Sie sind auf einen einzelnen Anwender zugeschnitten und genügen den meisten alltäglichen Anforderungen. Bei Bedarf lassen sich PCs auch zu „Netzen" verbinden.

Wozu braucht man einen PC?

PCs machen derzeit mehr als 80 Prozent aller Arbeitsplatz- oder Anwendungscomputer auf der Welt aus. Ihr Haupteinsatzort ist das Büro.

Briefeschreiben zum Beispiel oder die Berechnung der Einkommensteuer oder des Lohnsteuerjahresausgleichs sind typische Anwendungen, die per Hand oder maschinell mit Hilfe eines PCs erledigt werden können. In der Buchhaltung darf keine Buchung ohne Gegenbuchung erfolgen; Angebote, Mahnschreiben und Rechnungen müssen erstellt und an die Kunden weitergeleitet werden. Mit Schere, Klebstoff, Bleistift und Kopiergerät zeichnet und gestaltet man Bilanzen, Budgetplanungen und Texte zu aussagekräftigen Geschäftsberichten, ein Terminkalender, Telefonnummern und Adressen wollen verwaltet, ein Telex muß nach Übersee verschickt werden … und so weiter und so fort.

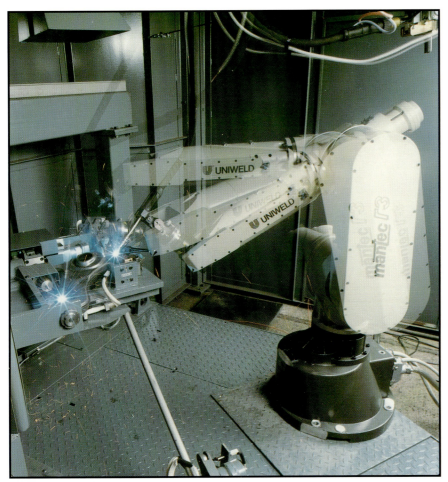

Industrieroboter werden von Computern gesteuert – kein Mensch könnte so exakt und ausdauernd arbeiten, ohne schnell zu ermüden

Terminal in der Kasse einer Bank

Hochauflösende Computergrafik

Bordcomputer sind in modernen Flugzeugen eine Selbstverständlichkeit

Alltägliche Computertechnik

Die Aufzählung von sich wiederholenden und oft monotonen Bürotätigkeiten ist lang. Gemeinsam ist ihnen, daß man sie alle mit Hilfe eines Computers erledigen kann. Nach einer Einarbeitungsphase geschieht dies in der Regel schneller und einfacher als mit der Hand, was die Monotonie mancher Büroarbeit auf ein erträgliches Maß reduziert. Sind Informationen und Arbeitsschritte erst einmal in computergerechter Form aufbereitet, können sie beliebig oft reproduziert werden. Eine Antwort auf Bewerbungsschreiben, ein Vertrag oder ähnliches muß nicht immer wieder neu geschrieben, sondern lediglich mit den aktuellen Daten (hier: Firmenadressen, Namen der Vertragspartner et cetera) versehen werden.

Welche Aufgaben Sie zu Hause oder im Büro mit einem PC erledigen wollen, bleibt im Prinzip ganz Ihrer Phantasie überlassen, da der PC als „offenes" Medium unendlich viele Anwendungsgebiete umfaßt beziehungsweise genau jene, die man mit ihm erledigt. Ob Sie mit seiner Hilfe ein Fahrtenbuch führen, eine Dia-Sammlung verwalten, die englische Sprache erlernen, Schach spielen oder mittels einer Simulation als Reporter durch Deutschland reisen wollen – dem PC ist fast jede Anwendung recht, und es ist weitaus schwieriger, Aufgaben zu finden, die man tatsächlich nicht mit ihm ökonomischer lösen kann.

Wie erlernt man die Handhabung eines PCs, ohne bloß nutzenmaximierende und funktionale Zwecke zu verfolgen? Die Möglichkeiten und Grenzen eines Computers erkennt man dadurch, daß man ihn benutzt. Sieht man einmal von der Funktionalität eines PCs ab, so stellt er ein „hochsensibles" und aus einfachsten Prinzipien entwickeltes Meisterwerk dar, an dem viele Menschen über Jahrtausende gearbeitet haben. Die „Architektur" des Computers ist offen und flexibel (auf sie wird an anderer Stelle dieses Buches näher eingegangen). Der PC kann als bessere Schreibmaschine oder genauerer Taschenrechner gebraucht werden, es ist aber auch möglich, kreativ mit ihm umzugehen – sei es in Form von Computerspielen, Computerkunst, Druckkunst, Layout, Programmierkunst oder ähnlichem. Den Weg dahin muß jeder selber finden. Handbücher und Nachschlagewerke für die eigene Phantasie gibt es nicht.

Eigentlich ein Computer mit Optik-Zusatz: eine moderne Kamera mit computergesteuerter Entfernungsmessung, Zeit- und Blendenautomatik und LCD-Anzeige

Ein programmierbarer Taschenrechner mit Navigationsprogramm und Barometermodul. Durch Datenaustausch mit einem Personal Computer kann ein vollautomatisches Logbuch erstellt werden

Der PC: das Büro zu Hause?

Am Ende dieses Abschnittes noch ein paar Gedanken zu einer speziellen Anwendungsmöglichkeit des PCs, der Heimarbeit: Dank PC ist, zumindest in den westlichen Informationsstaaten, rein theoretisch fast jeder im Büro Tätige in der Lage, sich selbständig zu machen oder das eigene Büro direkt neben das Wohnzimmer zu verlegen. Aufgrund moderner Datenübertragungsmethoden und standardisierter Computernormen ist es scheinbar überflüssig geworden, daß ein Großteil der Menschen täglich acht Stunden körperlich in den Firmengebäuden anwesend ist. Zudem deuten Untersuchungen darauf hin, daß der einzelne viel produktiver und schneller arbeiten kann. Auch die Schonung der Umwelt wird als positiver Faktor genannt: man denke nur an wegfallende Anfahrtszeiten. Gegner der Heimarbeit nennen als Gefahren das Fehlen von tariflicher Absicherung und Sozialversicherung sowie die Vereinzelung. Dies soll (wie vorne angedeutet) nicht im Rahmen dieses Buches bewertet werden. Firmen, die von dieser Form der Heimarbeit bereits wieder abgekommen sind, sagen sinngemäß: „Es ist schwierig genug, den notwendigen Informationsfluß im Unternehmen aufrecht zu erhalten. Trotz bester technischer Ausstattung hatten wir erheblich vermehrte Kommunikationsprobleme, offensichtlich ist der persönliche Kontakt in vielen Fällen durch nichts zu ersetzen."

Textverarbeitung gehört zu den Standardanwendungen für Personal Computer. Hier eine Vorschau auf die Ausdruckseiten

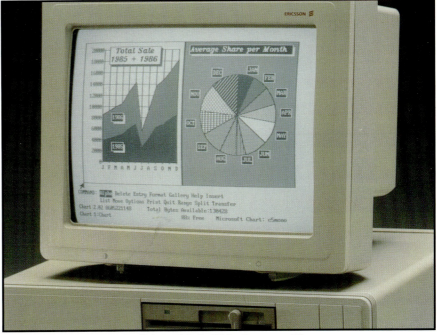

Geschäftsgrafiken veranschaulichen wirtschaftliche Zusammenhänge

Computer-typen

Wer den Einstieg in die Computerwelt sucht, macht nicht selten die Erfahrung, daß dort eine Art babylonische Sprachverwirrung herrscht: Mehrere Begriffe meinen ein und denselben Sachverhalt, verschiedene Sachverhalte werden hingegen unter einem Begriff subsumiert.

Zum Glück hat es in den letzten Jahren eine erhebliche Bereinigung im Chaos der Computersprache gegeben. Mit Begriffen wie Tischcomputer, Kleincomputer, Hobbycomputer, Arbeitsplatzcomputer, Bürocomputer, Kompaktcomputer und dergleichen mehr braucht man sich nur noch bedingt herumzuplagen.

Die Begriffe Tischrechner und Kleincomputer sind schlichtweg verschwunden. Es war ohnehin nie so recht klar, von welchem Standpunkt aus „klein" zu verstehen ist. Der Begriff Hobbycomputer war schon immer bloß eine vornehmere Bezeichnung für Spielcomputer. Mit preiswerten Heimcomputern (siehe unten) läßt sich genausogut oder besser spielen, sie erlauben zusätzlich aber auch nützliche Anwendungen.

Die Geräte mit den anderen oben genannten Bezeichnungen sind im Bereich der Personal Computer (PCs) aufgegangen. Genau hier hat man allerdings wieder mit neuen Wortzaubereien zu kämpfen. Zugenommen hat nämlich der Trend, Computer nach dem Blech, das sie umgibt, oder einem einzigen Leistungsmerkmal zu benennen.

Wenn man sich bewußt ist, daß die Grenzen zwischen den verschiedenen Computertypen fließend verlaufen, kann man heute folgende Grobaufteilung vornehmen:
- Heimcomputer
- Personal Computer (PC)
- Mittlere Datentechnik
- Großrechner

All diese Computer sind Universalcomputer, das bedeutet, sie sind frei programmierbar. Viele andere Computer dagegen können vom Anwender nur für einen genau definierten Zweck verwendet werden. Typische Beispiele sind eine Heizungssteuerung, Maschinensteuerungen in der Industrie oder die auf einem einzigen winzigen Chip realisierte Uhrensteuerung in einer modernen Armbanduhr. Doch für all diese Anwendungen gilt dasselbe wie für das „Innenleben" eines Taschenrechners: Hier sind Computer selbstverständlicher Bestandteil einer größeren Einheit geworden, die meist von ihnen in irgendeiner Art und Weise gesteuert wird. Wenn wir in den folgenden Kapiteln von Computern sprechen, meinen wir immer die Universalcomputer und nicht die „Spezialisten".

Es ist noch gar nicht lange her, da unterteilte man Computer auch noch nach „Breite" oder „Länge" der „Wörter", die ein Prozessor zur selben Zeit verarbeiten kann. Man sprach dann von 8-Bittern, 16-Bittern und so weiter; die Prozessoren verarbeiteten dementsprechend ein „Computerwort", das 8, 16 oder mehr Bit „breit" war. Heute hat eine Kategorisierung nach Wortbreite ihre Berechtigung verloren, denn auch

Moderner Personal Computer bei einem Architekten

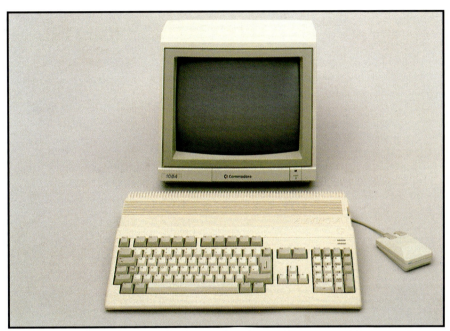
Wegen seiner grafischen Möglichkeiten ist der Commodore Amiga einer der beliebtesten Heimcomputer

Eine Computeranlage der mittleren Datentechnik im Büroeinsatz

bei Heimcomputern und preiswerten PCs überwiegen Prozessoren, die 16 oder mehr Bits verarbeiten. Man kann diese Einteilung daher nur noch unzureichend verwenden, obgleich dies gelegentlich geschieht. Nebenbei erwähnt: Die Bedeutung der Begriffe „Bit", „Byte" und „Computerwort" wird im Unterkapitel „Funktionsweise" deutlich, auch im Fachwortverzeichnis wird darauf eingegangen.

Oft werden auch noch die Begriffe Mikrocomputer und Minicomputer gebraucht. Von der Entwicklung her waren Mikrocomputer zunächst Geräte, die auf einem Mikroprozessor basierten. Von einem Mikroprozessor sprach man, wenn der gesamte Prozessor auf einem Chip realisiert wurde; in der Fachsprache ausgedrückt: wenn der Prozessor aus einem einzelnen integrierten Schaltkreis („IC") bestand. Bei den Minicomputern dagegen handelte es sich um Rechner der mittleren Datentechnik, bei denen ein Prozessor sich aus mehreren elektronischen Komponenten zusammensetzte.

Inzwischen ist dies überholt: Auch die Rechner der mittleren Datentechnik arbeiten mit Prozessoren, die mit einem IC realisiert wurden. Dabei sind Datenwortbreiten von 32 Bit „normal". Die gleichen Prozessoren werden ebenso in den Spitzengeräten der PC-Kategorie verwendet, so daß beide Bezeichnungen zunehmend ihren ursprünglichen Sinn verlieren. Letztlich reduziert sich, wie gesagt, eine Kategorisierung auf die vier vorne genannten Bereiche.

Die schnelle Entwicklung der letzten Jahre hat aus den Heimcomputern (oft „neudeutsch" als

| Übersicht | Hardware | Software | Service | Anhang |

| Anwendung | Computertypen | Bestandteile | Funktionsweise | Herstellung | Geschichte |

Homecomputer bezeichnet) rasch sehr leistungsfähige Geräte werden lassen. War ursprünglich ein Kassettenlaufwerk, ähnlich dem einer Stereoanlage, und ein primitiver Bandspeicher (Kassette oder Tonband) der typische Massenspeicher, so sind inzwischen das Diskettenlaufwerk und die Diskette zum Standard geworden und werden bereits ihrerseits durch die Festplatte als Standard-Massenspeicher ersetzt. Was diese Begriffe bedeuten, wird im Kapitel „Hardware" erläutert (und in Kurzform im Fachwörterverzeichnis). Die „Flimmerkiste", der Fernseher, der ursprünglich als Ausgabemedium der Heimcomputer benutzt wurde, ist längst durch einen zumindest etwas augenfreundlicheren Monitor ersetzt worden (manche Geräte verfügen über hochauflösende Schwarzweißmonitore mit hoher Bildwechselfrequenz, andere über Farbmonitore). Die Spitzenmodelle der Heimcomputer können durch spezielle Erweiterungsteile und Softwarezusätze zu PC-Kompatiblen gemacht beziehungsweise zur PC-Verträglichkeit „überredet" werden. Das heißt: sie können mit den Daten und Programmen von PCs arbeiten. Auch der Arbeitsspeicher, das ist allgemein der Teil eines Computers, in dem Programme und Daten abgelegt werden, die gerade bearbeitet werden, entspricht oft dem eines PCs. Die Kapazität der Arbeitsspeicher von Heimcomputern reicht heute von 64 KByte bis zu einem MByte, ja sogar bis zu mehreren MByte bei Spitzenmodellen. Bei PCs reicht die Spanne von 512 KByte bis zu mehr als 8 MByte.

Gibt es folglich keine Unterschiede mehr zwischen einem Heimcomputer und dem PC? Die Antwort lautet: Man kann zwar nicht absehen, welche Begriffe sich hier durchsetzen, weil dabei auch die Werbestrategien großer Hersteller eine Rolle spielen. Man kann aber voraussagen, daß sich ein dominierendes Marktsegment der persönlichen Computer herausbilden wird, in das die Heimcomputer hineinragen werden.

Im Hinblick auf ihre rein technische Leistungsfähigkeit können die heutigen PCs durchaus alle miteinander konkurrieren. In der Qualität gibt es dagegen im Bereich der IBM-kompatiblen PCs teilweise gravierende Unterschiede. Ob eine Tastatur dem harten Dauerbetrieb des beruflichen Alltags gewachsen ist, die für nur 89,– DM im Versandhandel gekauft wurde? Wenn nach einem halben Jahr die ersten Tasten klemmen und die Sekretärin doch wieder zur Schreibmaschine greift, wird man sich überlegen, ob die 20 Prozent Mehrpreis für

Ein moderner Personal Computer mit auswechselbarer Festplatte

Personal Computer (Tischgerät) mit Grafikprogramm

frei positioniert werden kann). Dazu kommt dann noch ein entsprechender „Kabelsalat" zur Verbindung der einzelnen Teile.

Das hat nicht unbedingt etwas mit der Kompatibilität (Verträglichkeit) der Geräte zum IBM-Standard („Industrie-Standard") zu tun. Ein Gerät, bei dem die Tastatur ins Rechnergehäuse eingebaut ist, mag IBM-kompatibel sein und mit dem Standard-Betriebssystem MS-DOS arbeiten: es ist dann trotzdem wegen dieser preiswerten Bauweise nicht für den Büroeinsatz geeignet und insofern als Heimcomputer einzustufen. Auch hieran zeigt sich, wie fließend die Grenzen im Bereich der „persönlichen Computer" sind.

einen qualitativ besseren PC nicht doch eine sinnvolle Investition gewesen wären.

Wichtige Unterschiede zwischen Heimcomputern und Personal Computern sind in der Aufteilung der Funktionseinheiten zu sehen: ein PC für den professionellen Einsatz vereinigt in seiner „Zentraleinheit" alles außer Bildschirm, Tastatur, Maus, Drucker und Spezialgeräten. Die letztgenannten können frei positioniert werden und sollten auch ansonsten ergonomisch einwandfrei sein (ergonomisch = nach arbeitswissenschaftlichen Gesichtspunkten anwenderfreundlich gestaltet). Bei Heimcomputern dagegen ist oft die Arbeitsfläche von allen möglichen Einzelteilen wie Disketten- und Festplattenlaufwerk, Netzgerät und ähnlichem bedeckt, während die Tastatur im Rechnergehäuse integriert ist (also nicht

Hochleistungs-Laptop mit Batteriestromversorgung und Plasmabildschirm

Eine besondere Kategorie bilden die tragbaren PCs. Hier haben sich vor allem die Laptops und Portables durchgesetzt: Als Laptops bezeichnet man sehr kleine und leichte Geräte, die etwa das Format einer Aktentasche haben und oft mehrere Stunden lang per Batterie- oder Akkubetrieb unabhängig von jeder Steckdose betrieben werden können. Sie sind zum Beispiel im Zug oder Auto einsetzbar.

Als Portables dagegen bezeichnet man Geräte mit einem Gehäuse in der Form eines kleinen Koffers. Sie sind meist ein wenig schwerer als die Laptops, können jedoch einfacher erweitert werden. Da sie mit Netzspannung betrieben werden, ist man auf das Vorhandensein einer Steckdose angewiesen – ansonsten sind auch sie leicht zu transportieren und somit für den „mobilen" Einsatz geeignet.

Sowohl Laptops als auch Portables werden nicht mit den üblichen (schweren) Bildschirmen betrieben, sondern mit Flüssigkristall- oder Plasmabildschirmen. Beide sind erheblich sparsamer im Stromverbrauch und zudem viel leichter, aber in der Herstellung im Moment noch teurer als der „normale" Bildschirm. Plasmabildschirme verbrauchen mehr Strom als Flüssigkristallschirme, sind aber selbstleuchtend und deshalb vom Kontrast her besser ablesbar. Nützlicher Nebeneffekt: Beide sind augenfreundlicher als die üblichen Kathodenstrahl-Bildschirme.

Neben Laptops und Portables gibt es in der Zwischenzeit die sogenannten Westentaschencomputer auf dem Markt (typischer Vertreter: Atari Portfolio, LinX PC

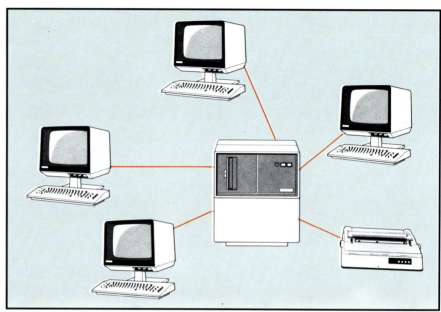

Schematische Darstellung einer Anlage der mittleren Datentechnik: An die Zentraleinheit sind mehrere Arbeitsplätze (Terminals) und ein gemeinsam genutzter Drucker angeschlossen

Eine Anlage der mittleren Datentechnik mit höhenverstellbaren Bildschirmen

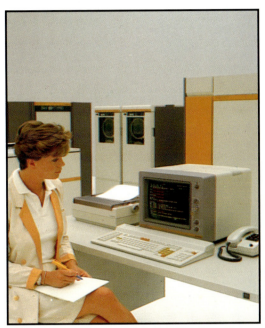
Ein fast schon wieder nostalgisches Bild: Operator-Arbeitsplatz eines Großcomputers

Die enorme Rechenleistung des Superrechners CRAY-2 wird in Wissenschaft und Forschung genutzt

Z88). Hierbei handelt es sich um PC-kompatible Rechner, die nicht größer als ein Taschenkalender sind und neben Taschenrechnerfunktionen mit Hilfe von RAM-Card, RAM-Card-Laufwerk und fest verdrahteten Programmen (ROM) einen PC „simulieren". Als Betriebssystem dient zumeist ein an PC/MS-DOS orientiertes System, in das alle wichtigen DOS-Befehle integriert sind. (Hinweis: Die meisten der eben genannten Begriffe werden ausführlich in den folgenden Kapiteln erläutert). Zumeist können sie über ein Parallelinterface Daten mit einem „richtigen" PC austauschen. Das Marksegment dieser „Taschenkalender-PCs" wird wohl noch wachsen, denn die „Chips" sind noch nicht am Ende der Packungsdichte angelangt. „AT-Leistung im Westentaschenformat" könnte ein zukünftiger Werbeslogan lauten.

Ebenfalls ein bekannter Superrechner: die VAX 8840

| Übersicht | Hardware | Software | Service | Anhang |

| Anwendung | Computertypen | Bestandteile | Funktionsweise | Herstellung | Geschichte |

Neben dem Marktsegment der persönlichen Computer gibt es das der mittleren Datentechnik (in das die Spitzengeräte der PC-Klasse hineinragen) und das der Großrechner.

Auch die mittlere Datentechnik, häufig mit MDT abgekürzt, befindet sich im Umbruch. Bisher bestand eine typische Anlage aus einem mittelgroßen Rechner mit 4 bis 16 oder sehr viel mehr angeschlossenen Terminals (beziehungsweise 4 bis 16 oder mehr Ein- und Ausgabeeinheiten einer EDV-Anlage). Der Begriff mittlere Datentechnik ist aber sowohl quantitativ als auch qualitativ nicht genau eingrenzbar. So werden die Aufgaben dieser Anlagen heute manchmal von einem PC-Netzwerk übernommen, das eine

Schon sehr ansprechend: Der Microsoft-Flugsimulator für Personal Computer mit dem Betriebssystem MS-DOS orientiert sich an der Realität, …

… obwohl er sich mit dem Original-Simulator der Lufthansa für den Airbus A-310 nicht messen kann. Ein unfairer Vergleich: der „große Bruder" kostet rund das 10.000fache

echte Alternative darstellt. Bei entsprechend ausgelegter Software kann wie bisher von allen Bildschirmarbeitsplätzen aus auf einen gemeinsamen Datenbestand zugegriffen werden. Zusätzlich – und dies ist der entscheidende Fortschritt – kann bei Kapazitätsengpässen, etwa der Rechenleistung, auf die Kapazitäten anderer PCs im Netz zurückgegriffen werden. Weiterer Vorteil: Bei Ausfall eines PCs ist nur ein Arbeitsplatz betroffen, fällt dagegen das Netz selber aus, kann an den einzelnen Arbeitsplätzen bis zur Behebung der Störung autark weitergearbeitet werden. In der Praxis zeigt sich unterdessen, daß die mittlere Datentechnik ab einer Größenordnung von 30, 40, 50 oder mehr Terminals im allgemeinen nicht vom PC-Netzwerk abgelöst wird.

Häufig ist in diesem Bereich von Workstations die Rede. So

werden besonders leistungsfähige Einzelplatzsysteme bezeichnet, die insbesondere grafischen Anwendungen dienen. Weil sich dieser Begriff aber „gut macht", „verleihen" ihn nun auch manche PC-Hersteller ihren Spitzenmodellen ...

Der Begriff Großrechner wird für zwei unterschiedliche Geräte verwendet: Zum einen für große Computeranlagen mit einer Vielzahl angeschlossener Terminals, die oft Hunderte von Kilometern von der Zentraleinheit entfernt stehen und über Datenleitungen mit dieser verbunden sind. Zum anderen sind hiermit die „Supercomputer" gemeint, Geräte mit extrem hoher Rechenleistung, die in Forschung und Industrie zunehmende Bedeutung erlangen. Die Anzahl der angeschlossenen Terminals ist hier oft sehr klein (im Extremfall ist nur ein einziges vorhanden), da die Datenerfassung auf anderen Rechnern oder mit anderen Methoden geschieht.

Preisbereiche

Aus dem bisher Gesagten wird einleuchten, daß es nicht sinnvoll wäre, wenn wir hier konkrete Preise nennen würden: die richtige Kombination von technischer Leistungsfähigkeit, Qualität und Service (ein sehr wichtiger, meist unterschätzter Punkt) kann nur jeder Kaufinteressierte selbst ausloten. Wenn es um wichtige Investionsentscheidungen geht, sollte er sich sachkundiger, möglichst firmenneutraler Hilfe versichern. Die nebenstehende Grafik gibt deshalb nur die Bereiche an, in denen die Preise der einzelnen Kategorien sich bewegen.

Im Bereich der persönlichen Computer ist zu erwähnen, daß seit etlichen Jahren die Preise stets mehr fallen, die technische Leistungsfähigkeit dagegen immer mehr steigt.

Bei den Personal Computern ist die Preisbereichsangabe auf ein Einzelgerät bezogen. Spezielle Anlagen wie vernetzte PCs oder Gerätekombinationen für das Desktop Publishing reichen kostenmäßig durchaus auch in Gruppe 4 (bis 49.999,– DM), da zum Beispiel ein Hochleistungs-Laserdrucker alleine schon 10.000 bis 20.000,– DM kostet.

Bei der Software ist die Preisspanne sogar noch größer: Hier reicht sie von praktisch kostenloser Software (sogenannter Free Soft) bis zu einigen hunderttausend Mark für individuell erstellte Programme für Großrechner. Im Heimcomputer-Bereich kosten die preiswerten käuflichen Programme 20,– bis 50,– DM, und die Spanne reicht bis zu einigen hundert DM. Noch teurere Programme sind in der Regel für den kommerziellen Einsatz bestimmt.

Im PC-Bereich bewegen sich die Preise zwischen etwa 50,– DM (meist, aber nicht ausschließlich Spiele) und einigen tausend Mark für anspruchsvolle Standardsoftware (leistungsfähige Textverarbeitungsprogramme, Datenbankprogramme und integrierte Softwarepakete). Noch darüber liegen oft die Preise für spezielle Software wie branchenspezifische Programme und individuelle Entwicklungen.

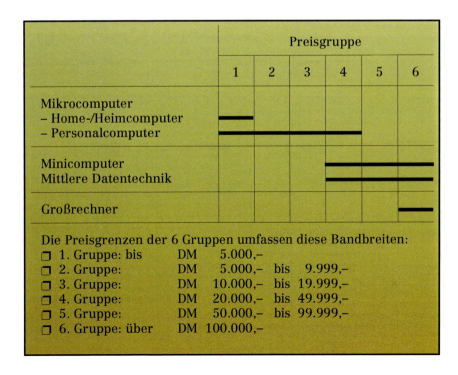

Bestandteile

Die beiden grundlegenden Komponenten jedes Computersystems sind die Hardware und die Software. Sie ermöglichen nur im Zusammenspiel die Benutzung des Computers.

Als Hardware bezeichnet man die Gesamtheit aller materiellen, physikalisch vorhandenen Bestandteile einer Datenverarbeitungsanlage – also außer dem Computer selbst auch Drucker, Maus usw. Vereinfacht ausgedrückt: Alles, was man sehen und anfassen kann.

Als Software bezeichnet man die kodierten Steuerbefehle für den Prozessor des Computers, die von diesem nacheinander bearbeitet werden. Bei dieser Bearbeitung sind die Steuerbefehle in Form elektrischer Impulse vorhanden. Aber das ist nur eine Erscheinungsform: Genausogut kann Software auf einer Diskette gespeichert sein. Die Diskette selbst ist zwar Hardware, die auf ihr gespeicherten Programme aber sind Software. Am einfachsten kann man sagen: Software sind all die Programme, die den Computer überhaupt erst zu einem nützlichen Gerät machen.

Die Hauptbestandteile der Hardware sind Geräte für die Eingabe, Ausgabe, Verarbeitung und Speicherung von Daten. Hinter dieser Einteilung steht das Prinzip jeder Datenverarbeitung, nämlich: Einlesen von Daten, Verarbeiten der Daten nach bestimmten Anweisungen und Ausgabe der Ergebnisse sowie gegebenenfalls Speicherung, um die Daten erneut verwerten zu können. Dementsprechend untergliedert man die Hardwarekomponenten allgemein in:
❒ Eingabeeinheiten
❒ Verarbeitungseinheiten
❒ Ausgabeeinheiten
❒ Speichermedien

Eingabeeinheiten gibt es in großer Vielfalt. Die beiden bekanntesten sind die Tastatur und die Maus. Bei der Tastatur wird durch Betätigen einer oder mehrerer Tasten ein Signal an die Verarbeitungseinheit durchgegeben. Dieses Signal kann steuernde Funktionen haben, aber auch der Dateneingabe – etwa bei der Textverarbeitung – dienen. Die Tastatur benötigt keine weiteren Funktionseinheiten, um benutzt werden zu können: selbst bei ausgeschaltetem Bildschirm ist sie wirksam.

Die Maus dagegen ist nur zusammen mit dem Bildschirm nutzbar. Das Programm des Anwenders muß zudem für die Nutzung der Maus geeignet sein. Das Prinzip: der Mauszeiger (oft ein Pfeilsymbol) wird durch Bewegen der Maus in die entsprechende Richtung auf „sensitive" Stellen des Bildschirms gelenkt. Durch Betätigen einer Maustaste wird die gewünschte Funktion ausgelöst.

Maus und Tastatur ergänzen einander: obwohl die Steuerung des Computers per Maus komfortabler ist als mit der Tastatur, wird diese doch in aller Regel unverzichtbar sein. Etwa, wenn der Dateiname einer neuen Datei eingegeben werden muß. Bei reiner Textverarbeitung, bei den meisten Datenbankanwendungen und vielen anderen Computeranwendungen ist die Maus sogar prinzipiell verzichtbar – die Tastatur dagegen nicht.

Maus und Tastatur sind also die beiden grundlegenden Eingabeeinheiten. Zu den Eingabeeinheiten zählen jedoch prinzipiell alle Geräte oder Medien, die Zeichen oder physikalische Größen in Werte umsetzen, die ein Computersystem verarbeiten kann.

Typische Eingabegeräte für steuernde Eingaben sind Lichtstift, Berührungsbildschirm, Grafiktableau und Joystick. Für Daten kommen unter anderem Geräte wie Lesestift, Scanner und Belegleser in Frage. Auf diese Geräte wird im Hardwarekapitel näher eingegangen.

Die Verarbeitungseinheit ist das Medium, in dem die ankommenden Daten nach festgelegten Kriterien ausgewertet und aufbereitet werden. Man nennt sie auch zentrale Verarbeitungseinheit, Zentraleinheit oder kurz CPU (englisch: „central processing unit").

Dabei ist die Verwendung dieses Begriffes im Bereich der kommerziellen EDV (Großrechner und mittlere Datentechnik) anders als bei Heimcomputern und Personal Computern:

In der (kommerziellen) EDV ist mit Zentraleinheit konkret der Prozessor (bestehend aus Steuerwerk, Rechenwerk und Registern) sowie der Hauptspeicher (bestehend aus Arbeits- und Festspeicher) gemeint.

Im PC- und Heimcomputer-Bereich wird als Zentraleinheit einfach alles bezeichnet, was sich jeweils im Hauptgehäuse des PCs oder Heimcomputers befindet.

Nachdem Daten eingegeben und verarbeitet worden sind, kommen sie zur Ausgabe. Typische Ausgabeeinheiten sind Bildschirm, Drucker, Plotter und Lautsprecher. Unterscheiden kann

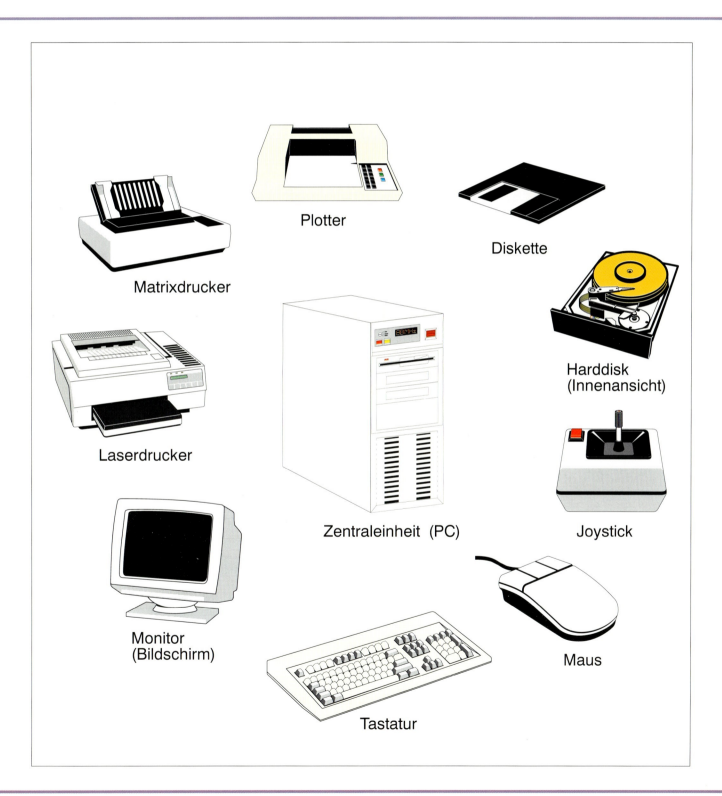

man die Ausgabeeinheiten, die Daten in dauerhafter Form ausgegeben (Drucker und Plotter), und solche, die nur eine zeitweise Ausgabe bewirken, wie Bildschirm, Lautsprecher und ähnliche.

Speichermedien wiederum dienen der Aufbewahrung von Daten in computerlesbarer Form. Es kann sich um Disketten, Festplatten, Bandspeicher (Streamer), optische Speicher (sogenannte WORMs oder CD-ROMs) oder andere, weniger gebräuchliche Speichermedien handeln.

Auch die Software läßt sich in verschiedene grundlegende Bereiche einteilen. Grundsätzlich kann man unterscheiden zwischen:
- Systemsoftware
- Anwendungssoftware
- Programmierhilfsmittel

Zur Systemsoftware, die das Arbeiten mit dem Computer ermöglicht, gehören:
- ROM-BIOS
- Betriebssystem
- Treiberprogramme
- Benutzeroberflächen

Das ROM-BIOS ist ein in Festspeichern im Computer enthaltenes Programm. Es wird sofort nach dem Einschalten aktiv, prüft die Hardwarefunktionen, generiert dazu erste, einfache Bildschirmmeldungen und lädt bei Personal Computern von einer Diskette oder von der Festplatte das Betriebssystem.

Das Betriebssystem besteht typischerweise aus einem Kernprogramm, einem grundlegenden Ein-/Ausgabeprogramm und einem Kommandoprozessor sowie einer mehr oder weniger umfangreichen Sammlung von Hilfsprogrammen, die bei Bedarf aktiviert werden. Das Kernprogramm sorgt für die Gesamtablaufsteuerung. Das Ein-/Ausgabeprogramm (BIOS) enthält teilweise dieselben Funktionen wie das ROM-BIOS, jedoch meist in erweiterter Form. Vor allem ist es änderbar, da es nicht in Festspeichern enthalten ist: es kann also wechselndem Bedarf angepaßt werden.

Der Kommandoprozessor interpretiert die von der Tastatur kommenden Eingaben und setzt sie in Befehle für/an das Ein-/Ausgabeprogramm beziehungsweise das Kernprogramm um.

Treiberprogramme werden zum Beispiel zusammen mit speziellen Geräten geliefert. Sie sorgen für die einwandfreie Kommunikation zwischen Zusatzgeräten und dem Computer.

Benutzeroberflächen tragen dem Umstand Rechnung, daß die meisten Computeranwender nicht der Computer als solcher interessiert, sondern sie bestimmte Arbeiten mit ihm ausführen wollen. Das Betriebssystem in „nackter" Form ist für diese Anwender recht unverständlich und schlecht zu handhaben. Mit grafischen Hilfsmitteln werden deshalb Hilfestellungen gegeben, die dem Anwender einen einfachen, leicht überschaubaren Weg zur Computernutzung bieten. Deshalb auch werden Benutzeroberflächen fast immer mit der Maus gesteuert.

Unter Anwendungssoftware versteht man alle Programme, die die praktische Nutzung des Computers durch den Anwender ermöglicht: Textverarbeitungsprogramme, Datenbankprogramme, Tabellenkalkulationen, Grafikprogramme und so weiter und so fort. Anders formuliert: alle Programme, die es ermöglichen, den Computer zur Erledigung bestimmter Aufgaben einzusetzen, ohne daß der Benutzer oder Anwender über Programmierkenntnisse verfügen muß. Alle für die Bedienung erforderlichen Eingaben und Bearbeitungsschritte werden durch die Benutzerführung des Programms (die eventuell eine bestimmte Benutzeroberfläche benutzt) vorgegeben.

Dabei kennt die Mannigfaltigkeit der Programme keine Grenzen. Die Palette reicht von Spiel und Lernprogrammen bis zu kommerziellen Anwendungsprogrammen.

Unter Programmierhilfsmitteln versteht man vor allem die Programmiersprachen. Das sind künstliche Sprachen, in denen Algorithmen (Abläufe) definiert sind. Für diese ist einerseits eine bestimmte verbale Umschreibung festgelegt, die für den Programmierer verständlich ist. Andererseits kann ein zur Programmiersprache gehörendes Übersetzungsteil die vom Programmierer zusammengestellten Programmtexte in sogenannten Maschinencode umwandeln.

Ein anderes Programmierhilfsmittel sind die sogenannten Programmgeneratoren. Dies sind spezielle Programme, die aus (relativ) einfachen Benutzereingaben ein ablauffähiges Programm erstellen. Eingesetzt werden sie zum Beispiel für das Einrichten von individuellen Datenbanken. Ein anderes Beispiel sind die sogenannten Autorensysteme, die es einem Fachmann, der über keine Programmierkenntnisse verfügt, ermöglichen mit Hilfe des Mediums Computer sein Wissen in Form eines Lernprogramms weiterzugeben.

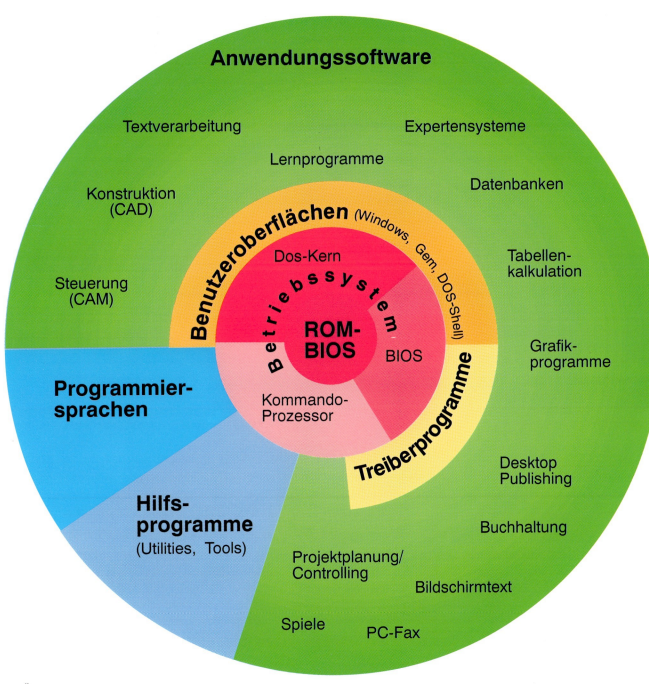

Eine Übersicht über die wichtigsten
Softwarebereiche

Funktionsweise

In diesem Teilkapitel wird die Frage geklärt: Wie funktioniert der Computer und sein zentrales Bauelement, der Prozessor.

Im Zusammenhang mit dem Thema des Buches sind diese Erläuterungen unumgänglich. Sie wurden so allgemeinverständlich wie nur möglich geschrieben, dennoch mögen sie manchen Leser zu abstrakt sein: die Materie selber ist es. Doch sei gesagt: es ist beruhigend, wenn man weiß, was sich im innersten Kern des Computers abspielt. Dieses Verständnis ist zum erfolgreichen Arbeiten mit dem Computer aber nicht unbedingt nötig. Wenn das Thema dieses Buches „Grundwissen Auto" lauten würde, müßte es eine Erläuterung der Funktionsweise von Explosionsmotoren (Ottomotor, Dieselmotor) enthalten – aber fahren können Sie ihr Auto auch ohne dieses Wissen.

Jede Verarbeitung von Daten folgt einem einfachen Grundprinzip: die eingegebenen Daten werden durch das System gemäß einer Arbeitsanweisung in die Ausgabedaten umgewandelt. Das ist nichts neues: dies gilt auch bei mathematischen Berechnungen durch den Menschen, sie seien nun einfach oder hochkompliziert. Auch für die Sekretärin, die nach Diktat einen Brief tippt, gilt aus der unpersönlichen Sichtweise des Systemanalytikers letztlich dieses Grundprinzip.

Auch für alle Computersysteme vom kleinsten Heimcomputer bis zum Großrechner gilt grundlegend diese Arbeitsorganisation. Es stellt sich natürlich die Frage, wie hier Eingabe, Verarbeitung und Ausgabe geschehen. Nun gibt es beim Computer sehr viel „Drumherum", um die „Verständigung" zwischen Mensch und Maschine zu ermöglichen, etwa die Tastatur zur Dateneingabe und den Bildschirm zur Datenausgabe. Doch können die Daten statt auf dem Bildschirm auch auf dem Drucker ausgegeben werden, ohne das dies etwas an der eigentlichen Verarbeitung der Daten im Prozessor ändern würde.

Wir wollen deshalb zunächst einen Überblick über die Funktionszusammenhänge geben. Dazu benutzen wir einen ganz einfachen Beispiel-Computer. Dieses Gerät existiert zwar nur hier auf dem Papier. Es enthält aber alle Grundkomponenten, die auch bei einem modernen Personal Computer vorhanden sind. Anschließend gehen wir dann auf die Funktionsweise des zentralen Bausteines, des sogenannten Prozessors, näher ein.

Zentraleinheit, Tastatur und Bildschirm bilden die Hauptbestandteile unseres elementaren Mikrocomputers. Die beiden letztgenannten werden im Kapitel „Hardware" noch näher erläutert, im Moment sind nur die beiden zu diesen Geräten gehörenden Steuerungen für uns wichtig. Über sie werden Daten in das System eingegeben und Ergebnisse der Arbeit des Systems sichtbar gemacht. Für die grundlegende Betrachtung ist unwichtig, ob diese Daten „Nutzdaten" sind oder „steuernde Daten". Mit Nutzdaten sind hier die Daten gemeint, die zum Beispiel eine Textdatei für ein Textverarbeitungsprogramm bilden, mit steuernden Daten alle, die zur Ablaufsteuerung des Systems gehören.

Für den Laien ist dies zunächst verwirrend. Aber der Widerspruch läßt sich leicht auflösen: Mit bestimmten Datenkombinationen kann man auf die Hardware einwirken, sie lösen Funktionen aus.

Die Zentraleinheit enthält die Plattenspeicher mit ihrer Steuerung, Tastatur- und Bildschirmsteuerung, den aus RAM und ROM

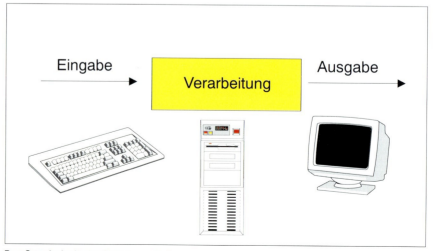

Das Grundprinzip der Datenverarbeitung

bestehenden Arbeitsspeicher, den Prozessor und die Systemsteuerung und das Netzteil (Stromversorgung). Letzteres stellt für alle anderen Bestandteile die Betriebsspannungen bereit.

Außerdem fallen noch die drei breiten, farbigen Streifen auf, die mit Ausnahme des Netzteils alle Funktionseinheiten verbinden. Das sind die sogenannten Busse: der Datenbus, der Adreßbus und der Steuerbus.

Der Steuerbus ist für die (zeitliche) Ablaufsteuerung innerhalb der Zentraleinheit zuständig, während der Adreßbus bestimmte Speicherstellen oder Sonderadressen anspricht (aktiviert), von denen Daten geholt oder zu denen Daten übertragen werden sollen. Die Daten selber werden – daher der Name – vom Datenbus transportiert.

Nun müssen zunächst einmal die Begriffe „Bus" und „Daten" geklärt werden. Allgemein gesprochen, sind Daten kodierte Informationen. Also Informationen, die in einer ganz bestimmten Form vorliegen. Zum Verständnis muß man zunächst wissen, das intern Computer mit nur zwei grundlegenden Logikzuständen arbeiten: „ja" oder „nein", „wahr" oder „falsch" – dazwischen gibt es nichts. Oder noch genauer: was zwischen ja oder nein liegen könnte, ist ungültig und löst deshalb besondere Prozeduren aus, die zu Fehlermeldungen führen. Für das Verständnis der technischen Zusammenhänge können wir deshalb alles außer acht lassen, was sich nicht in zwei eindeutig definierte Zustände fassen läßt.

Diese Zustände bezeichnet man meist als „logisch 0" und „logisch 1" oder vereinfacht als „0" und „1". Zur Darstellung dieser Zustände können zum Beispiel die gedruckten Zahlen auf dem Papier dienen, aber auch elektrische Spannungen. In einer Datenleitung im Inneren eines Computers wird eine logische „0" meist durch eine Spannung zwischen genau 0 Volt und 0,7 Volt und eine logische „1" durch eine Spannung zwischen 2,5 Volt und 5,5 Volt dargestellt. Alle Spannungen außerhalb dieser Bereiche sind auf einer solchen Datenleitung ungültig.

Eine einzelne Stelle nennt man in der Computertechnik eine binäre Einheit, auf englisch: binary digit, abgekürzt: Bit. Mit nur je einer „0" oder „1" würde man natürlich nicht weit kommen. Des-

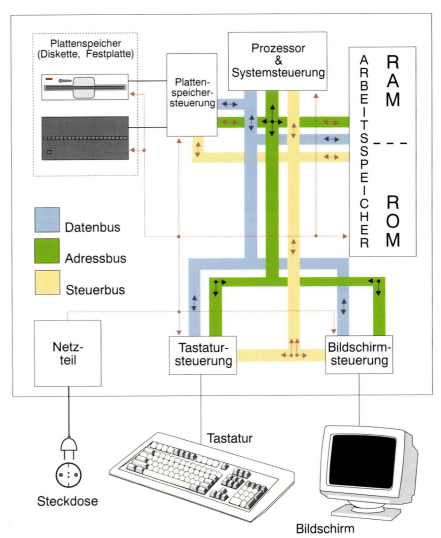

Dieses Schaubild zeigt alle wesentlichen Teile eines Mikrocomputers, also zum Beispiel eines modernen Personal Computers

| Übersicht | Hardware | Software | Service | Anhang |

| Anwendung | Computertypen | Bestandteile | Funktionsweise | Herstellung | Geschichte |

halb werden zum Kodieren von Informationen stets eine ganze Anzahl von Stellen benutzt. Das nebenstehende Schema zeigt dies auf: mit nur „0" und „1", einer einzigen Stelle also, gibt es nur zwei mögliche Kombinationen. Mit zwei Stellen ergeben sich bereits vier mögliche Kombinationen: 00, 01, 10 und 11. Eine weitere Stelle verdoppelt erneut die Anzahl der möglichen Kombinationen, jetzt sind es schon acht: 000, 001, 010, 011, 100, 101, 110, 111. Mit der vierten Stelle ergeben sich bereits 16 mögliche Kombinationen, und so geht es weiter:
5 Stellen = 32,
6 Stellen = 64,
7 Stellen = 128,
8 Stellen = 256,
…,
10 Stellen = 1.024,
…,
16 Stellen = 65.536,
…,
32 Stellen = 4.294.967.296 usw.

Auf diese Weise werden alle Daten – Zahlen, Buchstaben, Steuerkodes usw. – im Inneren des Computers als Kombinationen von elektrischen „0"- und „1"-Signalen dargestellt. Das Bussystem ist nichts anderes als eine Anzahl elektrischer Leiter. Jeder der drei genannten Busse besteht aus einer bestimmten Anzahl solcher Leitungen, die die im Funktionsschema gezeigten Einheiten miteinander verbinden.

Nun muß, bevor eine sinnvolle Tätigkeit im Inneren des Computers überhaupt möglich wird, der Datenverkehr auf diesen Bussen geregelt werden. Da die Art, in der dies geschieht, auch bessere Grundlagen für das Verständnis dessen ermöglicht, was sich im Prozessor abspielt, soll dies hier zunächst erläutert werden.

Es ist technisch sehr einfach, mit den Mitteln der Elektronik logische Zusammenhänge nachzubilden. Ein Transistor kann als elektronischer Schalter benutzt werden, und aus mehreren Transistoren können logische Verknüpfungen aufgebaut werden. Dies kann und soll hier nicht bis in die Halbleiterphysik hinein vertieft werden, deshalb benutzen wir idealisierte Transistoren, die reine elektronische Schalter sind.

In dem Kasten „Logikschaltungen im Modell" zeigt das Transistorgrundmodell einen solchen idealisierten Schalter. Am Eingang K liegt eine konstante (feste) Spannung, die entweder „0" oder „1" ist. Am Eingang G liegt immer die entgegengesetzte Spannung.

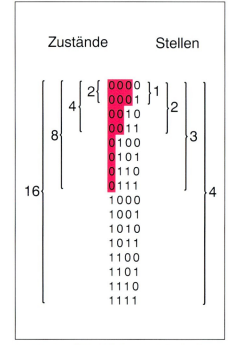

Aus der Anzahl der Stellen (technisch: der Busleitungen) ergibt sich die Anzahl der maximal möglichen Kombinationen

Über einen Widerstand ist diese entgegengesetzte Spannung mit dem Ausgang verbunden. Ist der Schalter offen, wirkt die letztgenannte Spannung am Ausgang. Ist der Schalter geschlossen, setzt sich die Spannung vom Anschluß K am Ausgang durch, weil sie jetzt direkt mit diesem verbunden ist.

Aus diesem Grundmodell lassen sich nun einfach die beiden ersten Logikschaltungen entwickeln, im Kasten als Grundtyp 1 und Grundtyp 2 bezeichnet: die Identität und die Negation.

Die erste Schaltung kommt dem Laien zunächst meist unsinnig vor, sie hat aber dennoch eine wichtige technische Funktion. Doch zunächst ihr Funktionszusammenhang: Bei ihr liegt Eingang K fest auf „1" und Eingang G fest auf „0". Wird an Steuereingang S eine logische „0" gelegt, bleibt der interne Schalter offen. Dadurch wirkt über den Widerstand W die „0" vom Eingang G auf den Ausgang. Wird der Steuereingang auf „1" gelegt, so „schließt" der interne Schalter. Dann wirkt die „1" vom Eingang K am Ausgang. Diesen Zusammenhang zeigt die „Wahrheitstabelle". Sie ist so zu lesen: liegt eine „0" an S, so ist auch der Ausgang A auf „0", liegt eine „1" an S, so ist der Ausgang auch „1".

Das Schaltsymbol für die Identität ist ein einfaches Rechteck. Und ihre technische Funktion? Nun, in der Realität ist so ein technisches Signal nicht immer gleich stark. Die wirksame Kraft wird in der Elektronik (und Elektrotechnik) als „Stromstärke" bezeichnet. Droht diese Kraft in einer Gesamtschaltung zu schwach zu werden – durch die unumgänglichen Leistungsverluste –, so muß sie verstärkt werden. Wir sagten oben: der Transistor ist ein elektronischer Schalter. Er „schließt" auch bei einer relativ geringen Stromstärke schon, der Strom am Ausgang A ist also stärker, kräftiger als der am Eingang benötigte. Ein- und Ausgangssignal sind also in ihrer logischen Aussage gleich, entweder „0" oder „1" – die Stromstärke des Ausgangssignals aber ist immer „kräftig", auch wenn das Eingangssignal „schwach" ist.

Der Grundtyp 2 erfüllt diese signalverstärkende Funktion sozusagen nebenbei mit, und auch alle anderen (realen) Logikbausteine tun dies. Darüber hinaus dreht er das Eingangssignal um, aus einer „0" am Eingang wird eine „1" am Ausgang, und aus einer „1" wird eine „0". Um dies zu erreichen, wird einfach die Polarität der konstanten Spannungen an K und G gegeneinander vertauscht. Auch hier zeigt die Wahrheitstabelle deutlich den Zusammenhang. Das Symbol der Negation ist ein Rechteck mit einem kleinen Kreis am Ausgang. Das Rechteck kann dabei auch entfallen, wenn die Negation im Rahmen einer Gesamtschaltung enthalten ist: dann zeichnet man einfach den kleinen Kreis an den Ausgang oder einen Eingang der nächstliegenden anderen Logikfunktion.

Der dritte und vierte Grundtyp verknüpfen zwei Eingangssignale. Grundtyp 3 enthält zwei parallel liegende „Steuerschalter". Sind beide Signale, also S1 und S2, auf „0", so sind beide Schalter (hier gestrichelt gezeichnet) offen. Dann wirkt am Ausgang der auf „0" liegende Eingang G, und der Ausgang ist daher ebenfalls auf „0". Wird nun einer der beiden Schalter durch ein „1"-Signal am Eingang geschlossen, tritt die gleiche Wirkung auf wie bei Grundtyp „1": der Ausgang geht auf „1". Das geschieht auch, wenn beide Signaleingänge auf „1" gehen: der Ausgang ist „1", wenn Eingang S1 ODER Eingang S2 ODER beide Eingänge „1" sind. Man bezeichnet diesen Grundtyp als ODER-Gatter.

Grundtyp 4 wird von zwei hintereinander liegenden Steuerschaltern gebildet. Hier müssen daher beide Steuereingänge „1" werden, damit der Ausgang „1" wird. In Worten formuliert: nur wenn Eingang S1 UND S2 auf „1" sind, ist der Ausgang auf „1". Deshalb nennt man diese Grundschaltung ein UND-Gatter.

Die Wahrheitstabellen der beiden Grundtypen zeigen deutlich diesen Unterschied. Und nun eine

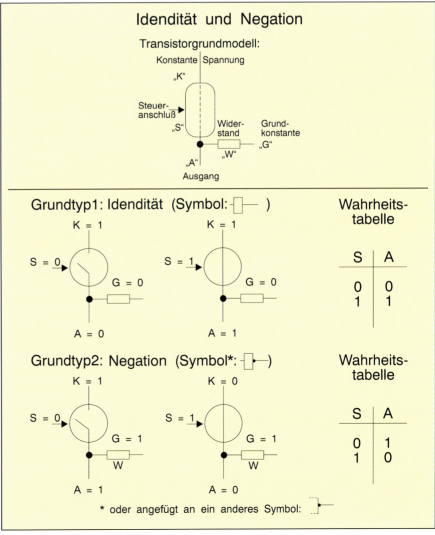

Die grundlegenden Logikschaltungen als Funktionsmodell (Teil 1)

sicher verblüffende Feststellung: aus diesen vier Grundtypen (von denen die Identität eigentlich nur ein technischer, nicht aber ein logischer Grundtyp ist) läßt sich die gesamte formale Logik der Computertechnik herleiten, sie bilden ihr Fundament.

Bei integrierten Schaltungen in Computern findet man eine andere Grundverknüpfung am häufigsten: technologisch am einfachsten zu realisieren ist ein UND mit negiertem Ausgang, mit dem englischen Fachbegriff: ein NAND-Gatter (Negated AND). Die Gründe hierfür lassen sich nur mit der Halbleiterphysik richtig erklären. Das zweitwichtigste Gatter in der Halbleitertechnik ist ein ODER-Gatter mit negiertem Ausgang, hierfür lautet der englische Fachbegriff NOR (Negated OR). Da unser Papier-Computer niemals in Serie gehen wird, arbeiten wir einfach immer mit den Gattern, die wir gerade benötigen.

Ein sehr notwendiger und ganz einfacher Baustein im Computer ist der steuerbare Leitungstreiber. Er dient dazu, an seinem Eingang anliegende Daten dann auf den Bus zu schalten, wenn dies erwünscht ist. Wir nehmen einmal an, der Datenbus unseres Beispielcomputers bestehe aus vier Leitungen, er sei also „vier Bit breit". Alle Funktionseinheiten unseres Beispielcomputers verfügen über zwei solche Leitungstreiber am Datenbus: einen für ausgehende Daten und einen für hereinkommende Daten. Jeder dieser Treiber ist aus vier UND-Gattern aufgebaut, bei denen je einer der Eingänge mit einer Datenleitung verbunden ist, der jeweils andere mit einem gemeinsamen Steueranschluß für diesen Treiber. Liegt an diesem Steueranschluß eine „0", so sind aufgrund der UND-Funktion auch alle Datenausgänge auf „0". Liegt dagegen am Steuereingang eine „1", so erscheint am Treiberausgang dort eine „1", wo am Gattereingang eine „1" liegt. Die anderen bleiben auf „0", weil ja bei ihnen die Und-Bedingung wieder nicht erfüllt ist. So läßt sich also über den Steuereingang des Treibers ein Signal auf einen Bus schalten.

An dieser Stelle muß eine Erläuterung eingefügt werden, die auch für das weitere Verständnis wichtig ist: Man zeichnet in der Elektrotechnik Leitungen einfach als Striche. Vereinfacht ausgedrückt, dient ein solcher Strich dem Transport des Signals, also entweder einer „0" oder einer „1". Geht nun eine solche Leitung an mehrere Endpunkte, statt nur zwei Punkte zu verbinden, so zeichnet man einen dicken Punkt an jede Verzweigung. Wo sich zwei Linien ohne einen solchen Punkt kreuzen, sind die dadurch symbolisierten Leitungen nicht miteinander verbunden – wie zwei Straßen, von denen die eine die andere auf einer Brücke überquert.

Soll nun ein von der Tastatur kommendes Zeichen vom Datenbus zum Prozessor transportiert werden, so muß die Steuerlogik des Systems im richtigen Moment eine „1" an die Steuereingänge des „Ausgangs"-Treibers der Tastatursteuerung und des „Eingangs"-Treibers des Prozessors schalten.

Es ergeben sich gleich zwei weitere Bedingungen: Daten müssen gespeichert werden können, und

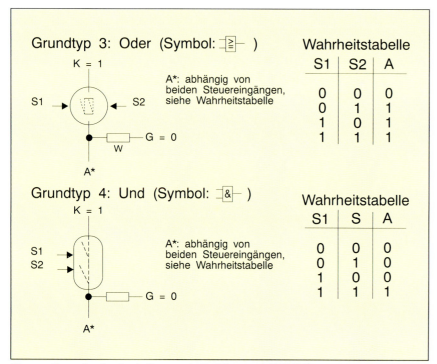

Die grundlegenden Logikschaltungen als Funktionsmodell (Teil 2)

sie müssen verglichen werden können. Letzteres wird etwas weiter hinten erläutert. Das erstere leuchtet leicht ein: die Tastatursteuerung muß das „Datum" (Einzahl von Daten) bereitstellen, und auch der Prozessor muß es zur Weiterverarbeitung aufbewahren, „zwischenspeichern" können. Benötigt wird hier also ein Vier-Bit-Speicher. Um den aber „bauen" zu können, muß zunächst ein Ein-Bit-Speicher entwickelt werden.

Einen solchen Ein-Bit-Speicher nennt man Flipflop. Die einfachste mögliche Logikschaltung zeigt das nebenstehende Bild: sie besteht aus zwei ODER-Gattern mit negiertem Ausgang. Die Ausgänge sind kreuzweise „rückgekoppelt" auf den Eingang des jeweils anderen Gatters. Die farbigen Zahlen verdeutlichen die Funktion: Wird an den Eingang „Setzen" eine „1" gelegt, so geht der Ausgang in jedem Falle auf „0" – egal, was sich am anderen Eingang des oberen Gatters abspielt. Es kann sein, daß er schon auf „0" war, das ist aber für die Funktion unerheblich. Wichtig ist nur: der Eingang „Rücksetzen" muß auf „0" bleiben. An beiden Eingängen des unteren Gatters liegt eine „0", sein (negierter!) Ausgang ist daher „1". Nun kann die „1" am Eingang „Setzen" ruhig wieder verschwinden: da der Ausgang des unteren Gatters „1" ist, liegt auch am unteren Eingang des oberen Gatters eine „1". Diese Einstellung bleibt stabil (der Zustand ist also „gespeichert", bis am Eingang „Rücksetzen" eine „1" auftritt. Dann geht der Ausgang des unteren Gatters von „1" auf „0", mithin auch

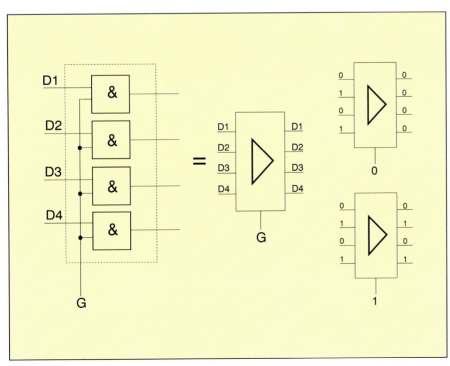

Das Funktionsmodell eines steuerbaren Leitungstreibers

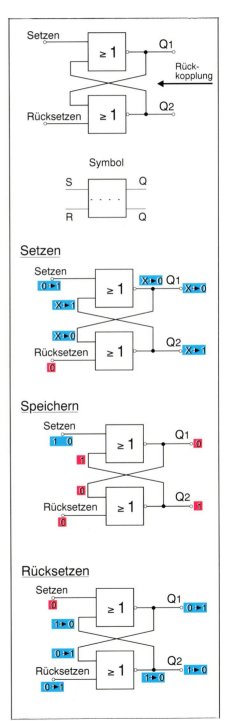

Das RS-Flipflop

der untere Eingang des oberen Gatters, dessen Ausgang geht daher von „0" auf „1" und dadurch auch der obere Eingang des unteren Gatters: erneut ist ein stabiler Zustand eingetreten, nur mit genau umgedrehtem Pegel an den Ausgängen. Techniker sagen dazu: durch ein Signal an einem der Eingänge kippt das Flipflop in eine bestimmte Lage.

Mit Flipflops lassen sich also elektronische Speicher bauen. Sind diese Speicher in größeren Einheiten integriert, etwa im Prozessor oder in der Tastatursteuerung, nennt man sie „Register". Bereits vier Flipflops mit einem gemeinsamen Rücksetzeingang bilden ein Vier-Bit-Register.

Als nächstes soll nun erklärt werden, wie Steuersignale erzeugt werden, zum Beispiel die für die Leitungstreiber. Jede der Funktionseinheiten hat eine „Adresse". Wir nehmen einmal an, unser Adreßbus bestehe aus 6 Leitungen. Damit können insgesamt 64 Bitkombinationen abgedeckt werden. Außerdem besteht der Steuerbus aus einer Anzahl einzelner Leitungen mit spezialisierten Signalen, die vom Prozessor erzeugt werden. Diese Signale = Leitungen sind:
LG – Lesen Geräte
SG – Schreiben Geräte
LS – Lesen Speicher
SS – Schreiben Speicher

Immer, wenn eine der genannten Operationen ausgeführt wird, geht das Signal auf der entsprechenden Leitung auf „1", sonst ist es „0". Alle mit dem Bussystem verbundenen Geräte außer dem Arbeitsspeicher haben eine Adresse. Beim Arbeitsspeicher hat jede Speicherstelle eine eigene Adresse.

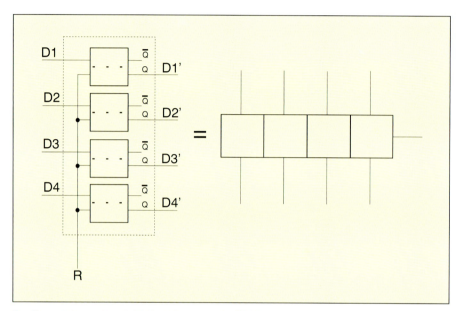

Das Grundprinzip eines 4-Bit-Registers aus vier Flipflops

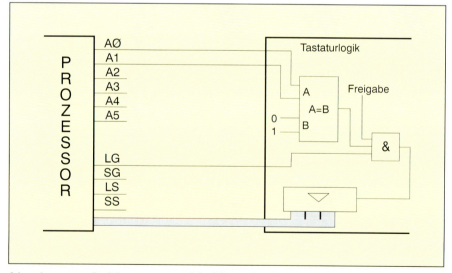

Adressierung von Funktionsgruppen und Speicherstellen durch den Computer

Die Geräteadressen in unserem Beispielcomputer sollen sein:
00 – Prozessor
01 – Tastatur
10 – Bildschirm
11 – Plattenspeicher

Man sieht: für unsere wenigen Geräte reichen vier Adressen, also zwei Bitstellen. Bei realen Computern sind es natürlich erheblich mehr. Das links stehende Bild enthält ein neues Element: die beiden Adreßleitungen A0 und A1 sind mit einem Kasten „A=B" verbunden. Zunächst noch ein Hinweis: beim Bussystem werden die Leitungen entweder durch eigene Bezeichnungen (wie LG, SG … oder durch ein „A" für Adreßbus bzw. „D" für Datenbus und eine Zahl, beginnend mit 0, gekennzeichnet. A0 ist also die Adreßleitung mit der niedrigsten Wertigkeit, A1 die zweitniedrigste usw.

Den mit „A=B" bezeichneten Kasten nennt man einen Komparator, auf deutsch: Vergleicher. Sein Ausgang geht auf 1, wenn die beiden Eingangssignale gleich sind. An seinen unteren Eingang B ist die Adresse fest der Tastatur angeschaltet. Taucht nun diese Adresse auf den beiden untersten Leitungen des Adreßbusses auf, so geht der Ausgang des Komparators also auf „0". Damit ist zunächst die Tastatur als Funktionseinheit „adressiert". Wird nun auch noch das Signal „Lese Gerät" und die interne Freigabeleitung der Tastaturlogik „1", so wird der Ausgang des dreifachen UND-Gatters unten rechts im Bild ebenfalls „1". Dadurch wird der Steuereingang des Ausgangs-Datenbustreibers „1". Die Daten am Eingang dieses Treibers werden auf den Datenbus geschaltet.

Wie ist nun der Komparator intern aufgebaut? Dazu müssen wir eine weitere Grundschaltung der Logik besprechen, das Exklusiv-ODER. Das Bild „Das „exklusive" ODER" zeigt seinen Aufbau aus Logikbausteinen, das Schaltzeichen, die Wahrheitstabelle und den Aufbau eines Komparators aus einem Exklusiv-ODER mit nachgeschalteter Negation. Da das Bild auch die vier möglichen Schaltzustände des Exklusiv-ODERs enthält, ist es sicher gut zu verstehen. Um aus Ein-Bit-Komparatoren einen für mehrere Bitstellen aufzubauen, werden einfach deren Ausgänge durch ein UND-Gatter mit entsprechend vielen Eingängen verbunden.

Der „Papiercomputer" hat nun schon so einiges gelernt: er kann Daten von einer Funktionseinheit zur anderen übertragen, Daten speichern, die Funktionseinheiten einzeln ansprechen („adressieren") und Daten vergleichen. Nur das wichtigste kann er noch nicht: rechnen. Dazu sind zwei weitere Grundfunktionen nötig: er muß gezielt in seinem Arbeitsspeicher enthaltene Daten ansprechen können, und er muß diese in einer Recheneinheit miteinander verknüpfen können.

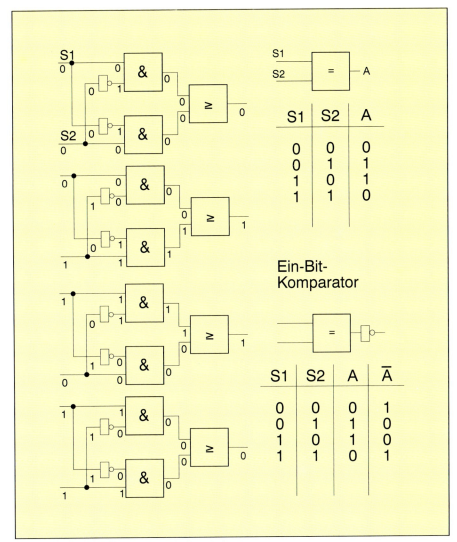

Das „exklusive" ODER: eine Vergleicherschaltung

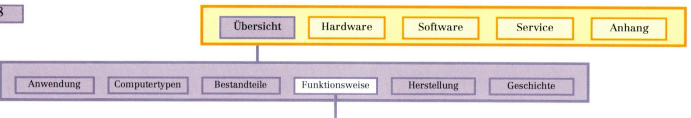

Der Arbeitsspeicher

Der Arbeitsspeicher eines Computers besteht aus frei adressierbaren Speicherstellen. Zu jeder Speicherstelle gehört eine Anzahl Bits. In unserem Beispiel sollen das vier Bit sein, weil der Datenbus unseres Papiercomputers vier Bit breit ist. In der Realität sind es 8, 16 oder 32 Bit, die gemeinsam angesprochen werden. Unterschieden werden muß nun noch zwischen Speicherstellen, die feste (nicht änderbare Daten) enthalten, und solchen, deren Inhalt jederzeit geändert werden kann. Die Speicherzellen der Festspeicher kann man sich am einfachsten als Schalter vorstellen, die in einer bestimmten Stellung festgeklemmt wurden. Jede der änderbaren Speicherstellen unseres Papiercomputers besteht aus vier Flipflops mit einer gemeinsamen Rücksetzleitung.

Oben wurde bereits gesagt: mit den 6 Adreßleitungen unseres Papiercomputers lassen sich 64 Adressen ansprechen. In dem rechtsstehenden Bild ist eine Möglichkeit hierfür gezeigt: Zu jeder der Speicherstellen geht eine Leitung. Je 16 Speicherstellen bilden eine Gruppe, zu der ein „16-aus-4-Dekoder" gehört. Ein solcher Dekoder erzeugt aus jeder der möglichen 16 Bitkombinationen an seinen vier Eingangsleitungen ein „1"-Signal auf genau einer seiner 16 Ausgangsleitungen. Einzige Zusatzbedingung: das Freigabesignal „Fr" muß auch „1" sein. Dazu wird das Freigabesignal aus den beiden Adreßleitungen A4 und A5 durch einen „4-aus-2-Dekoder" in vier Freigabesignale dekodiert, die jeweils für eine Gruppe gelten (auch hier gilt natürlich: immer nur eine Leitung ist „1", die drei anderen sind „0").

Über diese sogenannte Dekodierung läßt sich also mit unseren sechs Adreßleitungen gezielt eine der 64 Speicherstellen ansprechen. Allerdings sind dazu bereits fünf Dekoder nötig. Man kann

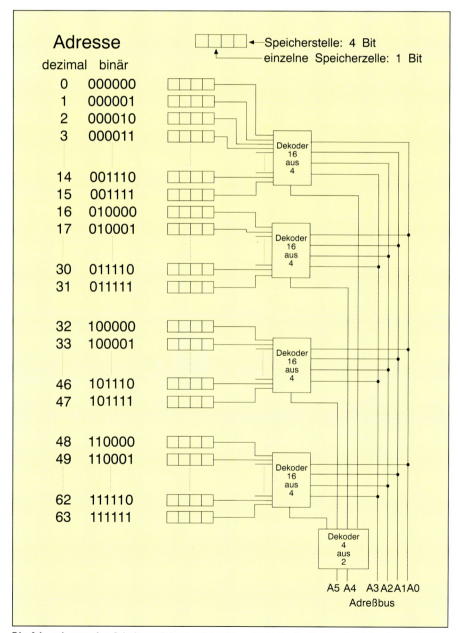

Die Adressierung des Arbeitsspeichers erfolgt über „Dekoder", die aus den Signalen auf den Adreßleitungen ein Anwahlsignal für eine Speicherstelle erzeugen

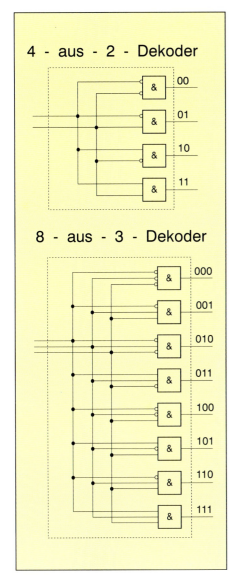

Das Funktionsschema des 4-aus-2-Dekoders und des 8-aus-3-Dekoders läßt bereits ahnen: Je mehr Eingangsleitungen zu dekodieren sind, desto mehr Aufwand muß betrieben werden. Deshalb mußte ein vereinfachtes Aussteuermodell für die Speicherstellen des Arbeitsspeichers entwickelt werden

sich leicht vorstellen, wie viele Dekoder in einem Computer mit einem 32-Bit-Adreßbus (der 4 294 967 296 Speicherstellen adressieren kann, in Worten: fast 4 Milliarden 300 Millionen) nötig wären …

Es ist also sinnvoll, den internen Aufbau eines solchen Dekoders zu betrachten. Das Bild „Dekoderschaltungen" zeigt den typischen internen Aufbau eines 4-aus-2-Dekoders und eines 8-aus-3-Dekoders. Eigentlich ziemlich einfach: man nimmt UND-Gatters und schaltet nach Bedarf Negationen an die Eingänge. Es leuchtet auch rasch ein: das Bitmuster, das zu einem Ausgang gehört, entspricht genau dem Muster der Negationen am Eingang des zugehörigen UND-Gatters. Es wird aber auch etwas anderes deutlich: bereits das Schema des im Bild nicht mehr gezeigten 16-aus-4-Dekoders würde aus 16 UND-Gattern mit je vier Eingängen bestehen. Für größere Computer wird diese Methode also schnell unzureichend. Deshalb soll hier noch das Prinzip der Lösung dieses Problems vorgestellt werden, das in den Entwicklungslabors ausgetüftelt wurde.

Man muß dazu wissen: am Eingang jeder Speicherzelle wird aus bestimmten Gründen sowieso ein Eingangsgatter benötigt, und zwar ein NAND. Und an seinem Ausgang wird ein Treiber benötigt, der sich am einfachsten als Inverter realisieren läßt. Da die eine Negation die andere aufhebt und es für den Benutzer des Computers ebenso egal wie für den Prozessor ist, daß im Speicher die „0" als „1" und die „1" als „0" gespeichert wird, kann man sagen: es ist so, als wenn am Eingang jeder Speicherzelle ein UND-Gatter sitzen würde. Das kann man also zur Dekodierung mit heranziehen, jede Speicherstelle wird also über zwei statt über eine Eingangsleitung selektiert.

Diese scheinbare Komplizierung vereinfacht die Speicheransteuerung in Wirklichkeit erheblich: Die Speicherstellen werden in einer Matrix angeordnet. Dieser Zusammenhang ist in dem Bild „Speicheransteuerung über eine Matrix" schematisch dargestellt. Die 64 Speicherstellen werden hierbei von Kästen symbolisiert, die von 0 bis 63 durchnumeriert sind. Jedes der Kästchen hat zwei Anschlüsse. Das Bild zeigt deutlich: jetzt reichen bereits zwei 8-aus-3-Dekoder zur Ansteuerung der 64 Speicherstellen. Vor allem aber kann der Speicher so großzügig ausgebaut werden. Denn wenn man zwei 16-aus-4-Dekoder verwendet, kann man nach dem gleichen Schema mit einem dann auf 8 Bit erweiterten Adreßbus bereits 256 Speicherstellen ansteuern.

Rechnen mit Bits

Es gibt viele Gründe dafür, daß ein Computer rechnen können muß. Zwar denkt man zuerst an Berechnungen, die der Anwender durchführen will. Für die Programmierung des Computers noch wichtiger ist aber, daß sich praktisch alle Logikoperationen, die zur Steuerung des Computers nötig sind, durch binäre Rechenoperationen am einfachsten ausführen lassen. Alle Berechnungen lassen sich im Prinzip auf die Addition zurückführen (Mathematiker können das leicht beweisen, es

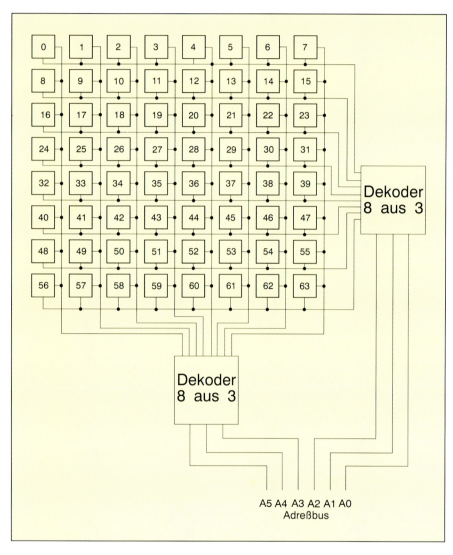

Speicheransteuerung über eine Matrix

$0 + 0 = 0$ (Übertrag: 0)
$0 + 1 = 1$ (Übertrag: 0)
$1 + 0 = 1$ (Übertrag: 0)
$1 + 1 = 0$ (Übertrag: 1)

Der Übertrag wird bei der nächsten Stelle mitaddiert, genau wie beim Dezimalsystem.

Ein Symbol hierfür ist schnell gefunden: diese „Halbaddierer" genannte Funktion hat zwei Eingänge E1 und E2, einen Ausgang „Summe" S und einen Ausgang „Übertrag" Ü. Und man kann aus der obigen Aufzählung auch leicht eine Wahrheitstabelle für diese Funktion aufstellen, wie dies in dem Bild „Halbaddierer und Volladdierer" oben geschehen ist. Daraus läßt sich dann direkt die Logikschaltung ablesen: ein Exklusiv-ODER „errechnet" die Summe, ein UND-Gatter den Übertrag.

Allerdings reicht ein Halbaddierer nicht aus, um mehrstellige binäre Additionen durchzuführen. Denn die Berechnungsbeispiele zeigen ja deutlich: neben den beiden Eingängen für die zu addierenden Stellen muß ein dritter Eingang für den Übertrag von der vorherigen Stelle vorhanden sein. Auch hierfür zeigt das Bild Symbol, Wahrheitstabelle und eine mögliche Schaltung. Bei größeren Logikschaltungen gibt es fast immer mehrere Möglichkeiten der Realisierung, die hier gezeigte ist noch recht übersichtlich. Als letztes zeigt das Bild, wie man aus mehreren Volladdierern ein „Addierwerk" zusammenschaltet.

Der Prozessor

Die wesentlichsten Elemente des Modellcomputers sind nun als Einzelteile vorgestellt. Aber in der bisher besprochenen Form führ-

reicht aber auch, sich daran zu erinnern, wie man erst das kleine Einmaleins gelernt hat und dabei mit der Addition begonnen hat). Also muß auch der Computer zunächst die Addition lernen. In dem nebenstehenden Kasten „Das kleine Einmaleins des Computers" zeigen einige einfache Beispiele die Addition im Dualsystem, also dem aus nur zwei Zahlen bestehenden Rechensystem. Neben den binären Operationen ist zum leichteren Verständnis auch die jeweilige dezimale Berechnung abgebildet (in grün). Die Methodik der binären Addition ist an diesen Beispielen leicht zu durchschauen:

Dezimal	Dual
0	0000
1	0001
2	0010
3	0011
4	0100
5	0101
6	0110
7	0111
8	1000
9	1001
10	1010

```
  0      0        1      01
 +1     +1       +1      01
 ──     ──       ──     ───
  1      1        2      10

  2     10        2      10
 +1     01       +2      10
 ──     ──       ──     ───
  3     11        4     100

  1    0001       1    0001
 +4    0100      +5    0101
 ──    ────      ──    ────
  5    0101       6    0110

  3    011
 +1    001
 ──    ───
  4    100
```

Das kleine Einmaleins des Computers. Aus der Addition lassen sich alle anderen Rechenoperationen herleiten

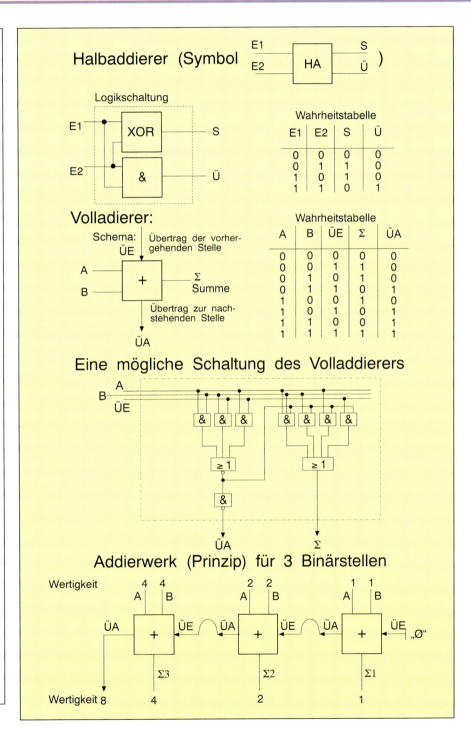

Halbaddierer und Volladdierer

ten sie alle immer nur eine Funktion aus. Von solch einer einzelnen Funktion hat man nicht viel. Es muß also ein Element geben, das mehrere Funktionen nacheinander ausführen oder, anders ausgedrückt, Abläufe, Prozesse durchführen kann. Diese Einheit nennt man „zentrale Prozeßeinheit", englisch: „central process unit" oder abgekürzt: CPU.

In dieser CPU werden fast alle bisher entwickelten Elemente sich wiederfinden, denn sie ist sozusagen der zentrale Computer im Computer. Für unseren Modellcomputer soll nun eine ganz einfache CPU entwickelt werden – sie soll einige der wesentlichen Grundelemente einer echten CPU in einfachster Form zeigen (eine echte CPU ist ein hochkomplexes Gebilde, deren genaue Beschreibung Bücher vom doppelten bis dreifachen Umfang dieses Buches füllt). Diese Beispiel-CPU führt alle Abläufe schrittweise durch. Dazu besitzt sie einen Schrittzähler. Dieser Schrittzähler besteht aus einem „Taktgenerator" und vier hintereinandergeschalteten Flipflops. In dem Bild „Einfacher Schrittzähler" ist dies dargestellt. Die Flipflops werden dort allerdings durch Kästchen „T1", „T2" usw. symbolisiert. Sie arbeiten als „Impulsteiler". Was damit gemeint ist, zeigt das im Bild enthaltene Impulsschema: der Taktgenerator wechselt an seinem Ausgang in schönstem Gleichmaß zwischen „0" und „1". Und jedesmal, wenn sein Ausgangssignal von „1" nach „0" geht, wechselt der Ausgang des Teilers T1 seinen Ausgangspegel: mal von „0" nach „1", dann wieder von „1" nach „0". Techniker sagen: er reagiert auf die fallende Impulsflanke des

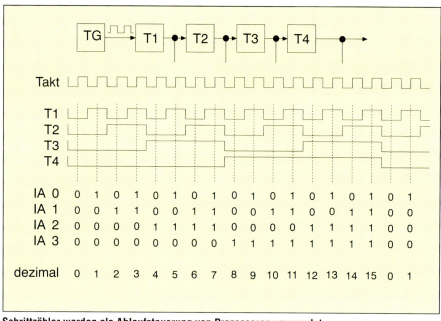

Schrittzähler werden als Ablaufsteuerung von Prozessoren verwendet

Taktes. Nun folgt ein zweiter Teiler T2, und sein Eingang ist mit dem Ausgang von T1 verbunden. Er reagiert genauso, nur ist für ihn das Taktsignal durch T1 schon „halbiert". Und so geht es auch mit T3 und T4. Die Ausgänge der Zähler sind mit IA0 ... IA3 beschriftet (IA steht für „interne Adresse des Prozessors"). Jeder Zählerausgang ist mit einer internen Adreßleitung des Prozessors verbunden. Schaut man sich nun die Bitfolgen auf diesem internen Adreßbus an, so erkennt man, daß sie eine binäre Zahlenfolge durchlaufen. Diesen Zähler nennen wir nun Programmzähler und entwickeln einen Prozessor, der folgendes Programm ausführt:
❏ Lade Zahl an Speicheradresse 0000 in Register „A"
❏ lade Zahl an Speicheradresse 0001 in Register „B"
❏ addiere Register „A" und „B"
❏ speichere das Ergebnis an Speicheradresse 0010.

Dieses Programm sieht sehr einfach aus, doch es stellt schon einige Anforderungen an den Prozessor. Denn der Prozessor soll ja nicht nur diese eine Berechnung ausführen können, sondern beliebige. Dazu muß der Inhalt jeder beliebigen Speicheradresse in jedes beliebige Register übertragen werden können. Außerdem müssen die Ausgänge der Register auf die Eingänge des Addierwerks geschaltet werden können, das errechnete Ergebnis muß in einem Register zwischengespeichert werden und dann in die gewünschte Speicheradresse eingeschrieben werden.

Wie gut, das es Treiber gibt. Denn sie ermöglichen es, eine Bitkombination auf einem Bus an eine beliebige Stelle zu lenken. Und sofort ergibt sich eine Vermutung: jede interne Einheit des Prozessors muß über steuerbare Eingangs- und Ausgangstreiber verfügen, denn nur so kann der Gesamtablauf richtig gesteuert werden. Ein Register unserer CPU besteht also nicht einfach aus vier Flipflops, sondern enthält außerdem noch Eingangstreiber, Ausgangstreiber und die Steuerlogik hierfür. Noch etwas komplizierter ist der Addierer: er besteht aus zwei Eingangsregistern mit Treibern, dem eigentlichen Addierwerk, einem Ausgangsregister zum Zwischenspeichern des Ergebnisses und dem Ausgangstreiber.

Aber durch diesen Aufbau wird nun ein geregelter Ablauf möglich: es muß „nur" ein Steuerdekoder aufgebaut werden, der in der richtigen Abfolge die Treiber der einzelnen Bestandteile des Prozessors „durchschaltet" oder „sperrt". Und das ist gar nicht so schwierig: oben wurde gesagt, daß es außer den beschreibbaren und wieder lesbaren Speicherstellen auch solche gibt, die Festwerte enthalten, praktisch wie festgeklemmte Schalter. Und ein solcher Festspeicher eignet sich hervorragend zur internen Ablaufsteuerung des Prozessors.

An dem Bild auf der folgenden Seite soll dies näher erläutert werden. Oben links befindet sich ein Zähler, der beim Einschalten des Rechners oder auf einen Rücksetzimpuls hin (Techniker nennen das „Reset", das bedeutet wörtlich „rücksetzen") bei 0 zu zählen beginnt. Bei dieser Adresse sind alle Ausgänge der Mikroprogrammsteuerung (die nichts anderes als ein Festwertspeicher mit großer Busbreite ist) einfach 0. Auch alle Register erhalten einen Rücksetzbefehl. Der Elementarprozessor ist dadurch zunächst einmal in einem definierten Ausgangszustand. Bei der Adresse 0001 wird eine Datenkombination auf den internen Steuerbus des Prozessors geschickt, die die Adreßzählersteuerung startet und auf die Adresse 0000 des Arbeitsspeicher deuten läßt. Gleichzeitig wird an den Datenbustreiber für von außen kommende Daten eine 1 gelegt und an den Eingangstreiber des Registers A. Was geschieht? Nach allem bisher Gesagten ist sicher klar: über die beiden genannten Treiber wird der Inhalt der Speicherstelle 0000 in das Register A übertragen, eingeschrieben.

Als nächstes wird die Adresse 0002 des Mikroprogrammzählers angesprochen. Sie schaltet erst einmal wieder alle Treiber auf „Sperren", damit zwischen den eigentlichen Arbeitsschritten keine Überschneidungen auftreten können. Die Adresse 0003 des Mikroprorammzählers gibt im folgenden Schritt einen Impuls an die Adreßzählersteuerung, die diese eine Adresse auf dem Adreßbus weiterschalten läßt (jetzt wird also Adresse 0001 des Arbeitsspeichers angesprochen) und gleichzeitig wieder an den Datenbustreiber für von außen kommende Daten und an den Eingangstreiber für Register B eine „1" legt. Dadurch wird in diesem Schritt der Inhalt der Arbeitsspeicherzelle 0001 in Register B geschrieben.

Nach einem neuen Zwischenschritt werden nun der Ausgangstreiber des (Prozessor-) Registers A und der Treiber im Eingang des Eingangsregisters A des Addierwerkes aufgesteuert, alle anderen Treiber bleiben geschlossen: der Inhalt des Registers (= ursprünglich der Arbeitsspeicheradresse 0000) liegt nun am Eingang A des Addierwerkes an. Dieser Vorgang wiederholt sich nun mit dem Ausgangstreiber des Registers B und dem Eingangsregister B des Addierwerkes. Jetzt erst stehen an den Eingängen A und B des Addierwerkes die beiden zu addierenden Zahlen, und am internen Ausgang des Addierwerkes (gleich Eingangstreiber des Ergebnisregisters) das Ergebnis der Addition.

Im darauf folgenden Arbeitsschritt wird ausschließlich der Steuereingang des Eingangstreibers des Ergebnisregisters auf 1 gesetzt und so das Ergebnis in das Ergebnisregister eingeschrieben. Im dann folgenden Arbeitsschritt (zwischen allen Arbeitsschritten werden immer wieder alle Treiber „dichtgemacht") werden der Ausgangstreiber des Ergebnisregisters und der Eingangstreiber des Registers A geöffnet, also das Ergebnis in Register A eingeschrieben (dabei wird der ursprüngliche Inhalt dieses Registers überschrieben!). Im letzten Arbeitsschritt des kleinen Beispielprogramms wird nun zum einen die Adreßzählersteuerung wieder einen Schritt weitergeschaltet (auf Adresse 0002 des Arbeitsspeichers) und zum anderen der Ausgangstreiber des Registers A und der nach außen weisende Datenbustreiber aufgesteuert: das Ergebnis wird also in die gewünschte Arbeitsspeicheradresse eingeschrieben.

Das beschriebene Beispiel hätte zwar etwas einfacher programmiert werden können, doch wollten wir sowohl typische Abläufe im Prozessor zeigen wie auch die Kommunikation des Prozessors

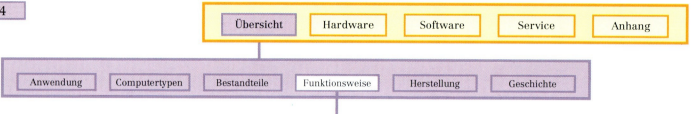

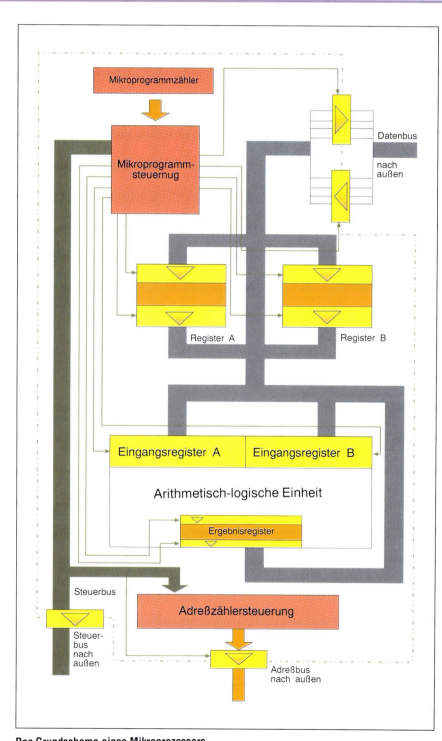

Das Grundschema eines Mikroprozessors

mit seiner „Außenwelt", also Arbeitsspeicher und Pheripheriegerätesteuerungen, darstellen.

Denn der Inhalt unseres Mikroprogrammes könnte auch ganz anders aussehen, zum Beispiel: hole das am Ausgangstreiber der Tastatur liegende Zeichen und schreibe es an Adresse x, hole dann das nächste Zeichen und schreibe es an Adresse x + 1 usw. Vermitteln wollten wir im Prinzip das grundlegende Wissen darum, wie ein winziges Programmstück in einem Prozessor konkret ablaufen könnte.

Der in diesem Teilkapitel systematisch entwickelte Elementarprozessor reicht natürlich bei weitem nicht aus, um den Bedürfnissen eines modernen Computers zu genügen. Dies alles sollte nur die geeignete „Denkunterlage" für die nun folgenden Überlegungen liefern.

Wenn es möglich ist, wie hier gezeigt, einen Teilablauf durch die Mikroprogrammsteuerung festzulegen, dann ist es natürlich auch möglich, nach dem gleichen Schema andere kleine Abläufe festzulegen. Einen solchen kleinen Ablauf nennt man einen Befehl. Zu einem solchen Befehl gehört ein Befehlskode. Man kann diesen Befehlskode als Zeiger auf eine Adresse in einem speziellen Speicher des Prozessors auffassen: man muß nur in Gedanken den Mikroprogrammzähler etwas ausbauen. Man fügt eine Register-Treiber-Kombination hinzu, die einen bestimmten Bereich in dem (sehr großen) Speicher „Mikroprogrammsteuerung" anspricht. Wird dieser Bereich angesprochen, läuft das an ihm beginnende Teilprogramm ab: der Befehl wird ausgeführt.

Nun muß noch eine Möglichkeit gefunden werden, bestimmte Befehle nacheinander auszuführen. Nichts einfacher als das: sie werden im Arbeitsspeicher abgelegt, einer nach dem anderen. Als „Generalanweisung" enthält die Mikroprogrammsteuerung die Anweisung: „Arbeite einen Befehl nach dem anderen ab." Dazu wird ein weiterer Zähler benötigt: der Adreßzähler. Er ist im Prinzip genauso aufgebaut wie der Mikroprogrammzähler. Sein Inhalt wird immer im geeigneten Moment über Treiber auf den Adreßbus geschaltet. Ist ein Befehl abgearbeitet, wird der Adreßzähler um 1 erhöht und der Inhalt der nächsten Stelle des Arbeitsspeichers als Befehl angesehen. Diese Bitkombination wird also als Adresse innerhalb der Mikroprogrammsteuerung verwendet und dadurch der dort beginnende Ablauf aufgerufen, initiiert. Auch dieser Befehl wird dann ausgeführt, wieder der Adreßzähler erhöht und so fort.

Allerdings bestehen Befehle nicht immer nur aus einem Computerwort (in unserem Beispiel 4 Bit, in der Realität 8, 16, 32 oder 64 Bit): bei vielen Befehlen folgen Daten oder Adressen.

Wir wollen dies an einigen Beispielen erläutern. Ein Befehl kann sein: „Invertiere den Inhalt des Registers A." Das bedeutet: es sollen alle 0-Bit in Register A in 1-Bit und alle 1-Bit in 0-Bit umgewandelt werden. Dies ist als Ablauf im Mikroprogrammspeicher vorprogrammiert. Es ist nur die Bedingung zu erfüllen, daß bereits vor diesem Befehl der Inhalt ins Register A geladen wurde, der invertiert werden soll. Es ist sicher deutlich: dieser Befehl kann für sich stehen und deshalb aus einem einzigen Computerwort bestehen. Der Adreßzähler wird deshalb nach Ausführung des Befehls um einen Schritt erhöht.

Ein ganz ähnlicher Befehl ist: „Invertiere das auf diesen Befehl im Arbeitsspeicher folgende Computerwort." Hier wird erst der Befehl im Prozessor eingeleitet, dann der Adreßzähler um 1 erhöht und das nun adressierte Computerwort geladen und in der „ALU" invertiert.

Hier nun wieder ein Einschub: bisher haben wir nur vom Addierwerk gesprochen. Doch enthält ein Prozessor mehr, nämlich eine auf einem Addierwerk beruhende Funktionseinheit, die addieren, subtrahieren und logische Verknüpfungen von Bits durchführen kann – all dies jedoch auf der Grundlage der bisher besprochenen Prinzipien. Diese Funktionseinheit wird als „Arithmetisch-logische Einheit", auf englisch „arithmetic-logic-unit" oder kurz ALU bezeichnet.

Nun steht das Ergebnis der Invertierung im Ausgangsregister (Ergebnisregister) der ALU – wohin damit? Ein weiterer Befehl (und Befehlstyp) ist hier nötig: „Speichere den Inhalt des Ergebnisregisters an Adresse xy des Arbeitsspeichers." Mikroprozessoren verfügen über ganze Gruppen solcher Speicherbefehle. Denn im Gegensatz zu unserem Beispielprozessorchen enthalten sie eine Vielzahl von Registern, und zu jedem dieser Register gehört ein Befehl: „Speichere den Inhalt an Adresse ..." und sein genaues Gegenstück: „Lade den Inhalt der Arbeitsspeicherstelle mit der Adresse xy in Register ..." Auf diese Befehle folgt jeweils die Adresse, in den meisten Fällen zwei Computerworte. Also muß der Adreßzähler im Verlauf der Abarbeitung eines solchen Befehls dreimal erhöht werden. Damit nicht genug: es gibt Befehle, zu denen zwei Adressen und Daten gehören.

Bisher läuft das gedachte Programm einfach alle Adressen durch. Doch will, ja muß man ja auch im Programm verzweigen können, also von einem Programmteil zu einem anderen springen können. Dazu gibt es spezielle Befehle wie: „Lade die an den folgenden Speicherstellen stehenden Adressen in den Adreßzähler." Die Daten in diesen Speicherstellen werden also einfach als Adressen angesehen und in den Adreßzähler eingespeichert. Dieser ist also kein stur ablaufender Zähler, sondern programmierbar. Das Einspeichern geschieht naturgemäß in zwei oder mehr Schritten: der Adreßzähler verfügt über ein Eingangsregister, in das die neuen Adressen zunächst übernommen werden. Erst wenn sie einwandfrei im Eingangsregister enthalten sind, werden sie „übernommen" und erscheinen auch am Ausgang des Adreßzählers, um von dort im richtigen Augenblick auf den Adreßbus geschaltet zu werden.

Unsere Betrachtung des Innenlebens eines Prozessors soll nicht noch weiter vertieft werden: es wird nur immer komplizierter.

Doch ist eines sicher deutlich geworden: Wenn man solche Mikroprogramme, solche „Befehle" an den Prozessor, in sinnvoller Weise zusammenfügt, entstehen Programme, die der Prozessor ausführen kann. Hierauf wird im Kapitel „Software", Unterkapitel „Programmiersprachen" noch näher eingegangen.

Herstellung

Die Herstellung einer elektronischen Schaltung ist ein aufwendiger Produktionsprozeß, der höchste Anforderungen an die Ausgangsmaterialien stellt. Hauptrohstoff für die Halbleiterschaltungen (Chips) ist das zweithäufigste Element in der Erdkruste, das Silizium (von lateinisch: „silex", Kiesel). Es kommt als Siliziumdioxyd, SO_2, in der Natur vor und muß nach der Bearbeitung eine derart hohe Reinheit besitzen, das auf eine Million bis eine Milliarde Siliziumatome nur ein Fremdatom kommt.

Im ersten Arbeitsschritt wird aus Quarzsand mit Petrolkoks im Lichtbogenofen Rohsilizium gewonnen. Durch Ziehen aus dem Tiegel oder durch tiegelloses Zonenziehen entstehen Siliziumstangen mit einer sehr sauberen Kristallstruktur, der Fachbegriff lautet „monokristallin". Beim Kristallziehen werden zum einen Verunreinigungen ausgeschieden, zum anderen sogenannte Dotierungsstoffe (Fremdatome) in geringster Konzentration zugesetzt. Von den Siliziumstäben, die cirka 1 Meter lang sind, schneidet man mit Diamantsägen die sogenannten Wafer ab. Hierbei handelt es sich um Scheiben von etwa 10 cm Durchmesser und 0,3 mm Dicke. Jeder Wafer bietet Platz für 100 oder mehr Chips.

Die Wafer oder Scheiben erhitzt man in einem Ofen mit der sehr genau eingehaltenen Temperatur von 1.000° Celsius und in einer Atmosphäre aus reinem Sauerstoff, damit sich eine Schicht Siliziumdioxyd, SO_2 (Quarzglas), auf der Oberfläche bilden kann. Durch diesen Glasüberzug werden die Wafer vor Verschmutzungen geschützt. Die fertig oxydierten Wafer beschichtet man mit einem speziellen Fotolack, welcher durch Belichten aushärtet und auf diese Weise gegen bestimmte Lösungsmittel widerstandsfähig wird. Der Wafer wird so lichtempfindlich. Anschließend bestrahlt man ihn mit UV-Licht. Zwischen UV-Licht und der lichtempfindlichen Schicht wird eine Fotomaske montiert, auf der sich eine Schaltlogik für die vielen Chips befindet. Danach entwickelt man durch Abwaschen, so daß die Schaltlogik sichtbar wird: An den nicht belichteten Stellen ist der ausgehärtete Fotolack nach wie vor vorhanden, und an den nichtbelichteten besitzt der Wafer nun keine Lackschicht mehr. In einer zweiten Entwicklung wird die Quarzschicht per Säurebad weggeätzt. Dadurch entstehen zahlreiche Öffnungen, direkte Verbindungen zur Siliziumschicht. Weil reines Silizium aber keinen Strom leitet, wird der Rohling mit Ionen beschossen. Umweltbewußte Chemiker würden sagen, reines Silizium wird durch Bor- und Arsenatome „verunreinigt", um dasselbe leitfähig zu machen. Man nennt diesen Vorgang auch Dotieren, Ionenimplantation oder Diffusion. Die Arbeitsschritte Belichten, Entwickeln, Ätzen und Dotieren wiederholen

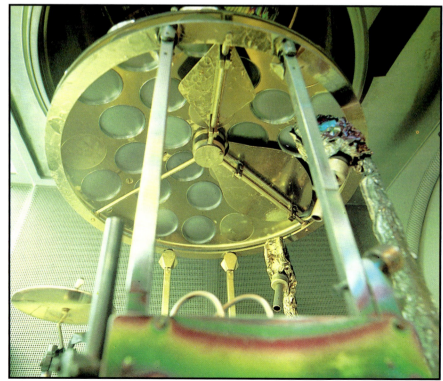

Aufdampfanlage im Metallisierungsprozeß. Der „Dom" mit der Wafer-Aufnahme in der geöffneten Vakuumkammer

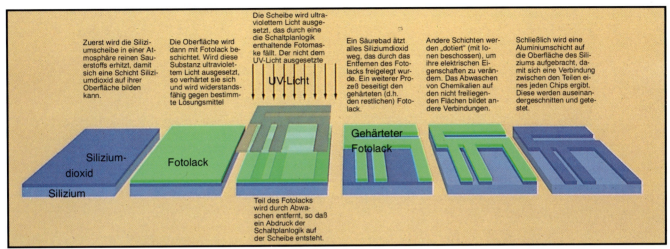

Ablauf der Produktion eines Siliziumchips

Mikroskopische Inspektion eines Wafers mit 1-MByte-Chips. In einem weiteren Arbeitsschritt erfolgt eine vollautomatische Funktionsprüfung

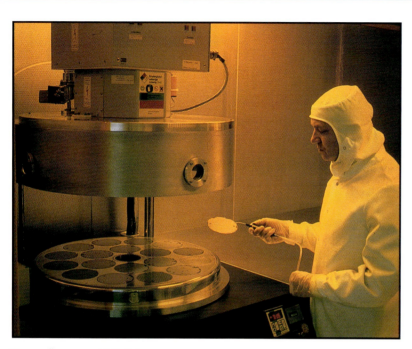

Plasma-Ätzen von 1-MB-Chips

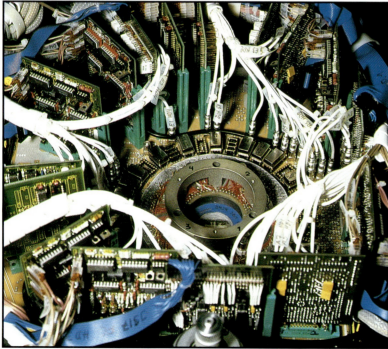

Elektronische Prüfung des MB-Chips

sich mehrmals. Schicht für Schicht überträgt man so. Abschließend wird der Wafer mit einer hauchdünnen Aluminiumschicht bedampft, um die Transistoren, Dioden und Widerstände, die im bisherigen Arbeitsprozeß entstanden sind, untereinander elektronisch zu verbinden. Es werden jedoch einige sogenannte Bondflecken ausgespart. Sie sind die Kontaktflächen des Chips zur Außenwelt. An ihnen werden feine Golddrähtchen angebracht. Der vorletzte Produktionsschritt ist ein computergesteuerter Testlauf der Chips. Zum Testen jedes einzelnen Chips auf dem Wafer sind zwischen 10 bis 100 Millionen Messungen erforderlich, bei sehr komplexen Chips manchmal noch mehr. Wurden sie erfolgreich durchgeführt, wird der Wafer zum Schluß in die einzelnen Chips zerschnitten.

Theoretisch könnte der Chip nun bereits Daten und Signale verarbeiten. Allerdings wären diese „nackten" Chips zu empfindlich für ihre „Umwelt" im Inneren des Computers: jedes Staubkorn könnte einen Kurzschluß verursachen. Deshalb werden die Chips in Keramikgehäuse eingebaut, ihre Anschlüsse – die erwähnten Bondflecken – werden dabei in einem von Robotern durchgeführten Arbeitsschritt durch dünne Drähte mit den Anschlußstiften des Gehäuses verbunden. So entsteht eine „integrierte Schaltung", ein IC.

Natürlich sind auch die Anschlußstifte aus elektrisch leitfähigem Material. Die ICs werden nun auf Platinen zu größeren Funktionseinheiten zusammengeschaltet. Platinen sind dünne Platten aus elektrisch isolierendem Material, auf denen sich elektrisch leitfähige Metallbahnen (Leiterbahnen) befinden. Bei „doppelseitigen" Platinen sind nur Ober- und Unterseite mit Leiterbahnen versehen. Für komplexe Computerschaltungen reicht dies meist nicht, dann werden Mehrlagen-Platinen verwendet (englischer Fachbegriff: multilayer): auf eine besonders dünne doppelseitige Platine wird eine einseitige, ebenfalls sehr dünne Platine per Klebepressung aufgebracht. Bei Bedarf wird dies wiederholt, und heute sind fünflagige Platinen durchaus nichts besonderes mehr.

Die Leiterbahnen der einzelnen Schichten werden durch metallische Kontaktierungen an den richtigen Stellen verbunden. In diese komplexe Struktur von Verbindungsleitungen werden nun die ICs eingelötet, dies geschieht im „Lötbad", einem ebenfalls automatisierten Fertigungsschritt. Außer den ICs werden auch andere Bauelemente (Widerstände, Kondensatoren, Stecker) und auch Steckverbinder, Anschlußbuchsen und anderes in diesem Fertigungsschritt auf der Platine befestigt. Auch die Platinen werden einer Funktionsprüfung unterworfen. Danach werden sie zusammen mit allen anderen Komponenten (anderen Platinen, Netzteil, Laufwerken ...) in ein Gehäuse eingebaut und mit den entsprechenden Anschlußleitungen versehen. Jetzt ist der Computer (oder genauer: die Zentraleinheit des PCs) fertig zur Endprüfung.

Wir konnten hier natürlich nur eine recht grobe Übersicht geben, die sich im wesentlichen auf die Herstellung der ICs bezog. Aber diese machen auch den funktionellen Kern des Computers aus, alles andere ist sozusagen „gewöhnliche Elektronik".

Leiterplattenfertigung: Lamilierpresse

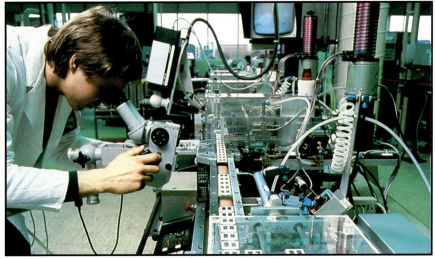
Produktionsanlage für die Montage von Chips

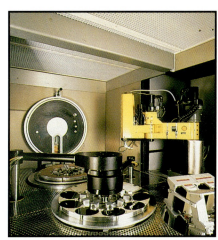
Diese Ionenimplantationsanlage für die 1-MB-Chip-Produktion wird von einem Industrieroboter beschickt

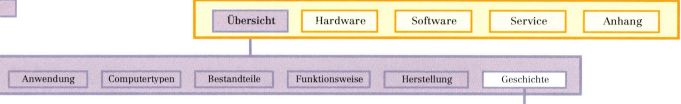

Geschichte

Wenn wir hier über Geschichte sprechen, so meinen wir alle Entwicklungen, die mit dem Computer zu tun haben – wenn auch teilweise sehr indirekt: wir betrachten den Computer im Umfeld seiner Anwendung. Der heutige Computer ist das bislang letzte Glied in der Kette des menschlichen Bestrebens, die Übermittlung, Darstellung und Verarbeitung von Informationen und Daten zu erleichtern.

Insofern müßten wir jetzt die Menschheitsgeschichte unter dem Gesichtspunkt der Entwicklung der Mathematik und der Schrift darstellen – eindeutig ein Thema für ein eigenes Buch, weshalb wir unsere Darstellung auf einige wenige historische Fakten beschränken. Da der heutige Computer sich aus den elektronischen Rechenanlagen der 50er Jahre dieses Jahrhunderts entwickelte, gehen wir insbesondere auf die Entwicklung der Rechenmaschinen ein.

Das älteste bekannte Rechenhilfsmittel ist ein Rechenbrett, das die Chinesen benutzten (etwa 3000 Jahre vor Christus), gefolgt von den in Schnüre geknüpften Knoten (Additionssystem), die in Peru verwendet wurden, und vom Abakus, einem Brett mit verschiebbaren Kugeln, welches bereits 1100 vor Christus in China entwickelt wurde und seinen Weg über Persien nach Europa fand.

Mit dem Aufstieg der Geistes- und Naturwissenschaften zu Beginn des 17. Jahrhunderts wurden dann die ersten mechanischen Rechenmaschinen entwickelt. Wilhelm Schickhardt (1596 – 1635), Universitätsprofessor in Tübingen, baute 1623 eine Rechenmaschine mit einer sehr einfachen Mechanik für Addition und Subtraktion, die Zahlen bis zu sechs Stellen bearbeiten konnte. Sie wurde 1642 bei einem Feuer zerstört. Auch der Philosoph und Mathematiker Blaise Pascal (1623 – 1662), konstruierte 18jährig eine Rechenmaschine, mit der

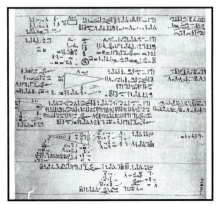

Mathematischer Rhind-Papyrus aus Theben/Oberägypten (um 1600 v. Chr.)

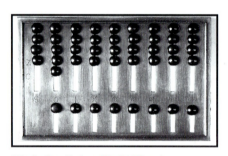

Römischer Abakus (Nachbildung). Originalgröße: 11,5 x 7 cm

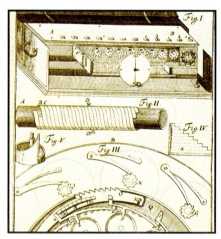

„Die Rechenmaschine des Herrn Baron von Leibniz". Kupferstich aus dem Jahre 1727

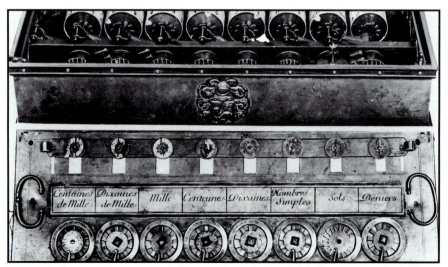

Pascals Rechenmaschine – wahrscheinlich im Jahre 1641 entwickelt – konnte sechsstellige Zahlen addieren

sechsstellige Zahlen addiert werden konnten. Angeregt von den Bemühungen Schickhardts und Pascals entwarf Gottfried Wilhelm von Leibniz 1674 eine sogenannte 4-Spezies-Maschine, welche die vier Grundrechenarten ausführen sollte. Hervorzuheben bleibt, daß Leibniz bereits als Zahlensystem für Rechenmaschinen das Binärsystem vorschlug.

Die erste voll funktionsfähige Rechenmaschine wurde 1774 von Philipp Matthäus Hahn, einem Landpfarrer, entwickelt. Den nächsten – allerdings theoretischen – Schritt in der Entwicklung der Rechenmaschinen vollzog 1833 Charles Babbage, Mathematiker an der Universität Cambridge. Er plante eine Rechenmaschine, bei welcher die durchzuführenden Operationen mittels lochkartenähnlicher Datenträger gesteuert werden sollten. Zu diesem Zweck unterschied er vier „Lochkartentypen": für Daten in Zahlenkarten und Variablenkarten sowie für Befehle in Übertragungs- und Operationskarten. Die Maschine sollte nach seinen Plänen ein Rechenwerk, eine Steuereinheit, einen Zahlenspeicher sowie einen Programmspeicher besitzen. Babbage konnte seine Pläne jedoch nicht realisieren, da die technischen Möglichkeiten seiner Zeit nicht ausreichten.

1886 entwickelte Hermann Hollerith in den USA eine elektrisch arbeitende Zählmaschine für Lochkarten. Sie wurde 1889 bei der 11. amerikanischen Volkszählung mit Erfolg eingesetzt. „Hollerith-Maschinen" entwickelten sich zu den praktisch genutzten Datenverarbeitungsanlagen – natürlich entsprechend dem technischen Stand am Ende des letzten und Anfang dieses Jahrhunderts nicht elektronisch, sondern elektromechanisch.

1934 begann Konrad Zuse mit der Planung einer programmgesteuerten Rechenmaschine. Zwei seiner grundlegenden Konstruktionsprinzipien sind bis heute verbindlich geblieben, die Programmsteuerung und die Einführung des Dualzahlensystems. Unter einfachsten Bedingungen entwickelt, konstruiert und baute Zuse bis 1937 die noch rein mechanische Z1, die erste programmgesteuerte Rechenmaschine. Da die rein mechanische Signalübertragung zu langsam und schwerfällig war, verwandte Zuse bei der Z2 und Z3 Relais als Schaltglieder. Die Z3

Eine Hollerithmaschine. Diese mechanischen Vorläufer der heutigen Computer stellen den Beginn der automatisierten Datenverarbeitung dar

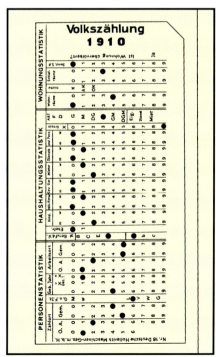

Lochkarte der Volkszählung 1910 im Deutschland Kaiser Wilhelms

| Übersicht | Hardware | Software | Service | Anhang |

| Anwendung | Computertypen | Bestandteile | Funktionsweise | Herstellung | Geschichte |

wurde 1941 fertiggestellt. Bei ihr wurde das Programm mittels Lochstreifen eingelesen.

Howard Hathaway Aiken erstellte 1943 in Zusammenarbeit mit der Harvard University und dem Unternehmen IBM die teilweise programmgesteuerte Großrechenanlage Mark 1, die allerdings noch mit dezimal verschlüsselten Werten arbeitete.

Der eigentliche „Quantensprung" in der Entwicklung der Rechenmaschinen fand 1942 statt, als der Übergang von den mechanischen zu den elektronischen Bauteilen vollzogen wurde. Die Entwicklung der Elektronik und des Computers stehen seitdem in ständiger Wechselbeziehung. Der Übergang zur Elektronik bewirkte bei generell gleicher Bauweise einen Geschwindigkeitsgewinn um den Faktor 1000. Gebaut wurde der erste Elektronenrechner von John Altanasoff, dessen Maschine grundlegend war für den bekannteren ENIAC von Eckert, Mauchy und Goldstine von der Pennsylvania University.

1949 formuliert John von Neumann die grundsätzlichen Konstruktionsprinzipien eines elektronischen Computers: Er besitzt einen Prozessor, welcher direkt mit einem Speicher verbunden ist, in dem Daten und/oder Programme zur Verarbeitung bereitliegen. Diese werden im Prozessor sequentiell abgearbeitet, also einer nach dem anderen.

Seit 1950 ging die Entwicklung und Fertigstellung von Rechenanlagen zunehmend von den Universitäten auf private Unternehmen über. Um eine Klassifizierung der nun in rascher Folge vollzogenen Entwicklung der Rechner zu ermöglichen, gliederte man die Rechenanlagen gemäß den eingesetzten Bauteilen in Generationen.

In der ersten Generation wurden Elektronenröhren als Schaltelemente verwendet. Zu den hervorragenden Systemen dieser Zeit gehört der UNIVAC I, welcher der erste serienmäßig hergestellte Computer der Welt war, sowie das Modell 604 der Firma IBM. Charakteristisch für die zweite

Der Harvard MARK I von Howard H. Aiken (1944) bestand aus 700 000 Einzelteilen. Er rechnete mit 72 Addierwerken zu je 23 Dezimalstellen

Die erste programmgesteuerte Rechenanlage ZUSE Z 3 (1941; Rekonstruktion) arbeitete mit Fernmelderelais

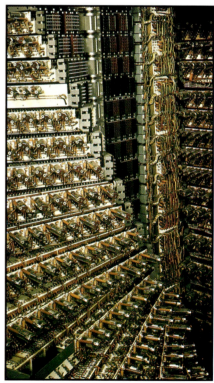

Gamma 3, elektronischer Rechner aus dem Jahre 1952 mit Germaniumdioden

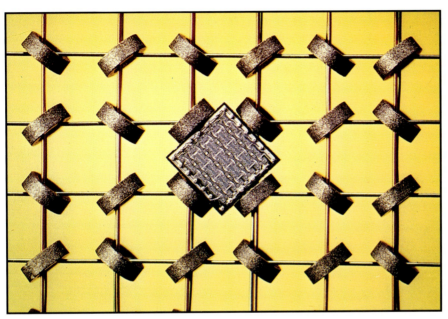
Vergleich zwischen einem 64-Bit-Speicherchip, der eine Größe von 2,5 x 2,5 mm hat, und einem Ferritkernspeicher (pro Ringkern 1 Bit). Durchmesser des Ferritkerns: ungefähr 1,25 mm

Schreiblocher für Lochkarten: Für fast zwei Jahrzehnte war dies die modernste Form der Eingabe von Massendaten

Rechnergeneration ist der Einsatz von Transistoren. Der Transistor wurde bereits 1947 erfunden, kam aber erst 1955 im Tradic der Firma Bell Telephones zum Einsatz. Vorteile der neuen Bauweise waren geringerer Stromverbrauch, geringere Kühlung, platzsparendere Abmessungen sowie längere Lebensdauer und höhere Betriebssicherheit.

Diese Rechner wurden bereits mit Hilfe von Programmiersprachen wie ALGOL oder FORTRAN gesteuert. Als externe Massenspeicher dienten anfangs Magnettrommel-, Magnetkern- und später Magnetplattenspeicher.

Fairchild und Texas Instruments stellten 1959 nahezu gleichzeitig die ersten integrierten Schaltkreise vor (siehe hierzu das Kapitel „Herstellung"). Sie basierten auf der noch heute gebräuchlichen Siliziumtechnik. 1961 präsentierte wiederum Fairchild den ersten Chip, der vier Transistoren und einige andere Bauteile vereinigte. Diese waren jedoch noch nicht reif für den Einsatz in „richtigen Computern", so daß die „Mikromodultechnik" verwendet wurde. Bei ihr wurden etliche ICs auf steckbaren Platinen zu Funktionseinheiten zusammengefaßt. Der Einsatz dieser Technologie kennzeichnet Rechner der dritten Generation. Hier wurden bereits Packungsdichten von 20 Schaltelementen pro Quadratzentimeter erreicht.

Den Übergang zur vierten Generation brachte zu Beginn der 70er Jahre der Einsatz höher integrierter ICs, welcher eng mit der Firmengeschichte von Intel verbunden ist. Die Neuerungen betrafen nicht nur eine höhere Integration der Schaltelemente, sondern auch

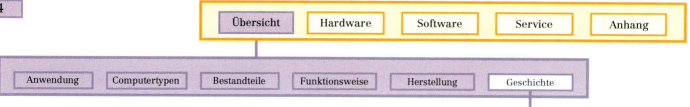

eine Erweiterung der Programmierbarkeit in die Ebene der Logikschaltungen selbst. Der erste derartig gefertigte Chip, der Intel-4004, war ein 4-Bit-Mikroprozessor und leistete bereits 60.000 Instruktionen pro Sekunde. Nur ein knappes Jahr später stellte Intel den 8008, einen 8-Bit-Mikroprozessor, vor. Neben der erweiterten Zahl gleichzeitig zu verarbeitender Bits zeichnete sich der 8008 durch eine geänderte Ausrichtung des Verarbeitungsschwerpunktes aus. Der 4004 war mehr für arithmetische Aufgaben optimiert, was sein Einsatzgebiet auf eher technische Anwendungen einschränkte. Nicht so der 8008, der stark in die Richtung der Zeichenmanipulation ausgelegt war und hierdurch völlig neue Aufgabengebiete wie etwa die Textverarbeitung erschloß. Universell einsetzbar war der 8080, welcher 1974 vorgestellt wurde und der relativ schnell zum Standard wurde: er ist Vorläufer der heutigen Mikroprozessoren in allen IBM-kompatiblen Personal Computern.

Neben Intel boten auch verschiedene andere Hersteller Mikroprozessoren an; so Motorola den 68.000 und Zilog den Z80, beides 8-Bit-Prozessoren. 1977 führ-

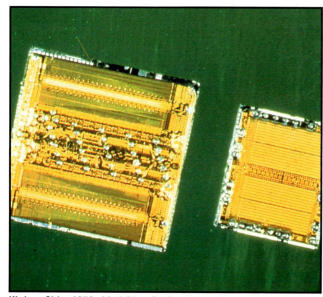

Von der Röhre über den Transistor bis zum Mikrochip ging die technische Entwicklung

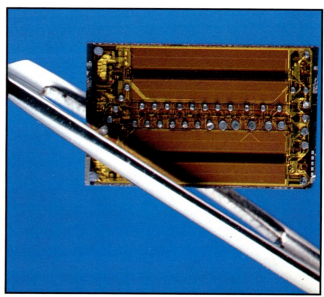

Kleiner Chip: 1973, 2048 Bits. Großer Chip: 1978, 65.536 Bits

64-KBit-Speicherchip im Vergleich mit einem Nadelöhr

te Commodore den PET ein, welcher einer völlig neuen Konzeption folgte: er ist der erste Personal Computer, der erste auf einen einzelnen Anwender zugeschnittene Computer. Bisher waren die Computer immer leistungsstärker geworden, immer mehr Anwender-Arbeitsplätze (Terminals) konnten an die „Jumbos", wie die Großrechner genannt wurden, angeschlossen werden.

Das hatte bereits dazu geführt, daß bewußt kleinere Anlagen entwickelt wurden, die in Klein- und Mittelbetrieben eingesetzt werden konnten. Diese Rechner der „mittleren Datentechnik" verfügten meist über 4-16 Arbeitsplätze.

Nun konnte der einzelne Arbeitsplatz mit einem Rechner ausgestattet werden – zumindest im Prinzip. Doch war die technische Leistungsfähigkeit dieser Geräte (auf den PET folgten einige andere, insbesondere der weitverbreitete, heute zur „Computerlegende" gewordene Apple II) noch relativ begrenzt. Doch wurden die Mikroprozessoren immer leistungsfähiger, eine Welle von „Heimcomputern" und kleinen Einzelplatzcomputern löste den im Prinzip bis heute andauernden Boom der „persönlichen" Computer aus.

Bereits 1982 führte der Branchenführer bei großen und mittelgroßen EDV-Anlagen, der IBM-Konzern, einen solchen „persönlichen Computer" ein. Der Rechner war technisch solide konstruiert, durchaus brauchbar, aber nicht unbedingt revolutionär: man hatte in der Entwicklungsabteilung wohl bewußt auf Bewährtes gesetzt. Als Betriebssystem kaufte man von einer damals noch kleinen, unbekannten Softwarefirma namens Microsoft das heute weltbekannte MS-DOS (von IBM als PC-DOS bezeichnet). Doch signalisierte der Konzern durch eine Palette von Software und Pheripheriegeräten: wir sehen dieses Gerät als unseren Standard für kleine Computer an. In Folge entwickelten immer mehr Firmen Computer, Programme und Pheripheriegeräte, die zum IBM-PC kompatibel waren. IBM selbst modernisierte den PC (zunächst kam der sogenannte IBM-XT, dann der IBM-AT), und so entwickelte sich ein Standard für Personal Computer.

Dieser Standard erwies sich auch als stabil, als IBM 1987 versuchte, die immer lästiger werdende (Billig-)Konkurrenz mit einer komplett neuen Produktlinie abzuschütteln.

Auch heute ist dieser (systematisch fortentwickelte) Standard noch stabil. Wann neue technische Konzepte ihn ablösen, ist noch nicht abzusehen – es mag durchaus sein, daß er noch ein weiteres Jahrzehnt das „Maß aller Dinge" bei den „persönlichen" Computern bildet.

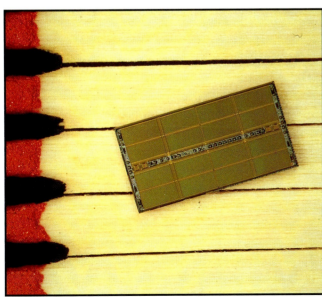

1-MB-Chip, ab 1987 in der Serienfertigung

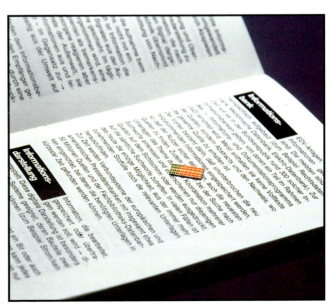

4-MB-Chip mit 0,7 Mikrometer Strukturbreite

Hardware

Als Hardware werden im Computerbereich die anfaßbaren, die physikalisch vorhandenen Teile des Computers beziehungsweise der Anlage (Computer inklusive Peripheriegeräte) bezeichnet. Also die Zentraleinheit, Drucker, Maus, Tastatur und so weiter, soweit es ihren „anfaßbaren" Teil angeht.

Der Gegenpol zur Hardware ist die Software: die Programme, die zum Betrieb des Computers nötig sind.

Hardware und Software müssen immer aufeinander abgestimmt sein. Die Hardware eines Computers ist ohne Software nicht nutzbar. Das erklärt auch die oben gemachte Einschränkung: „soweit es ihren ‚anfaßbaren' Teil angeht". Denn zum Beispiel in der Zentraleinheit eines Personal Computers ist immer auch Software enthalten. Nicht nur die Festplatte enthält solche Software, sondern es sind auch Festwertspeicher (ROMs) eingebaut, die ganz grundlegende Funktionen des Computers bereitstellen.

Die Hardware, das stofflich vorhandene, ist also Träger der Software, sie ist die unverzichtbare Basis, auf der mittels Software die Funktionen des Computers realisiert werden.

Deshalb müssen Hardware und Software nicht nur technisch grundlegend zueinander passen, sondern auch in der Leistung aufeinander abgestimmt sein.

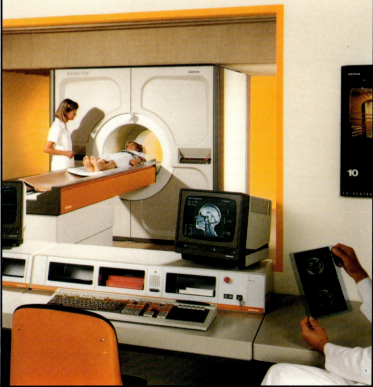

Hardware – das „Anfaßbare"

Dieses Kapitel beschreibt die Hardware moderner Computer. Dabei wurde von modernen Personal Computern ausgegangen, weil diese die verbreitesten Geräte sind und daher die meisten Leser mit „PCs" am ehesten in Kontakt kommen werden.

Doch sind die Grundprinzipien, die grundlegenden Funktionen, bei Großrechnern einerseits und Heimcomputern andererseits die gleichen. Natürlich gibt es Unterschiede, auf diese wird eingegangen, soweit es im Rahmen dieser Einführung sinnvoll schien.

Auch gibt es selten gebrauchte Geräte, mit denen eigentlich nur Spezialisten etwas anfangen können. Etwa Programmiergeräte, mit denen Festwertspeicher und Logikschaltungen programmiert werden können. Auf solche Geräte wird im Rahmen dieses Kapitels (und dieses Buches) nicht eingegangen.

Das Kapitel gliedert sich wie folgt:
❒ Zentraleinheit
❒ Steuergeräte
❒ Peripherie
❒ Kommunikation

Zentraleinheit

Der Begriff Zentraleinheit wird heute nicht mehr einheitlich verwendet. Während in der kommerziellen EDV (Großrechner und mittlere Datentechnik) mit Zentraleinheit die Funktionseinheit aus Prozessor und Hauptspeicher gemeint ist, hat es sich bei Personal Computern eingebürgert, den zentralen Teil des Gerätes – also alles, was sich im Hauptgehäuse des Computers versteckt – als Zentraleinheit zu bezeichnen. Dieser Definition folgt auch der gleichnamige Abschnitt des Kapitels. Deshalb wird in diesem Kapitel neben Prozessor und Hauptspeicher auch auf Diskettenlaufwerk, Festplatte, Schnittstellen, Erweiterungskarten usw., vor allem aber auch auf den Zusammenhang zwischen diesen Teilen eingegangen.

Steuergeräte

Der Dialog zwischen Mensch und Computer erfolgt heute zumeist über zwei Medien: Bildschirm und Tastatur. Doch auch die Maus spielt eine wichtige Rolle, wenn es um die Steuerung der Abläufe eines Computerprogrammes geht. Daneben gibt es Geräte, die bei spezieller Anwendung eingesetzt werden, wie berührungssensitive Bildschirme, Lichtgriffel, Grafiktableau, Joystick, Trackball usw. All diese Geräte werden – je nach Wichtigkeit – mehr oder weniger ausführlich vorgestellt.

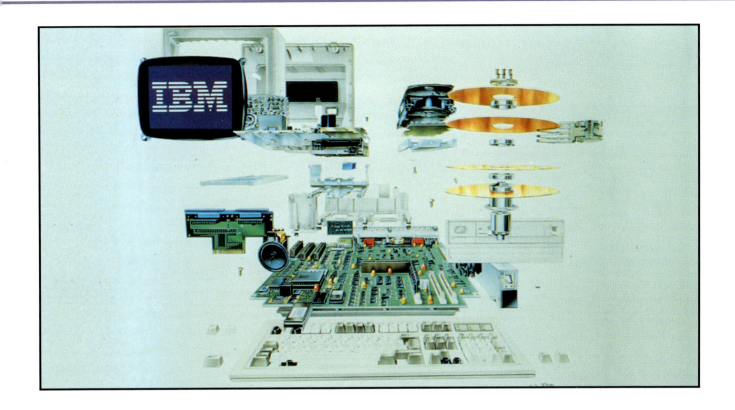

Peripherie

„Peripherie" heißt wörtlich „Rand, Außenbezirk". In der „Computersprache" wird meist alles so bezeichnet, was nicht zur Zentraleinheit und zu den Steuergeräten gehört. Allerdings ist der Sprachgebrauch hier fließend: manchmal werden zum Beispiel auch ein Grafiktableau oder ein Trackball als Peripherie bezeichnet. In diesem Teilkapitel werden insbesondere die wichtigsten Druckertypen vorgestellt. Außerdem wird auf Plotter und Scanner eingegangen.

Kommunikation

Das Unterkapitel mit der Überschrift „Kommunikation" beschäftigt sich mit den Hardwarekomponenten, die Computer benötigen, um miteinander zu kommunizieren, das heißt Daten auszutauschen. Was zum Beispiel unter einem Modem, einer Netzwerkschnittstelle oder einer FAX-Karte zu verstehen ist, können Sie in diesem Teil nachlesen.

Darüber hinaus erfahren Sie in diesem Abschnitt einiges über Netze, Datenfernübertragung (DFÜ) und die modernen Telekommunikationsdienste. Besprochen werden sowohl der Bildschirmtext (btx), ein sehr anwenderbezogener Telekommunikationsdienst der Post, als auch das ISDN, das auch die Basis fast aller künftigen Datenfernübertragung bilden wird.

Zentraleinheit

Wie auf der Vorseite bereits kurz angedeutet, wollen wir in diesem Buch dem bei Personal Computern üblichen Sprachgebrauch folgen und als Zentraleinheit all das ansehen, was sich im Gehäuse des PCs selbst befindet – inklusive dieses Gehäuses. Das ist dann allerdings auch schon fast alles, was zu einem funktionsfähigen PC gehört: wenn noch Bildschirm und Tastatur angeschlossen werden, ist das Grundgerät komplett.

Das nebenstehende Bild zeigt schematisch, was sich im Innern des Gehäuses der Zentraleinheit befindet. Vor allem ist hier die Mutterplatine zu nennen, die im Folgenden noch näher erläutert wird. Von grundlegender Wichtigkeit ist auch das Netzteil: es erzeugt die verschiedenen Versorgungsspannungen, die von den einzelnen Komponenten benötigt werden.

Auf der Mutterplatine befindet sich die Tastaturschnittstelle und Steckplätze für Erweiterungskarten. Standard-Erweiterungskarten sind die Grafikkarte, die den Bildschirm steuert, eine Karte für Schnittstellen und der Laufwerkskontroller. Letzteres ist mit Diskettenlaufwerk(en) und Festplatte(n) verbunden.

Wenn der PC erweitert wird, müssen oft zusätzliche Karten in die Steckplätze eingebaut werden. Zählen diese dann zur Zentraleinheit? Das ist eine eher philosophische Frage, die wir nicht lösen wollen. In diesem Teilkapitel beschäftigen wir uns einfach nur mit dem, was standardmäßig in die Zentraleinheit eingebaut ist.

Der wichtigste Bestandteil ist die bereits erwähnte Mutterplatine (englisch: Motherboard), sie wird gelegentlich auch als Systemplatine bezeichnet. Sie enthält den (Mikro-)Prozessor, den Arbeitsspeicher, den Festspeicher mit dem ROM-BIOS, die Ablaufsteuerung des Systems, die Tastaturschnittstelle und die Erweiterungssteckplätze.

Prozessor

Seine Funktionsweise wurde grundlegend im Kapitel „Übersicht" erläutert. Allerdings arbeiten moderne Mikroprozessoren nicht mit 4-Bit-Datenbussen, wie im dortigen Beispiel: Der Datenbus ist minimal 8-Bit breit, 16 Bit kann man heute als Normalfall ansehen, und 32 Bit sind die Regel bei leistungsstärkeren Prozessoren. Diese letztgenannten Prozessoren kann man eigentlich auch nicht mehr als *Mikro*prozessoren bezeichnen: winzig sind nur ihre äußeren Abmessungen, ihre Leistungsfähigkeit übertrifft die von Prozessoren, die vor 10 Jahren noch in Großrechnern eingesetzt wurden.

Der Prozessor eines PCs besteht im wesentlichen aus den Registern (prozessorinterne Speicherstellen), dem Steuerwerk (zur Programm-, Eingabe- und Ausgabesteuerung) und dem Rechenwerk (ALU, für arithmetische und logische Operationen).

Die Register sind prozessorinterne, kleine Zwischenspeicher für die gerade zu bearbeitenden Daten und deren Adressierung. Was unter „Adresse" und „Adressierung" zu verstehen ist, wurde ebenfalls in dem gerade erwähnten Kapitel im Unterkapitel „Funktionsweise" erläutert.

Das Steuerwerk ist primär für organisatorische Arbeiten verantwortlich. Es schreibt oder lädt beispielsweise Daten aus dem Arbeitsspeicher in die Register. Eine andere Aufgabe besteht darin, Befehle zu decodieren. Im Rechenwerk werden anschließend die logischen und arithmetischen Befehle ausgeführt. Der interne Aufbau von Steuer- und Rechenwerk legt den Befehlssatz fest.

Die Register eines Prozessors werden nach ihrer Verwendungsart und in Abhängigkeit vom Prozessortyp untergliedert. Für die arithmetischen und logischen Operationen sowie die Datenübertragung und die Adressierung des Arbeitsspeichers stehen je nach Prozessortyp 8, 16 oder 32 Daten- und Adreßregister zur Verfügung. Für die Adressierung der Speichersegmente (der einzelnen Abschnitte des Arbeitsspeichers) besitzen einige Prozessoren einen Registersatz aus vier 16 Bit breiten Registern, die sogenannten Segmentregister. Bei den moderneren Prozessoren sind zu diesen vier zwei weitere Segmentregister hinzugekommen.

In speziellen Kontrollregistern stehen, Statusinformationen, die über den Zustand des Prozessors und über besondere Ereignisse, die bei den letzten Operationen aufgetreten sind, Auskunft erteilen. Bei älteren Prozessortypen handelt es sich um zwei 16 Bit breite Register, bei neueren um 32 Bit breite Statusbitregister. Weiterhin besitzen die Prozessoren noch mehrere Sonder-, Kontroll-, Test- und Steuerregister, auf die hier nicht näher eingegangen wird.

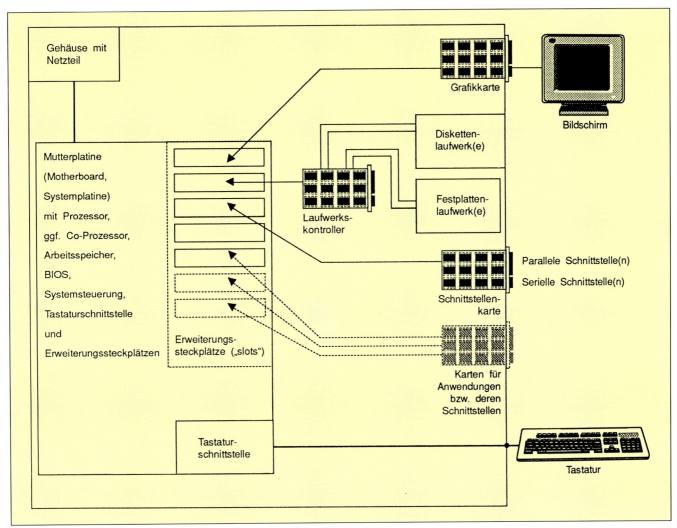

Eine Übersicht über die Bestandteile der Zentraleinheit gibt dieses Schaubild

Ein Leistungsmerkmal für den Prozessor liegt in der Anzahl der Bits, die gleichzeitig verarbeitet werden können. Dies ist abhängig von der Breite des Datenbusses. Dabei unterscheidet man zwischen interner und externer Verarbeitung. Intern meint: Wie breit ist der interne Datenbus, wie viele Bits umfaßt er? Extern meint: wie breit ist der Datenbusanschluß des Prozessors nach außen, was gleichbedeutend ist mit: wie breit ist der Datenbus der Mutterplatine. Einige Beispiele von bekannten Prozessoren sollen dies verdeutlichen: der „8088" und der „8086" von Intel sind intern fast gleich aufgebaut: sie arbeiten mit einem 16-Bit-Datenbus und dem gleichen „Befehlssatz" (das sind die Binärkommandos, die der Prozessor „versteht"). Doch ist der Datenbus des 8088 nach außen nur 8 Bit breit, während der des 8086 16 Bit breit ist. Dadurch kann der 8086 zum Beispiel zwei Byte (1 Byte = 8 Bit) in einem Arbeitsgang (einem „Taktzyklus") zwischen Prozessor und Arbeitsspeicher austauschen, während der 8088 dazu zwei Arbeitsgänge benötigt.

Bei ganz genauer Betrachtung der Vorgänge im Inneren des Prozessors würde man sogar zu dem Schluß kommen, daß es noch mehr Arbeitsgänge sind, da aus den 16-Bit-„Worten" im Prozessor zwei 8-Bit-Einheiten (Bytes) erzeugt werden müssen. Doch würde dies zu sehr ins Detail führen. Bei einigen Prozessoren sind sogar die interne und externe Verarbeitungsgeschwindigkeit unterschiedlich (die interne Verarbeitung kann beispielsweise schneller sein als die externe). Solche Unterschiede können allerdings zu „Stauungen" beim Datentransport führen.

Die Prozessoren haben über die Jahrzehnte eine enorme Leistungssteigerung erfahren. Konnte ein inzwischen veralteter Prozessor mit der Bezeichnung 4004 sechzigtausend Instruktionen pro Sekunde ausführen, schafft der aktuelle i486 bis zu 25 Millionen Instruktionen pro Sekunde (MIPS). Dabei wurde die Breite des Datenbusses verachtfacht (von 4 auf 32 Bit).

Als wichtiges Leistungsmerkmal von Prozessoren wird in der Werbung für Computer immer wieder die Taktfrequenz angegeben. Alle Arbeitsschritte des Prozessors werden nacheinander, in genau geregelter Abfolge ausgeführt.

Die Taktfrequenz ist dabei ein elektronisch erzeugtes Signal, welche die Ablaufgeschwindigkeit dieser Abfolge regelt: mit jedem „Taktimpuls" wird ein Arbeitsschritt durchgeführt. Die Taktfrequenz ist jedoch nur ein Anhaltspunkt beim Vergleich zweier ansonsten baugleicher Prozessoren! Sie gibt auch keinen direkten Aufschluß über die Arbeitsgeschwindigkeit des Gesamtsystems. Denn

Eine moderne „Mutterplatine", von oben betrachtet. Unten links die Erweiterungssteckplätze, oben in der Mitte der Arbeitsspeicher (links RAM, rechts ROM)

für diese ist zum Beispiel auch die Arbeitsgeschwindigkeit der Festplatte, des Festplattenkontrollers und der Bildschirmsteuerung sehr wesentlich.

Die Entwicklung der Prozessoren ist durch eine fortgesetzte Miniaturisierung geprägt. Der erste programmierbare Prozessor mit der Bezeichnung 4004 besaß 2300 Transistoren (Halbleiterbauelemente, mit denen eine Schaltung gesteuert wird) auf einer Fläche von 4,2 mal 3,2 mm^2. Ein heute verwendeter Prozessor – der oben bereits erwähnte Prozessor mit der Bezeichnung i486 – vereint dagegen über 1,2 Millionen Transistoren auf einem Chip, das ist mehr als das 500fache.

Bis heute gibt es eine Reihe von Prozessortypen, die sich sowohl in der Taktfrequenz als auch in der Verarbeitungsgeschwindigkeit und in ihrer Leistungsfähigkeit insgesamt voneinander unterscheiden. Unterschiedliche Prozessortypen grenzen die Hersteller in der Regel durch (alpha)numerische Bezeichnungen voneinander ab: 8086, 8088, 80286, 386-SX, 386-DX und so weiter. Am modernsten sind derzeit (Stand: 1991) Prozessoren, die sich an einer Datenbreite von 32 Bit orientieren. Sie bieten eine interne 32-Bit-Arithmetik an. Extern können sie aber durchaus auf einen 16 Bit breiten Datenbus ausgelegt sein. Dies ist beispielsweise beim Prozessor mit der Bezeichnung 386-SX der Fall. Wie ein 80286-AT-Prozessor hat der 386-SX nur 24 Adreßleitungen. Damit können immerhin 16 MByte des Arbeitsspeichers direkt angesprochen werden (man sagt auch „physikalisch adressiert werden"). Die Prozessoren 386-DX und i486 verfügen dagegen über 32 Adreß-

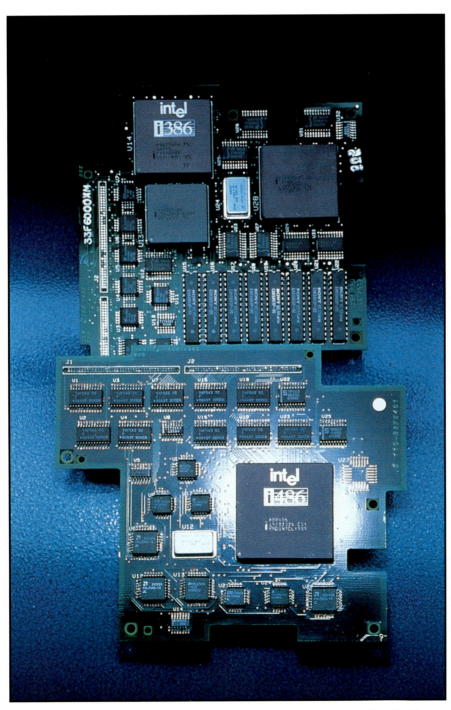

Auf diesen beiden Aufsteckplatinen sind deutlich die momentan bekanntesten 32-Bit-Mikroprozessoren zu erkennen: oben der 80386, unten der 80486

leitungen (über die Funktionsweise des Adreßbusses nähere Informationen im Kapitel „Übersicht", Teil „Funktionsweise") und damit über einen 4 Gigabyte großen physikalischen Adreßraum. Den 386-SX gibt es in Versionen bis zu 20 Megahertz Taktfrequenz. Mit bis zu 33 Megahertz Taktfrequenz deckt der 386-DX einen mittleren bis höheren Leistungsbereich für PCs ab. Er bietet auch extern eine 32-Bit-Struktur. Der i486 steigert die Leistung eines 386DX noch einmal enorm: Er kann die meisten und wichtigsten Befehle in einem Taktzyklus abarbeiten.

Die Prozessoren der Intel-Familie sind jeweils kompatibel zu ihren Vorgängern. Alle Programme, die für den 8088 oder 80286 geschrieben wurden, laufen auch auf den 386ern. Sämtliche Register und Befehlssätze der veralteten Prozessoren stehen den moderneren zur Verfügung. Dies wird zum Teil dadurch erreicht, daß alle Prozessoren der Intel-Familie nach dem Einschalten in derselben Betriebsart starten. Diese Betriebsart nennt man „Real Mode" oder auch Real-Mode-Adressierung. Die 8088- und 8086-Prozessoren kennen nur diese Betriebsart, unter der die Prozessoren einen auf 1 MByte begrenzten Adreßraum haben. Außerdem erlaubt der Real Mode keinen Speicherschutz. Beim Betrieb können beispielsweise Daten oder Routinen von anderen Routinen oder Daten im Speicher überschrieben werden. Die Prozessoren mit der Bezeichnung 80286 und ihre Nachfolgemodelle simulieren diese Betriebsart nach dem Einschalten nur. Wenn die moderneren Prozessoren im Real Mode, der mit dem Betriebssystem DOS fast immer verwendet wird, arbeiten, beschränken sie sich wie ihre Vorgänger auf den gleichen Adreßraum von 1 MByte. Durch einen komplexen Vorgang können diese Prozessoren aber in eine andere Betriebsart geschaltet werden, nämlich in den „Protected Mode" (geschützte Betriebsart). Die Prozessoren 80286 können in dieser Betriebsart auf 16 MBytes zugreifen, und die Prozessoren 386 und i486 haben sogar einen Adreßraum von bis zu vier Gigabytes. Außerdem erlaubt die geschützte Betriebsart den einfachen und schnellen Wechsel zwischen verschiedenen Anwendungsprogrammen, den sogenannten Tasks.

Bereits mit der Vorstellung des 80286 wurde eine Speicherverwaltungseinheit (englisch:„memory management unit", kurz MMU) eingeführt, die leistungsfähig ist und diverse Speicherschutzmechanismen erlaubt. Sie gewährleistet, daß sich die Programme bei gleichzeitigem Betrieb unterschiedlicher Anwendungen nicht gegenseitig beeinflussen oder stören. Bestimmte Speicherbereiche können geschützt werden. Daneben läßt sich durch Festlegung von vier Privilegstufen die Berechtigung, Lese- und Schreibzugriffe auf Daten und Programme durchzuführen, noch weiter einschränken. Außerdem ergibt sich auf dieser Grundlage die Möglichkeit, durch Betriebssystemerweiterungen auch bei dem verbreiteten Betriebssystem MS-DOS die Grenze von 1 MByte zu umgehen. Dazu ist neben etwas zusätzlicher spezieller Hardware vor allem geeignete Software („Treiber") nötig.

Arbeitsspeicher

Speicher dienen im allgemeinen dazu, Daten und Programme aufzunehmen und abrufbereit zu halten. Neben den vergleichsweise wenigen Speicherzellen des Prozessors, den Registern, enthält der PC einen großen Speicher für Programme und für Daten, die bei einer Verarbeitung entstehen beziehungsweise benötigt werden. Dieser sogenannte Hauptspeicher ist wesentlicher Bestandteil eines jeden PCs. Er besteht aus einem kleinen „nicht-flüchtigen Teil" (Festwertspeicher oder ROM) und einem größeren „flüchtigen" Speicherteil. Daten, die sich im flüchtigen Speicher befinden, gehen beim Ausschalten des Computersystems verloren, während die Daten im nichtflüchtigen Teil erhalten bleiben.

RAM

Der „flüchtige" Teil des Hauptspeichers, der Arbeitsspeicher, wird kurz RAM genannt (englisch: random access memory, wahlfreier Zugriffsspeicher). Die korrekte und auch sehr deutliche deutsche Bezeichnung lautet Schreib-Lese-Speicher. Er dient zur Speicherung von Daten und Programmen. Die Programme und Daten werden von Datenträgern, beispielsweise einer Diskette oder Festplatte, gelesen und in den Arbeitsspeicher geschrieben (geladen). Nach Auswertung und zielgerichteter Veränderung der Daten müssen diese wieder auf einen Datenträger gebracht (zum Beispiel auf Diskette oder Festplatte gespeichert) werden, sonst gehen sie mit dem Abschalten der Betriebsspannung verloren. Die Verbindung zwischen dem Prozessor

Ein 1-MBit-Speicherchip (rechts) und ein 4-MBit-Speicherchip (links) im Größenvergleich mit zwei Briefmarken

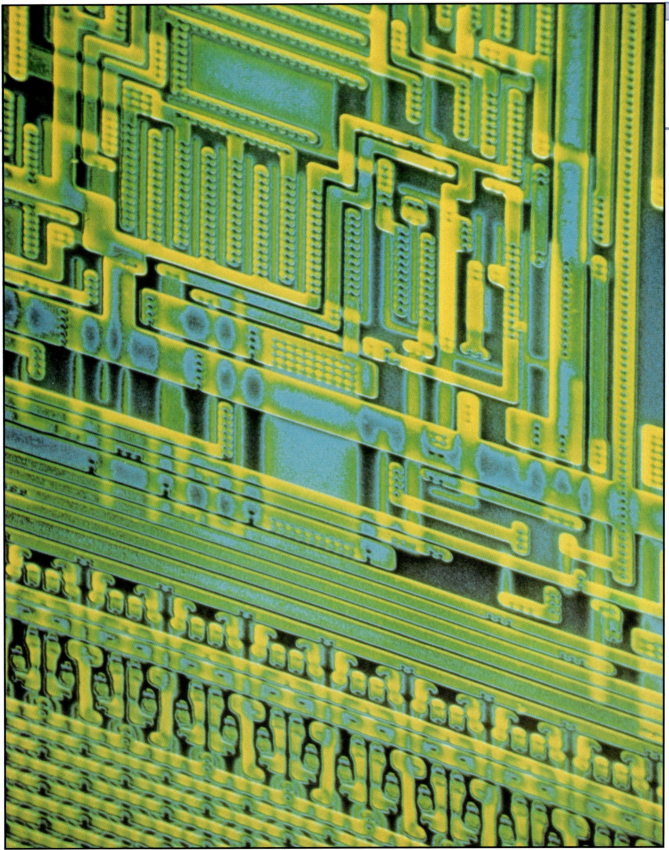

Aufnahme eines 1-Megabit-Chips durch ein Raster-Elektronen-Mikroskop. Dessen Ausschnittsvergrößerung beträgt 600:1, das Foto ist etwa fünffach vergrößert: im Original sind die Strukturen also etwa 125fach kleiner

und dem Arbeitsspeicher wird über drei Busse hergestellt: den Adreßbus, den Datenbus und den Steuerbus. Beim Datenbus sind in aller Regel sämtliche Leitungen mit dem Speicher verbunden. Bei einem 16-Bit-Datenbus sind also 16 Leitungen vorhanden, die auf der einen Seite mit den Datenanschlüssen des Prozessors und auf der anderen Seite mit den Datenanschlüssen des Speichers verbunden sind. Bei den anderen Bussen werden nur die jeweils benötigten Anschlüsse verwendet. Dies sind beim Adreßbus die Mehrzahl, beim Steuerbus dagegen nur einige wenige Leitungen.

Hierzu noch ein Beispiel: Ein Prozessor mit einem 32-Bit-Datenbus kann 4 Gigabyte adressieren – die meisten Computer mit 32-Bit-CPU verfügen aber nur über 8 oder 16 MByte Speicher, wofür 23 beziehungsweise 24 Adreßleitungen ausreichen.

Bei den Speicherbausteinen für das RAM unterscheidet man zwischen statischen und dynamischen.

Bei den statischen Speicherchips wird die kleinste Informationseinheit in einem Flipflop gespeichert. (Speichern siehe Kapitel „Übersicht", Unterkapitel „Funktionsweise".) Der Nachteil dieser Speicher ist ihr hoher Anschaffungspreis und Strombedarf, ihr Vorteil liegt in einer sehr einfachen Ansteuerung und der sehr schnellen Zugriffsgeschwindigkeit.

Bei den dynamischen Speicherchips werden kleine Kondensatoren zur Speicherung der Bits benutzt, die mit speziellen Transistoren zusammen eine Speicherzelle bilden. Ein Nachteil des dynamischen Speichers ist, daß der Kondensator mit seiner sehr kleinen Kapazität mit der Zeit seine Ladung und damit den Speicherinhalt verliert. Daher wird er circa alle 3 Millisekunden (rund 350mal in der Sekunde) neu geladen oder aufgefrischt. Dabei wird der Inhalt der Zelle gelesen und wieder neu gespeichert.

Da beim Lesen der Zelle jedesmal der Inhalt zerstört wird, muß nicht nur beim Auffrischen, sondern auch beim normalen Lesen der Inhalt wieder in die Zelle eingeschrieben werden. Diese beiden Faktoren machen die Steuerung dieses Speichertyps recht aufwendig. Der wesentliche Vorteil der dynamischen Speicher liegt in ihrem einfacheren Aufbau und den damit verbundenen geringeren

Speichergenerationen: Von hinten nach vorne ein 16-KBit-, ein 64-KBit- und ein 256-KBit-Speicher. Heute sind 1-MBit- und 4-MBit-Speicher aktuell

Herstellungskosten. Aus diesem Grund werden hauptsächlich dynamische Speicherbausteine in PCs eingesetzt.

Ein weiterer Nachteil der dynamischen RAMs ist deren geringere Geschwindigkeit beim Schreiben oder Lesen. Bei modernen Mikroprozessoren sind Taktfrequenzen von 33 MHz durchaus normal. Bei solchen Geschwindigkeiten sind die dynamischen Speicherchips überfordert. Deshalb müssen spezielle Maßnahmen den Zugriff ermöglichen, die die Zugriffsgeschwindigkeit herabsetzen („Wartezyklen" oder/und die vom Prozessor benötigten Daten in schnellen (statischen) Speichern zwischengespeichert werden (den Zwischenspeicher nennt man „Cache").

ROM

Der nicht-flüchtige Speicher, kurz ROM (englisch: read only memory, Nur-Lese-Speicher), wird auch Festwertspeicher genannt. Hier stehen grundlegende Routinen (kleine Programme), die der Rechner unverändert, speziell beim Einschalten, benötigt. Dies sind zum Beispiel Routinen für einen Selbsttest, zum Durchzählen und Überprüfen der RAM-Chips und zum Laden des Betriebssystems. Auch Routinen, die während des Betriebes ständig ausgeführt werden müssen (zum Beispiel die Steuerung der Uhr, das Auffrischen der RAM-Bausteine), befinden sich im ROM. Bei den IBM-PCs oder Kompatiblen werden diese Routinen unter dem Begriff BIOS (englisch: basic input output system, Basis-Eingabe-Ausgabe-System) zusammengefaßt. Die grundlegenden Funktionen des BIOS sind standardisiert.

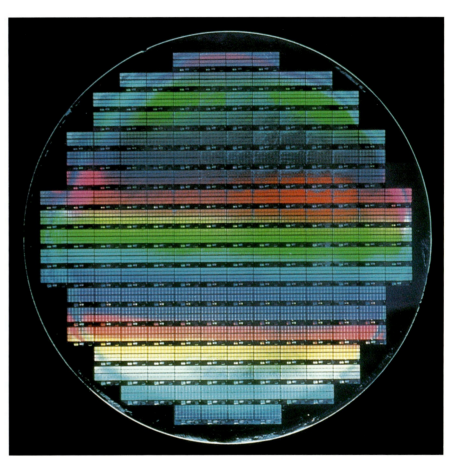

Insgesamt 206 1-MByte-Chips sind auf diesem 200-mm-Wafer hergestellt worden: wachsende Speicherkapazitäten und fallende Preise prägen die Entwicklung

Zu den Festwertspeichern gehören mehrere spezielle Speichertypen wie PROM (Abkürzung für Programmable Read Only Memory), EPROM (Abkürzung für: Erasable Programmable Read Only Memory) und EEPROM (Abkürzung für: Electrically Erasable Programmable Read Only Memory). Die Unterschiede sind rein technischer Art: ROMs müssen beim Herstellungsprozeß gleich programmiert werden; PROMs können vom Computerhersteller durch elektrische Impulse programmiert werden (aber nur einmal); EPROMs werden wie PROMs programmiert und können durch UV-Licht insgesamt wieder gelöscht (und danach neu programmiert) werden; bei EEPROMS können durch elektrische Impulse die Zellen gelöscht und neu programmiert werden. Gemeinsam ist all diesen Festspeichern nur ihr Grundmerkmal: die in ihnen gespeicherten Daten gehen beim Ausschalten nicht verloren.

Cache-Speicher

Ein Cache-Speicher ist ein sehr schneller Zwischenspeicher. In ihn werden nur die zur Bearbeitung notwendigen Daten und Befehle für den Prozessor aus dem langsameren Arbeitsspeicher kopiert. Der Prozessor kann danach ohne zusätzliches Warten auf die Daten im Cache-Speicher zugreifen. Um einen Cache-Speicher einsetzen zu können, muß im PC ein Cache-Controller vorhanden sein. Controller sind elektronische Steuerungseinheiten für verschiedene Arbeitsabläufe. Der Cache-Controller verwaltet die Zusammenarbeit zwischen RAM und dem schnellen Cache-Speicher. Zudem führt er Protokolle über die wechselseitigen Zugriffe. Werden Daten vom Prozessor angefordert, die nicht im Cache-Speicher vorhanden sind, so löscht der Controller zunächst jene Daten, die am längsten nicht mehr benötigt wurden. Der frei gewordene Platz dient zur Aufnahme der angeforderten Daten. Diese Technik bringt spürbare Geschwindigkeitsvorteile bei der Bedienung eines PCs, weil der Zugriff auf Daten im optimalen Arbeitstakt des Prozessors erfolgt. Weil ein Cache-Speicher hohe Kosten verursacht, kommt er im Vergleich zum übrigen Arbeitsspeicher nur in einer kleinen Dimension von 32, 64 oder 128 KByte zur Anwendung.

Noch ein Hinweis: Den Hardware-Cache-Speicher darf man nicht mit sogenannten Cache-Programmen oder der Disk-Cache-Software verwechseln. Bei letztgenannten handelt es sich um Programme, die die Zugriffszeit auf beispielsweise Festplatten oder auf Diskettenlaufwerke beschleunigen.

Festspeicher wie ROMs oder EPROMs enthalten den „BIOS", der beim Einschalten des Computers als erstes Programm aktiv wird

Grundschnittstellen

Jedes Computergehäuse hat – zumeist auf der Rückseite – eine Reihe von Anschlüssen, die auch Schnittstellen genannt werden. Sie bieten eine Anschlußmöglichkeit für äußere Hardwarekomponenten wie Maus, Drucker, Modem und so weiter.

Die Schnittstellen sind – je nach konkretem Computer – auf der Mutterplatine oder auf Erweiterungssteckkarten (siehe hinten) enthalten. Für die Tastatur ist bei allen IBM- und IBM-kompatiblen PCs generell eine serielle Schnittstelle auf der Mutterplatine enthalten, die für diesen Verwendungszweck fest programmiert ist. Die wichtigsten Merkmale der Schnittstellen werden im folgenden kurz erläutert.

Parallele Schnittstellen

Parallele Schnittstellen ermöglichen es, Daten nicht Bit für Bit hintereinander, sondern in größeren Einheiten zu übertragen. Die Bits werden praktisch gruppenweise übertragen, so wie sie auch im Computer in der Regel verarbeitet werden. Das Schema rechts oben verdeutlicht diesen Zusammenhang. Prinzipiell können soviele Bits gleichzeitig übertragen werden, wie Datenleitungen zur Verfügung stehen. In den allermeisten Fällen werden bei Parallelschnittstellen die Daten byteweise übertragen. Die Schnittstelle besitzt dann 8 Datenleitungen und eine Anzahl Steuerleitungen.

Häufig werden parallele Schnittstellen zum Anschluß von Druckern verwendet. Weil die Schnittstelle, die der amerikanische

Druckerhersteller Centronics hierfür verwendete, sich zu einem Standard entwickelte (inzwischen ist sie genormt), wird die parallele Schnittstelle, die bei PCs zur Grundausrüstung gehört, oft auch als Centronics-Schnittstelle bezeichnet. Das ist bei genauer Betrachtung allerdings nicht ganz richtig: denn diese Schnittstelle kann als Centronics-kompatible Schnittstelle programmiert werden, und dies ist auch ihre häufigste Verwendung. Sie kann aber auch für die Datenkommunikation programmiert werden, wobei über die Datenleitungen nicht nur gesendet wird (wie beim Drukken), sondern auch Daten empfangen werden können.

Der Steckanschluß dieser Schnittstelle ist meist 25polig. Für die Druckersteuerung sind das Data-Strobe- (Datenabtastsignal) und das Busy-Signal (Belegtsignal)die wichtigsten. Das Data-Strobe-Signal aktiviert der Computer, wenn er Daten an den Drucker senden will und diese auf den Datenleitungen bereitstehen. Mit dem Busy-Signal signalisiert der Drucker, daß er beschäftigt ist und im Moment keine weiteren Daten einlesen kann.

Eine weitere bekannte Parallelschnittstelle ist die SCSI (Small Computer System Interface, ausgesprochen: Skassi). Auch sie überträgt die Daten byteweise, doch sind erheblich größere Datenraten als bei der Standardschnittstelle möglich: maximal sind es 40 MByte pro Sekunde! Das ist allerdings ein eher theoretischer Wert, da die meisten Peripheriegeräte gar nicht so schnell Daten bereitstellen oder annehmen können. Typische Praxiswerte liegen zwischen 400 KByte pro Sekunde und 10 MByte pro Sekunde. Ein typischer Einsatzbereich für die SCSI-Schnittstelle ist der Anschluß von Peripheriegeräten mit eigener Steuerung. Die Zentraleinheit „kommuniziert" dann über ihre SCSI-Schnittstelle und die des Peripheriegerätes mit diesem (bei Peripheriegeräten ohne eigene Steuerung steuert die Zentraleinheit das Peripheriegerät). Oft wird während des Datenaustausches auf diesem schnellen Wege sogar der Prozessor der Zentraleinheit abgekoppelt und der Ablauf durch einen Spezialbaustein gesteuert.

Typische mit SCSI-Schnittstellen ausgerüstete Geräte sind schnelle Laserdrucker, Festplatten mit großer Kapazität, CD-ROM-Laufwerke und Streamer.

Insbesondere bei meßtechnischen Anwendungen verwendet man auch Parallelschnittstellen, die über mehr als 8 Datenleitungen verfügen: 10, 12, 14 und mehr Datenleitungen erlauben sehr schnelle Datenübertragungen. Allerdings ist dies ein spezielles Gebiet und soll hier nicht weiter vertieft werden.

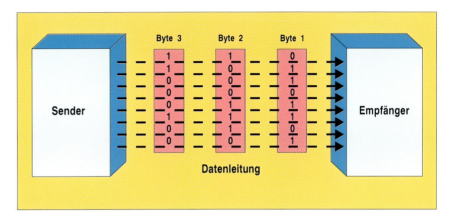

Das Funktionsprinzip der parallelen Schnittstelle: 8 Bits (= ein Byte) werden gleichzeitig über 8 Leitungen vom Sender zum Empfänger transportiert

Serielle Schnittstellen

Über die serielle Schnittstelle werden die Daten und Programme bitweise übertragen. Da die Daten im PC aber prinzipiell parallel (mindestens byteweise) vorliegen, werden sie in der Schnittstelle des „Senders" in ein Schieberegister eingeschrieben. Das ist ein spezielles Register, bei dem Daten zum einen wie gewohnt parallel eingeschrieben und ausgelesen werden können, zum anderen aber auch nacheinander auf eine Leitung ausgegeben bzw. von ihr empfangen werden können.

Das Register besteht meist aus 8 Speicherzellen. Über einen Eingangs-/Ausgangstreiber (siehe Kapitel „Übersicht", Teil „Funktionsweise") können diese parallel beschrieben oder gelesen werden. Die Bits können aber auch nacheinander auf dem Übertragungsausgang gesendet werden. Eine Methode hierbei: Beim seriellen Schreiben wird der Inhalt der niederwertigsten Stelle auf die Leitung gesetzt, und die anderen Inhalte rücken alle um eins nach unten. Dann wiederholt sich der

Übertragungsschritt. Das geht solange, bis alle Bits dieses Bytes über die Leitung übertragen wurden. Nun wird ein neues Byte geladen, und der Vorgang beginnt von vorne.

Beim Empfangen funktioniert das ganze genau anders herum. Die Schnittstellensteuerung gewährleistet dabei, daß zunächst das empfangene Byte vom Prozessor oder einer anderen Funktionseinheit „angenommen" wird, bevor es das Schieberegister für den Empfang eines neuen Bytes freigibt. Das serielle Senden und Empfangen kann auch mit dem höchstwertigsten Bit beginnen, das hängt vom konkreten Fall ab.

Nun müssen Sender und Empfänger noch genau aufeinander abgestimmt werden. Dazu gibt es mehrere Methoden. Eine ist, über eine weitere Schnittstellenleitung, die Taktleitung, Sender und Empfänger mit dem gleichen Arbeitstakt zu steuern. Entweder der Sender oder der Empfänger geben dann den Takt für das jeweils andere Gerät vor. Man spricht in diesem Fall von einer synchronen Übertragung. Bei dieser Übertragungsart können Bytes, ja sogar Bitfolgen zu prinzipiell beliebig langen Blöcken zusammengefaßt werden.

Bei Personal Computern verbreiteter ist allerdings eine andere, etwas leichter zu realisierende Übertragungsmethode, die als asynchrone Übertragung bezeichnet wird. Bei ihr funktioniert das Senden so: Sobald ein Byte vom Datenbus ins Schieberegister geladen wurde, sendet die Schnittstelle zunächst ein von ihr selbst generiertes Startbit, das immer „0" ist. Dann folgen nacheinander die zu übertragenden Datenbits. Zum

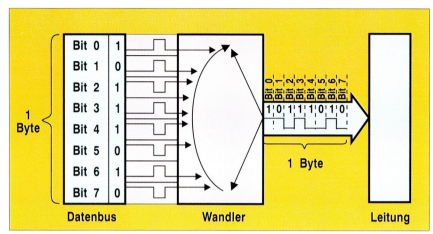

Das Sendeprinzip bei den seriellen Schnittstellen

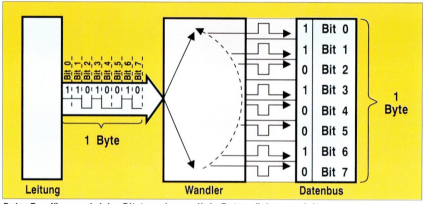

Beim Empfänger wird der Bitstrom in parallele Daten rückgewandelt

Schluß sendet die Schnittstelle noch 1, 1 ½ oder 2 Stopbits, die sie wiederum selber generiert. Das Byte ist also von einem Rahmen (englisch: Frame) eingeschlossen. Der Empfänger erkennt das Startbit, interpretiert die acht folgenden Bits als Datenbits und beendet die Empfangssequenz nach Erkennung des/der Stopbits. Dann wartet er auf das nächste Startbit. Das kann sofort kommen, aber auch irgendwann später – daher die Bezeichnung „asynchron" (nicht synchron).

Wesentlicher Vorteil der seriellen im Vergleich zur parallelen Übertragung ist, daß weniger Leitungen erforderlich sind. Diese Einsparung kommt besonders bei der Übertragung über große Entfernungen zum Tragen. Gleichzeitig sinkt bei großen Entfernungen aber die Übertragungsgeschwindigkeit, die Übertragungssicherheit oder beides.

Die Übertragungsrate bei der Standard-PC-Schnittstelle reicht von 50 bis 19 200 Bit pro Sekunde. Diese Schnittstelle arbeitet nach einer internationalen Norm, die RS232C genannt wird und in Europa unter der Bezeichnung V24 bekannt ist.

Manchmal wird insbesondere in Handbüchern von Computerherstellern auch die Bezeichnung Baud zur Angabe der Schnittstellengeschwindigkeit verwendet, was aber falsch ist: dieser Begriff stammt aus der Telegrafie und steht für „Übertragungsschritte pro Sekunde auf der Übertragungsleitung" (also zum Beispiel der Telefonleitung). Solange nun pro Übertragungsschritt nur ein Bit gesendet wird, sind Baudrate und Übertragungsrate gleich. Da dies früher in den meisten Fällen so war, hat sich die Gleichsetzung der Begriffe eingeschlichen. Moderne Modems können jedoch oft Bitgruppen übertragen, zum Beispiel indem sie bestimmten Bitkombinationen bestimmte Frequenzen zuordnen. Auf der Übertragungsleitung wird dann mit einer anderen Geschwindigkeit gearbeitet als bei der Schnittstelle!

Erweiterungssteckplätze

Die früher üblichen Großrechner wurden vom Hersteller aufgestellt und in Betrieb genommen. Wurden Erweiterungen nötig, so kamen wiederum die Techniker des Herstellers, bauten diese ein und nahmen sie in Betrieb. Die meisten modernen Personal Computer sind „offene Systeme", die vom Anwender selbst erweitert werden können. Dazu gibt es verschiedene Konzepte und Standards. Die verbreitetsten sind die Erweiterungssteckplätze in IBM-PCs und dazu kompatiblen Rechnern. Bei neueren Rechnern ist IBM zwar von diesem Standard zugunsten des sogenannten Mikrokanals abgekommen, aber die meisten anderen Anbieter sind diesem Standard treu geblieben und haben ihn unter Bewahrung der Kompatibilität zum „Erweiterten Industrie Standard" (EISA) fortentwickelt.

Doch zurück zu den Möglichkeiten eines solchen Erweiterungssteckplatzes. Er dient dazu, die Hardware für Erweiterungen und spezielle Anwendungen aufzunehmen. Das kann zum Beispiel eine Speichererweiterungskarte sein, wenn der Hauptspeicher des PCs nicht mehr ausreicht. Es kann sich auch um eine Karte mit speziellen Schnittstellen handeln, etwa um die Meßwerte einer automatischen Wetterstation mit dem PC auszuwerten oder über Relais bestimmte Geräte ein- und auszuschalten. Auch ist durch Erweiterungskarten eine fortlaufende Modernisierung des PCs gewährleistet. Es muß nicht gleich das komplette System ausgewechselt werden, wenn beispielsweise eine höhere Grafikauflösung erforderlich wird: in den Steckplatz wird (nach Entfernen der alten) die neue Grafikkarte eingebaut und mit dem neuen Bildschirm verbunden.

Die Steckplätze bestehen aus vielpoligen Anschlußleisten. Auf den einzelnen Anschlüssen ist der komplette Daten-, Adreß- und Steuerbus der Mutterplatine vorhanden und dazu noch alle Betriebsspannungen. Daten- und Adreßbus wurden in dem Abschnitt „Funktionsweise" des Kapitels „Übersicht" bereits prinzipiell beschrieben.

Hier sind links im Bild deutlich die Erweiterungssteckplätze zu erkennen

Die Steckkarte mit der Hardwareerweiterung wird in einen Erweiterungssteckplatz eingesetzt, indem ihre Anschlußleiste in diesen eingedrückt wird. Dadurch werden gleichzeitig elektrisch leitende Verbindung zwischen der Steckkarte und der Mutterplatine hergestellt. Man kann sich dies leicht vorstellen, wenn man das Foto mit den Steckplätzen auf dieser Seite und das Foto mit der Erweiterungskarte auf der folgenden Seite (oder die Grafikkarten auf Seite 74) ansieht. Das Foto auf dieser Seite zeigt die metallischen Anschlußzungen in den Steckplätzen. Die Karten haben am unteren Ende einen Steckanschluß mit mehreren blanken Leiterflächen. Durch das Einstecken kommen Anschlußzunge und Leiterfläche in Berührung.

Co-Prozessoren

Für besonders rechenintensive Anwendungen, insbesondere im naturwissenschaftlich-technischen Bereich, werden arithmetische Co-Prozessoren eingesetzt. Sie entlasten den Hauptprozessor (CPU) und sind darauf spezialisiert, numerische Berechnungen sehr schnell auszuführen.

Trigonometrische Funktionen wie Sinus- und Cosinusberechnungen sind zum Beispiel fest im Co-Prozessorchip implementiert. Der Co-Prozessor arbeitet darüber hinaus mit einer erhöhten Genauigkeit und kann in einem größeren Wertebereich rechnen. Es gibt Arithmetik-Prozessoren, die die reine Rechenleistung der Hauptprozessoren von IBM-PCs und Kompatiblen um etwa den Faktor 10 beschleunigen können. Ähnlich wie die Hauptprozessoren verfügen die Co-Prozessoren auch über Register für Statusinformationen, Kontrolle der Steuerung und so weiter.

Neben dem Hauptprozessor und den arithmetischen Co-Prozessoren können in einem PC auch andere Mikroprozessoren vorhanden sein. Zum Teil werden sie Controller genannt (von englisch: control; leiten, regeln, steuern, überwachen). Sie sind nur für spezielle Anwendungen und entsprechende Hardwareerweiterungen (Erweiterungskarten) ausgelegt. So gibt es zum Beispiel für grafik- und zeichenintensive Anwendungen wie CAD leistungsfähige Grafikkarten mit speziellen Grafik-Controllern. Sie sorgen für einen sehr schnellen Bildaufbau und entlasten mit eigenen Zeichenroutinen die CPU bei den Bildschirmausgaben, gehen also in ihrer Arbeitsweise und Leistung über die im nächsten Abschnitt beschriebenen Grafikkarten deutlich hinaus.

Für mathematisch-technische Sonderanwendungen gibt es inzwischen auch PC-Steckkarten mit Spezialprozessoren, die eine sehr große Rechenleistung bieten. Ein solcher Prozessor ist der „i860" von Intel. Er ist für umfangreiche Matrixberechnungen ausgelegt und hat eine Festkomma-, eine Fließkomma- und eine Grafikeinheit, in denen gleichzeitig Berechnungen durchgeführt werden. Weiterhin besitzt er eine eigene Speicherverwaltung und einen eigenen schnellen Daten- und Befehlspuffer (Cache-Speicher).

Die Erweiterungskarte rechts gehört zu einem Funkuhrensystem

Durch die parallele Verarbeitung in den einzelnen Funktionseinheiten und die hohe Taktfrequenz von 40 MHz kann ein i860 bis zu 120 Millionen Instruktionen pro Sekunde (MIPS) ausführen. Werden seine Fähigkeiten entsprechend ausgenutzt, reicht diese Leistung – bei einem Bruchteil der Kosten – in den Bereich hinein, der bis vor wenigen Jahren absolute Domäne der Großrechner war.

Grafikkarten

Die beiden wichtigsten Ausgabegeräte für Computer sind Bildschirm und Drucker: Der Bildschirm wird für die zeitweise Ausgabe von Informationen benutzt, der Drucker für die dauerhafte. Beim Drucker ist die Steuerung in der Regel in dessen Gehäuse eingebaut: Er erhält vom Computer kodierte Zeichen und setzt sie selber für den Ausdruck um. Die Bildschirme dagegen werden bei heutigen Personal Computern durch eine spezielle Karte gesteuert. Sie wird meist als „Grafikkarte" bezeichnet, obwohl sie manchmal nur zur Zeichendarstellung, Textdarstellung, verwendet wird.

Diese Karte bildet die Schnittstelle zwischen der auf Binärebene organisierten „Innenwelt" des Computers und der auf Zeichen- und Bilderkennung basierenden „Außenwelt". Der Bildschirm setzt dann nur noch das durch diese Schnittstelle elektronisch erzeugte und in ihrem „Bildspeicher" oder „Bildwiederholspeicher" enthaltene Bitmuster in ein optisch sichtbares Abbild um. Anders formuliert: Die Steuerelektronik der Grafikkarte erzeugt vom Prozessor des Computers gesteuert ein „Bild" in einem speziellen Speicher, also als Bitmuster. Das Bitmuster wird aus dem Bildspeicher ständig ausgelesen und von der Elektronik des Bildschirms zu dessen Steuerung benutzt.

Um die Funktion einer Grafikkarte besser zu verstehen, muß man zunächst zwei grundlegend

Die Familie der mathematischen Coprozessoren von Intel

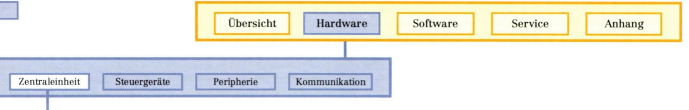

unterschiedliche Betriebsarten unterscheiden. Bei Personal Computern werden diese als Textmodus und als Grafikmodus bezeichnet. Diese Bezeichnung ist etwas irreführend. Früher sprach man auch von Blockgrafik und Vollgrafik, um die Unterschiede deutlich zu machen.

Betrachten wir zunächst einmal die Oberfläche eines aktiven Bildschirmes (es kann auch ein LCD- oder Plasmaschirm sein, siehe dazu und zur Funktion des Bildschirmes die Seiten 86 bis 89). Sie besteht aus vielen Einzelpunkten, die in Reihen und Spalten angeordnet sind. Jeder einzelne Punkt läßt sich also genau bezeichnen: Zeile 19, Punkt 123 ist der 123ste Punkt von links in der 19. Reihe von oben.

Zur weiteren Verdeutlichung des Prinzips soll es sich um einen Schwarz-Weiß-Bildschirm handeln, da die Farbdarstellung den Vorgang verkompliziert und so das Prinzip leicht verdecken kann. Das Bild auf der Oberfläche des Schirmes kann nun im Bildspeicher des Rechners vollständig enthalten sein. Bei 480 Zeilen mit 640 Punkten pro Zeile – ein heute üblicher Wert – sind das 307200 Bildpunkte, mithin ebenso viele belegte Bildstellen im Bildspeicher bzw. 38400 Byte.

Obwohl dies ein noch sehr einfacher Fall ist, denn meist wird nicht eine Schwarz-Weiß-Darstellung verwendet, sondern Graustufen oder gar Farben, leuchtet ein: ein solches Bild komplett zu berechnen und zu verwalten kostet kostbare Rechenzeit. Außerdem war aber auch Speicherkapazität bei früheren Computern viel knapper und kostbarer als heute. Und in den meisten Fällen waren Textzeichen und einfache Grafiksymbole völlig ausreichend für die Anwendungen. Deshalb teilte man den Bildschirm in kleine Blöcke: aus 480 Zeilen wurden zum Beispiel 24 Reihen, die jede 20 Reihen hoch waren. Die 640 Punkte pro Reihe wurde in 80 Stückchen zu je 8 Punkten unterteilt. Der Bildschirm – und damit sein elektronischer Spiegel im „Bildwiederholspeicher" – bestand nun also aus 24 Reihen zu je 80 Zeichen. Jedes Zeichen war 8 Punkte breit und 20 Punkte hoch.

Farbgrafikkarte für PCs mit 8-Bit-Busschnittstelle

Farbgrafikkarte für PCs mit 16-Bit-Busschnittstelle

Jetzt wurden aus diesen Punkten Zeichen zusammengesetzt – natürlich vor allem die Buchstaben des Alphabets und die Zahlen. Aber auch eine Reihe anderer Zeichen wurde festgelegt, darunter auch Grafikzeichen, mit denen sich Rahmen zusammensetzen ließen. Diese Zeichen wurden der Grafikkarte in einem Festspeicher mitgegeben. Jetzt konnte die Grafikkarte viel einfacher und schneller arbeiten: ihr Bildwiederholspeicher mußte ja nur noch 1920 Stellen umfassen (24 x 80).

Da man 256 verschiedene Grafikzeichen festgelegt hatte, reichte ein Byte aus, um anzugeben, welches Grafikzeichen gemeint war (1 Byte = 8 Bit = 256 Kombinationsmöglichkeiten). Der Bildwiederholspeicher umfaßte also nur noch 1920 Byte statt 38400. Der Bildaufbau war viel schneller als bei vollständiger Berechnung des Gesamtbildes.

Da dieser Modus insbesondere bei der Textdarstellung Verwendung fand, nannte man ihn „Textmodus".

Es sollte nun noch erwähnt werden: In der realen Abfolge der technischen Entwicklung war dieser Textmodus der ursprüngliche. Noch vor 15 Jahren wäre es unvorstellbar gewesen, daß ein Einzelplatzrechner über eine (Voll-)Grafik verfügt, die jeden Bildpunkt beliebig steuert.

Man muß nun zusätzlich noch bedenken: um nur 16 Graustufen oder Farbtöne zu verwalten, sind schon pro Bildpunkt vier statt ein Bit erforderlich. Bei 256 Farbtönen gehört zu jedem Bildpunkt schon ein Byte Bildwiederholspeicher – jedenfalls, wenn nicht technische Maßnahmen getroffen werden, um diesen Speicherbedarf zu verringern.

Es wird so sicher deutlich: Eine moderne Grafikkarte ist ein sehr komplexer Bauteil, praktisch ein Teilcomputer im Computer. Hochleistungs-Grafikkarten sind daher auch mit einem eigenen Prozessor ausgerüstet, der sozusagen dem Hauptprozessor ein eigenständiger Partner ist – sein „Grafikspezialist". Man spricht dann auch von einem „Grafik-Subsystem".

Laufwerke

Neben dem Hauptspeicher benötigt ein Computer „externe" (äußere) Speicher. Auf die dort gespeicherten Daten kann der Prozessor nicht unmittelbar (per Adressierung) zugreifen. Zur Erinnerung: wenn Daten aus dem Hauptspeicher benötigt werden, legt der Prozessor die „Adresse" der Speicherstelle auf den Adreßbus, und auf dem Datenbus erscheint der Inhalt der Speicherstelle und wird vom Prozessor eingelesen.

Die Daten dagegen, die aus externen Speichern eingelesen oder in diese eingeschrieben werden sollen, nehmen immer ihren Weg über den Hauptspeicher. Ein Text zum Beispiel wird von der Festplatte in den Hauptspeicher übertragen, mit einem Textprogramm bearbeitet und dann wieder auf der Festplatte gespeichert. Es ist sicher einleuchtend: Hierzu wird der Schreib-Lese-Teil des Hauptspeichers, das RAM, benutzt. Daraus ergibt sich auch: wird der Text nicht wieder gespeichert, bevor der Rechner ausgeschaltet wird (oder tritt eine Stromstörung auf), so ist der bearbeitete Text verloren. Der ursprüngliche Text ist aber noch auf dem „externen" Speicher vorhanden. Denn dessen wesentliches Merkmal ist: er verliert seinen Inhalt nicht beim Abschalten des Gerätes.

Die wichtigsten externen Speicher sind Disketten mit den zugehörigen Diskettenlaufwerken, Festplatten, Wechselfestplatten, Bandlaufwerken und optische Platten (Laser-Disk, CD-ROM). Die Speicher werden nun im einzelnen vorgestellt. Dabei wird das Grundprinzip der Plattenlaufwer-

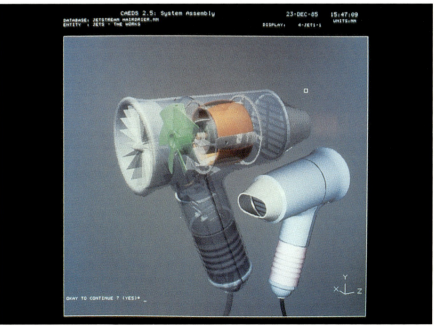

Diese dreidimensionale, farbige Konstruktionszeichnung eines Föhns stellt hohe Anforderungen an die Grafikkarte

ke – das sind alle gerade genannten, außer den Bandlaufwerken – anhand des Diskettenlaufwerkes vorgestellt.

Disketten und ihre Laufwerke
Die nebenstehenden Bilder zeigen den Aufbau einer 5¼"-Diskette. Sie besteht aus einer Kunststoffhülle als äußerem Schutz, einem Gleitvlies aus speziellem Kunststoff innen und einer flexiblen Kunststoffscheibe. Diese Kunststoffscheibe ist mit einer Beschichtung versehen, die Magnetpartikelchen enthält. Mit einem speziellen Magnetkopf kann die magnetische Polung dieser Partikelchen gezielt beeinflußt werden (auf Seite 81 sind Magnetköpfe von Festplattenlaufwerken abgebildet).

Ein einzelner Punkt auf der Diskettenoberfläche nutzt natürlich nicht viel, es müssen in genau festgelegter Weise sehr viele Punkte angesprochen werden können. Deshalb läßt der Antriebsmotor des Diskettenlaufwerks beim Betrieb die Kunststoffscheibe im Laufwerk rotieren. Der Magnetkopf greift durch das sogenannte Kopffenster direkt auf die Diskettenoberfläche (er liegt auf kleinen Filzstückchen auf der Oberfläche auf, damit das Metall des Kopfes nicht auf der Diskette schabt). Durch die Drehung bewegt sich die Diskettenoberfläche unter dem Magnetkopf hinweg, dieser kann so einen Kreis auf der Diskettenoberfläche erreichen.

Durch einen Schrittmotor wird nun der Magnetkopf innerhalb des Kopffensters nach innen beziehungsweise außen bewegt (er wird jeweils um eine kleine, genau definierte Strecke bewegt, deshalb „Schritt"motor). Dadurch entstehen viele Kreise, die konzentrisch ineinander liegen: Bei modernen Disketten sind dies meist 40 oder 80 Kreise. Diese Kreise werden in Segmente aufgeteilt, wie im nebenstehenden Bild gezeigt. Meist sind es 9 oder 18 Segmente, die sich grob gesehen mit Tortenstücken vergleichen lassen, wobei das Innerste der Torte kreisförmig ausgeschnitten ist.

Nun muß noch genau festgelegt sein, wo das Segment 1 beginnt. In der Grafik links und im Foto unten ist ein kleines Loch in der Kunststoffscheibe erkennbar: das „Indexloch". In der Diskettenhülle befinden sich oben und unten zwei etwas größere kreisförmige Löcher: die Indexfenster. Im Laufwerk ist eine kleine Lichtschranke enthalten, die genau über dem Indexfenster justiert ist. Wenn die Kunststoffscheibe sich dreht, taucht irgendwann das Indexloch im Indexfenster auf. Dadurch wird die Lichtschranke geschlossen. Das ist das Signal für die Steuerelektronik: jetzt ist der Anfang von Sektor 1 unter dem Magnetkopf.

Durch diese Aufteilung lassen sich die Speichereinheiten auf der Diskettenoberfläche genau definieren: zum Beispiel „Spur 23, Sek-

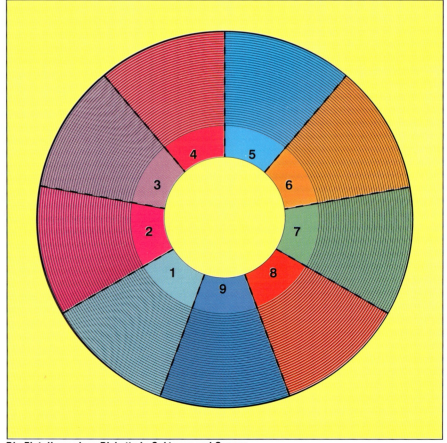

Die Einteilung einer Diskette in Sektoren und Spuren

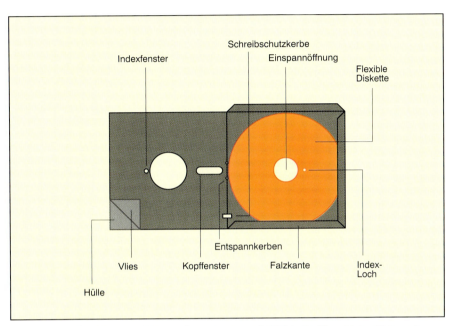

Diese Grafik zeigt alle wesentlichen Elemente einer 5¼"-Diskette für moderne Personal Computer

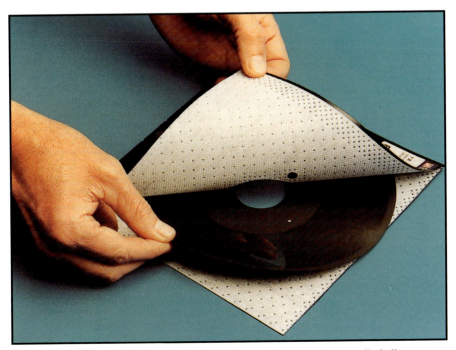

Deutlich sind in dieser 5¼"-Diskette das Gleitvlies und die flexible Kunststoffscheibe zu erkennen

tor 4". Es können jetzt also magnetische Informationen gezielt auf der Oberfläche der Diskette eingeschrieben werden: durch einen starken magnetischen Impuls werden die Partikelchen in eine bestimmte Lage gebracht. Das bedeutet dann: Bit gesetzt. Beim Lesen wird ein sehr viel schwächeres Magnetfeld konstant an den Magnetkopf gelegt und überwacht. Dieses Magnetfeld wird durch das Feld der magnetisch ausgerichteten Stelle geringfügig gestört. Die Störung wird von einer empfindlichen Elektronik festgestellt und erzeugt in der Steuerelektronik die Information „Bit gesetzt".

Dabei werden nicht einzelne Bits gelesen und geschrieben, sondern ganze Bytefolgen, die die Steuerung des Laufwerkes über den Datenbus erhält.

Soweit das Funktionsprinzip. Damit eine Diskette in der Praxis genutzt werden kann, muß sie vorbereitet werden. Man nennt die Vorbereitung „Formatierung". Dabei werden in jeden Sektor jeder Spur magnetische Informationen in der oben beschriebenen Weise eingeschrieben. Diese Formatierungsinformationen sind nicht mit den eigentlichen Daten zu verwechseln: Sie enthalten zunächst etliche Bytes, die sich wiederholen und so ein typisches Bitmuster ergeben, das der Synchronisation der Steuerelektronik dient. Außerdem sind in jedem Sektor die Spurnummer und die Sektornummer, die Sektorlänge und Prüfbytes in einem Identifikationsfeld enthalten. Dann folgen nochmals eine definierte Anzahl Synchronisationsbytes und dann der Raum für die eigentlichen Daten. Und danach folgen nochmals Prüfbits.

Rund 25 Prozent oder mehr der „unformatierten" Kapazität werden für diese Formatierung verwendet. Die formatierte Diskette kann nun mit Daten beschrieben werden. Die Steuerelektronik des Laufwerks wird dazu vom Betriebssystem (siehe Kapitel „Software") veranlaßt. Das Betriebssystem behandelt dabei Datenblöcke mit einer definierten Länge als Einheit. Eine typische Größe dafür sind 512 Byte. Sie bilden beim Betriebssystem MS-DOS einen Sektor auf der Diskette, werden also in einem physikalisch auf der Diskettenoberfläche vorhandenen Sektor gemeinsam untergebracht.

Alles weitere bezüglich der Funktion ist nun Sache der Steuersoftware, also des Betriebssystems, und wird deshalb im Unterkapitel „Betriebssystem" des Kapitels „Software" näher besprochen. Hier sei noch kurz auf die Konstruktion des Laufwerkes und die beiden unterschiedlichen gängigen Diskettengrößen eingegangen.

Die wichtigsten Teile eines Diskettenlaufwerkes sind der Antriebsmotor, der Schrittmotor für die Kopfbewegung, der Kopfträger mit den Magnetköpfen, die Steuerelektronik und das Gehäuse. Vorne befindet sich ein Schlitz, durch den die Diskette eingeschoben wird (eventuell ist er durch eine Klappe geschützt). Bei 3½"-Laufwerken und manchen 5¼"-Laufwerken schnappt die Diskette beim Einschieben automatisch ein, durch Drücken des Auswurfknopfes vorne am Laufwerk wird die Verriegelung wieder geöffnet und die Diskette zur Entnahme etwas herausgeschoben. Die meisten 5¼"-Laufwerke besitzen dagegen einen Verriegelungshebel, der nach dem Einschieben der Diskette herumgeklappt werden muß, er steht dann vor dem Diskettenschlitz. Zur Entnahme der Diskette wird dieser Hebel wieder zurückgeklappt, dadurch wird die Diskettenverriegelung gelöst und die Diskette etwas herausgeschoben.

Der Antriebsmotor ist ein kleiner Elektromotor mit sehr hoher Umdrehungsgenauigkeit. Die Umdrehungszahl muß beim Lesen und Schreiben immer gleich sein, sonst würde es „Datenkauderwelsch" geben.

Beim Schrittmotor gibt es mehrere Konstruktionsprinzipien, sie sollen hier nicht näher erläutert werden. Entscheidend ist: der Schrittmotor macht – durch elektronische Impulse gesteuert – einen oder mehrere „Schritte" von stets genau gleicher Schrittweite. Mit dem Schrittmotor mechanisch verbunden ist der Kopfträger. Er enthält bei allen modernen Disketten-Laufwerken zwei Köpfe: einen für die Oberseite und einen für die Unterseite der Diskette. Die beiden Seiten der Diskette können so zum Speichern von Daten benutzt werden.

Wie gerade erwähnt, gibt es zwei unterschiedliche Diskettengrößen (mit zugehörigen Laufwerken), die weit verbreitet sind: die 5¼"-Disketten und die 3½"-Disketten. Die Größenangabe bezieht sich dabei auf den Durchmesser des eigentlichen Datenträgers (der Kunststoffscheibe im Innern), die in Zoll angegeben wird. Die 3½"-Disketten sind etwas anders aufgebaut als die bisher beschriebenen 5¼"-Disketten: ihre äußere Hülle ist nicht flexibel, sondern besteht aus einem stabilen, flachen Kunststoffgehäuse. Das Kopffenster für den Zugriffskopf mit den Magnetköpfen wird von einem Metallschieber verdeckt, der beim Einschieben der Diskette automatisch zur Seite geschoben wird. Man kann ihn auch von Hand zur Seite schieben, dann sieht man das Kopffenster und einen kleinen Ausschnitt der Diskettenoberfläche. Das bei 5¼"-Disketten vorhandene Mittelloch für den Drehmechanismus fehlt. Statt dessen sieht man auf der Unterseite eine Metallscheibe, die mit der Kunststoffscheibe des eigentlichen Datenträgers verbunden ist. In eine kleine, fast quadratische Öffnung genau in der Mitte und eine etwas größere, längliche Öffnung fast außen in der Metallscheibe greifen zwei Stößel des Drehtellers im Innern des Laufwerks. Durch die äußere Öffnung ergibt sich eine genau definierte Lage der Diskette im Bezug zum Drehteller.

Indexloch und Indexfenster sind nicht vorhanden, statt dessen enthält der Drehteller einen kleinen Melder, der diese Funktion übernimmt. Meist ist dies ein winziger Magnet am Drehteller und ein Magnetsensor im Laufwerksinneren. Die Funktion ist wie beim Indexloch: die Lage des Sektors 1 wird definiert.

Um Disketten vor ungewollten Überschreiben zu schützen, gibt

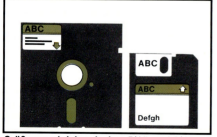

Größenvergleich zwischen 5¼"- und 3½"-Diskette

Hier in Originalgröße abgebildet: Ein 5¼"-Laufwerk (links) und ein 3½"-Laufwerk (rechts). Beim 5¼"-Laufwerk erkennt man die große Schwungscheibe des Antriebsmotors

es den „Schreibschutz". Bei 5¼"-Laufwerken wird dazu eine Kerbe überklebt, die sich seitlich an der Hülle befindet. Bei 3½"-Laufwerken übernimmt ein kleiner Schieber im Kunststoffgehäuse diese Funktion. In beiden Fällen wird der Zustand dieses Melders durch eine kleine Lichtschranke abgefragt. Jedoch bedeutet bei 5¼-Disketten die überklebte Kerbe: „nicht überschreiben", während dies bei 3½"-Laufwerken der geöffnete Schieber signalisiert.

Festplatten

Disketten werden heute überwiegend als Datentransportmittel und zur Sicherung von Daten benutzt.

Festplattenlaufwerke werden dazu eingesetzt, die verwendeten Anwendungsprogramme und Daten bereitzuhalten. Der Datenträger besteht aus mindestens einer, zumeist aber aus mehreren Aluminiumplatten. Diese sind mit einer magnetisierbaren Schicht bedampft und starr montiert. Beim Betrieb rotieren sie mit 3600 Umdrehungen pro Sekunde (diese Angabe gilt für Standardfestplatten in PCs). In der Regel bringt man zwei, vier oder mehr Platten übereinander und luftdicht abgeschlossen in einem Gehäuse, dem Festplattenlaufwerk, unter.

Den Aufbau von Festplattenlaufwerken verdeutlichen die Fotos auf dieser Seite. Deutlich sind die übereinander angeordneten Platten zu erkennen, die den „Plattenstapel" bilden. Man erkennt auch den Kopfträger mit den Magnetköpfen, die eine kammähnliche Form haben: man nennt dies auch den „Kamm". Im unteren Foto ist unten links sehr gut der Schrittmotor zu erkennen, der den Kamm über die einzelnen Spuren steuert. Im Gegensatz zu den 40 oder 80 Spuren, die bei Disketten üblich sind, haben Festplatten allerdings meist über 600, teilweise sogar über 1000 Spuren. Die Magnetköpfe haben im Gegensatz zu den Schreib-/Leseköpfen in einem Diskettenlaufwerk keinen mechanischen Kontakt zu den Plattenoberflächen. Sie schweben auf einem winzigen Luftpolster von zirka 1μm (ein Mikrometer!) Dicke.

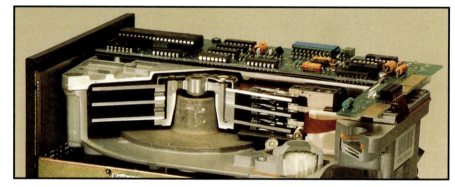

Schnitt durch ein Festplattenlaufwerk mit 3 Platten

Festplattenlaufwerk mit 6 Platten. Links unten erkennt man den Steppermotor für die Magnetköpfe, links oben greift der „Kamm" in den Plattenstapel

Natürlich erfordert die präzise Steuerung sehr exakte mechanische Komponenten, die extrem leicht gebaut sein müssen und daher empfindlich gegen Erschütterungen sind.

Von diesen Unterschieden abgesehen, erfolgt das Schreiben auf und das Lesen von den Scheiben nach den schon bei den Disketten beschriebenen physikalischen Vorgängen.

Geläufige Größen für die Platten sind 3½" und 5¼". Die typischen Speicherkapazitäten liegen zwischen 40 und 400 MByte.

Ähnlich wie im Diskettenlaufwerk die Diskette, wird im Festplattenlaufwerk jede Plattenseite beim Formatiervorgang in Spuren und Sektoren unterteilt. Die auf allen Plattenseiten übereinander liegenden Spuren bilden jeweils die geometrische Figur von Zylindern, weshalb diese Bezeichnung auch von den Technikern verwendet wird. Das Foto unten auf dieser Seite veranschaulicht dies.

Das Formatieren der Festplatten geschieht in mehreren Schritten: In einem ersten Arbeitsschritt werden gemäß dem Laufwerkstyp Spur- und Sektormarkierungen auf die Platten geschrieben. Dies geschieht unabhängig davon, welches Betriebssystem später eingesetzt wird. Jeder Sektor erhält zu seiner Identifizierung eine Adreßmarke, die Spur-, Kopf- und Sektornummer beinhaltet. Die Sektoren wiederum bieten jeweils Platz für eine bestimmte Anzahl Bytes, zum Beispiel 512 Bytes. Dabei werden Bereiche – die sogenannten Partitionen – festgelegt. Aus einer davon, der Startpartition, wird nach dem Einschalten des Rechners das Betriebssystem geladen. Abschließend können Festplatten wie Disketten zum Beispiel mit dem Betriebssystem MS-DOS formatiert werden. Dabei faßt MS-DOS ein oder mehrere Sektoren zu einem Cluster als kleinste anzusprechende Speichereinheit zusammen.

Der Endanwender kommt mit der Formatierung einer Festplatte meist gar nicht in Berührung, da die Computer fertig formatierte und eingerichtete Festplatten enthalten – im Gegensatz zu Disketten, die meist vom Anwender selbst formatiert werden.

Eine Sonderbauform der Festplatten sind die Wechsel-Festplatten oder kurz Wechselplatten. Bei ihnen kann der Datenträger (analog zum Diskettenlaufwerk) gewechselt werden. Er befindet sich in einem stabilen, luftdicht verschlossenen Gehäuse. Dieses wird erst nach dem Einschieben in das spezielle Laufwerk geöffnet, damit der Kopfträger mit den Magnetköpfen ins Innere gelangen kann (dann ist das Laufwerk äußerlich bereits wieder geschlossen).

Magnetbandlaufwerke

Magnetbänder wurden bis vor wenigen Jahren als wichtigste externe Speicher bei Großrechnern verwendet, auch heute sind sie in diesem Bereich noch sehr verbreitet. Bei Personal Computern und anderen kleineren Computersystemen werden sie dagegen nicht eingesetzt: sie sind zu langsam.

Die Datenaufzeichnung erfolgt oft auf mehreren parallelen Spuren, die Daten werden dabei hin-

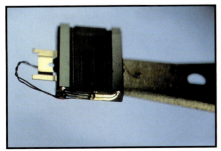

„Flughöhe" des Magnetkopfes

Test der Magnetplatten

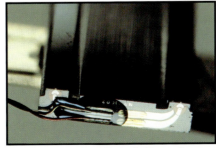

Dünnfilmmagnetkopf auf dem aerodynamisch geformten „Flugkörper"

Dünnfilmmagnetkopf (Ausschnitt aus dem linken Bild)

tereinander auf die magnetisch beschichtete Oberfläche der Bandspule geschrieben. Zum Lesezugriff muß das Band an die entsprechende Stelle laufen. Das kostet Zeit. Deshalb werden Bandlaufwerke meist zur Sicherung großer Datenbestände eingesetzt.

Etwas handlicher als die großen Magnetbandspulen der Großrechner sind die Magnetbandkassetten, die auch als „Streamerkassetten" bezeichnet werden. Sie ähneln äußerlich den bekannten Audio-Kompakt-Kassetten und enthalten wie diese ein aufgewickeltes Magnetband.

Allerdings ist dieses Band dünner und reißfester als das der Audio-Kassetten, und auch der innere Aufbau der Kassette ist etwas anders. Die speziellen Bandlaufwerke für diese Kassetten werden als „Streamer" bezeichnet. Auf einer Kassette können meist zwischen 20 und 300 MByte abgespeichert werden. Auch Streamer dienen der Datensicherung, sie werden neuerdings teilweise durch Wechselfestplatten ersetzt.

Im Prinzip arbeitet ein Streamer wie beispielsweise ein Kassettenrecorder. Der Motor bewegt ein Magnetband mit hoher Geschwindigkeit an einem Schreib-/Lesekopf vorbei. Der Kopf ist allerdings nicht starr montiert, sondern kann mehrere Spuren (Tracks) nebeneinander mit den seriell aufgetragenen Daten beschreiben. Dabei werden erhebliche Geschwindigkeiten erzielt. Für die Sicherung einer 10-MByte-Festplatte benötigt man beispielsweise cirka 15 Minuten. Die Datensicherung geht mit mitgelieferter Software automatisch vonstatten; wenn ein anderes Magnetband benötigt wird, wird der Benutzer durch ein Programm davon benachrichtigt.

Optische Speicher
Die optischen Speicher wurden in den letzten Jahren sehr schnell fortentwickelt Die gebräuchlichsten sind inzwischen die WORM-Speicher. Die Abkürzung steht für „Write Only – Read Many", auf

Magnetbandeinheit für Großrechner. Bei Personal Computern haben Magnetbänder keine Bedeutung – ganz im Gegensatz zu Großrechnern

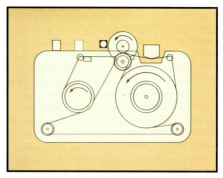

Schematischer Aufbau einer Magnetbandkassette

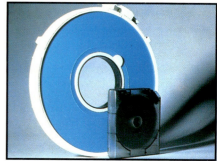

Magnetband und Magnetbandkassette im Größenvergleich

Deutsch: Einmal-Schreib-Vielfach-Lese(-Speicher). Damit ist folgendes gemeint:

Eine WORM-Platte kann prinzipiell einmal beschrieben werden, aber beliebig oft gelesen. Jedoch kann sie vom Anwender selbst mit dem gleichen Laufwerk beschrieben werden, mit dem die Daten auch gelesen werden. Dabei muß eine Platte aber nicht mit einemmal vollgeschrieben werden. Vielmehr kann der Anwender bestimmte Daten für ungültig erklären und dafür neue aufnehmen, bis die Platte vollständig beschrieben ist.

Ein typisches Beispiel hierfür ist ein Katalog: Ist einmal der Grunddatenbestand gespeichert, können bestimmte Katalogartikel (= Daten) für ungültig erklärt, andere dagegen neu aufgenommen werden. Werden die Preise von der Software als getrennte Liste verwaltet, können auch diese so oft wie nötig aktualisiert werden.

Bei Kapazitäten zwischen 200 und 800 MByte reicht eine einzelne WORM-Platte auch für sehr umfangreiche Kataloge und langfristige Aktualisierung. Hinzu kommt jedoch, daß die Platten wie Disketten ausgetauscht werden können. Ein gängiger Typ sieht aus wie eine Mikrodiskette (im stabilen Plastikgehäuse) in der Größe einer Minidiskette.

Das Funktionsprinzip: Werden Daten geschrieben, so brennen zwei sich kreuzende Laserstrahlen im Innern der Platte winzige Blasen in das Material. Beim Lesen werden diese Blasen über einen (schwächeren) Laserstrahl erkannt.

Die Datendichte ist bei optischen Platten erheblich dichter als bei Festplatten, zu Disketten sind kaum Vergleiche möglich. Somit sind optische Platten – da der Datenträger im Gegensatz zur Festplatte einfach ausgetauscht werden kann und längst nicht so empfindlich ist – eigentlich der ideale externe Speicher. Doch bereitete das Löschen und Wiederbeschreiben den Herstellern lange Zeit große Probleme. Erste inzwischen erhältliche Lösungen sind noch sehr teuer, Qualität und Handhabbarkeit im Alltagseinsatz lassen sich noch nicht beurteilen.

Für viele Anwendungen aber ist auch die WORM in ihrer jetzigen Form eine ausgezeichnete Lösung.

Künftige Betriebssysteme beziehungsweise modernisierte Versionen bestehender Betriebssysteme werden für diese großen Speicherkapazitäten gleich vorbereitet sein. Heute sind meist noch spezielle Programme („Treiber") notwendig, um die enorme Speicherkapazität einer WORM überhaupt verwalten zu können.

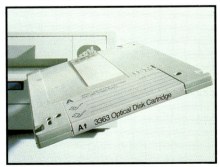

Diese optische Platte („WORM") faßt zirka 800 MByte Daten

Äußerlich gleicht eine WORM-Einheit einer externen Diskettenstation, doch ist ihre Speicherkapazität bis zu 1000fach größer

Sonderanwendungskarten

Computer – insbesondere Personal Computer – können für vielfältige Anwendungen eingesetzt werden. Oft ist dabei zusätzliche Hardware nötig (spezielle Software ist für Sonderanwendungen immer nötig). Bei PCs werden dann einfach Steckkarten in die Erweiterungssteckplätze eingebaut.

Für Meß- Steuer- und Regelungsaufgaben gibt es Steckkarten, die mit Analog-/Digital- und Digital-/Analogwandlern bestückt sind. Mit ihnen können analoge (kontinuierliche) Signale in digitale Signale umgewandelt, im PC ausgewertet und verarbeitet werden. Weiterhin gibt es FAX-Karten mit denen über das Telefonnetz per PC Telefax betrieben werden kann. Es gibt auch Audiokarten, die aus einem PC eine Art Tonstudio machen können. Diese Liste ließe sich noch beliebig fortsetzen.

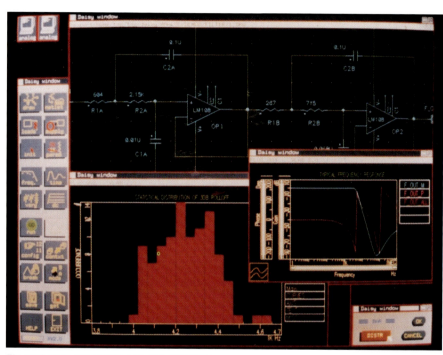
Ein modernes, PC-gesteuertes Konstruktionssystem bietet eine Vielzahl kompatibler Funktionen für den Ingenieur

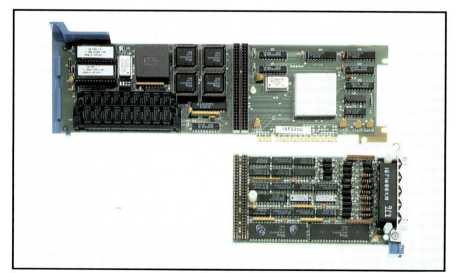
Eine Spezialschnittstellenkarte für Maschinensteuerungen in Echtzeit (Realtime Interface). Solche Karten und zugehörige PCs müssen sehr schnell arbeiten

Computer baut Computer: Fertigungssystem in der Festplattenherstellung

Steuergeräte

Über Steuergeräte werden die Abläufe der Arbeit mit Computern gelenkt. Dazu müssen Eingaben möglich sein und die Auswirkungen sichtbar gemacht werden. Daher gibt es grundlegend zwei Gruppen von Steuergeräten: Eingabe- und Ausgabegeräte. Die wichtigsten Eingabegeräte sind Tastatur und Maus, das wichtigste Ausgabegerät ist der Bildschirm. Diese drei und einige andere Steuergeräte werden hier vorgestellt.

Tastatur

Die Tastatur ist den Schreibmaschinentastaturen nachempfunden. Über sie können sowohl Programme gesteuert, als auch Daten in großem Umfang eingegeben werden. Man braucht Sie, um beispielsweise mit dem Computer zu schreiben.

Äußerlich betrachtet besteht die Tastatur aus einem flachen, breiten Gehäuse, aus dem eine Vielzahl von Tasten herausragen. Dazu kommen bei modernen Tastaturen einige Leuchtanzeigen. Unter den Tasten sitzt jeweils ein Schaltkontakt. Seine Qualität ist mitentscheidend für die Benutzerfreundlichkeit und Lebensdauer der Tastatur.

Durch Niederdrücken einer Taste wird der zugehörige Kontakt geschlossen. Die Kontakte sind in einer Matrix angeordnet, die von einem Mikroprozessor ständig abgefragt wird (die gesamte Tastaturelektronik besteht heute meist aus einem speziellen Mikroprozessor und wenigen weiteren Bauteilen). Der Tastaturprozessor „erfährt" so, welche Taste(n) gedrückt ist (sind), und sendet ein entsprechend kodiertes Signal an die Tastaturschnittstelle des Computers. Dort wird das Signal zwischengespeichert und über eine Meldeleitung des Steuerbusses dem Prozessor mitgeteilt, daß in der Tastaturschnittstelle ein Zeichen „abholbereit" ist. Bei der nächsten Gelegenheit spricht der Prozessor diese Schnittstelle an (er „adressiert" sie wie eine Speicherstelle), „holt" das Zeichen und wertet es aus.

Die Buchstaben, Zahlen sowie meist (nicht immer) sämtliche Sonderzeichen werden zu einem, der Schreibmaschinentastatur entsprechenden, alphanumerischen Tastenblock zusammengefaßt.

Neben dem Funktionsumfang kann die Benutzerfreundlichkeit einer Tastatur nicht hoch genug eingeschätzt werden. Bei Benut-

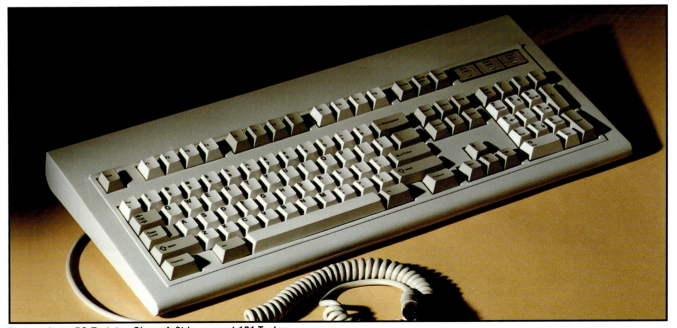

Eine moderne PC-Tastatur. Sie umfaßt insgesamt 101 Tasten

zung einer schlechten Tastatur drohen Krankheiten wie Sehnenentzündungen oder rheumatische Beschwerden in den Händen. Die wichtigsten Gesichtspunkte für die Auswahl einer ergonomischen Tastatur sind: Die Tastatur sollte nicht fest mit dem Gehäuse des Computers verbunden sein, da sonst die Möglichkeit einer anwendergerechten Aufstellung eingeschränkt ist. Eine freibewegliche Tastatur garantiert, daß sie vom Anwender körpergerecht positioniert werden kann. Des weiteren muß sie durch Gummiauflagen gegen Verrutschen gesichert sein. Tastaturen sollen sehr flach sein, damit der Handballen aufliegen kann. Eine leicht gewölbte Oberfläche der Tastatur und der Tasten sowie ein spürbarer Druckpunkt als Bestätigung der Tastenauslösung sind weitere Kriterien der Ergonomie. Bei gut gestalteten Tastaturen sind die Tasten entsprechend ihrer Funktion farblich voneinander abgegrenzt.

Auf die (deutschen) Sonderzeichen (ö, ä, ü, Ä, Ö, Ü, ß) oder andere landesspezifische Zeichen darf auf keinen Fall verzichtet werden. Sie sind längst zu einer Selbstverständlichkeit geworden. Mit fremdsprachigen Zeichen dagegen kann es schon einmal etwas schwieriger werden, hier muß man notfalls einen Fachmann konsultieren.

Bildschirm

Der Bildschirm oder Monitor eines PCs ist das derzeit wichtigste Ausgabemedium für den Menschen, der einen Computer bedient. Dem Monitor liegt ebenso wie dem Bildschirm eines Fernsehgerätes das Prinzip der Braunschen Röhre zugrunde. Bei der Braunschen Röhre handelt es sich um einen trichterförmigen Röhrenkolben aus Glas, der völlig luftleer ist. An dem dünneren Ende befindet sich eine Hochspannungskathode (das ist eine mit dem negativen Pol einer Stromquelle verbundene Elektrode; eine Elektrode wiederum ist ein elektrisch leitender, zumeist metallischer Teil). Die Hochspannungskathode wird durch den Strom derartig erhitzt, daß sie einen Elektronenstrahl aussendet (Elektronen sind negativ geladene elektrische Elementarteilchen). Dieser Strahl wird mittels zweier paariger Spulen, welche ein Magnetfeld erzeugen, in vertikaler und horizontaler Richtung gesteuert. Eine am breiteren Vorderende befindliche Rasterfläche, welche auch als Schlitzmaske bezeichnet wird, dient als anderer Pol. Die Vorderfläche des Kolbens ist mit einer fluoreszierenden Substanz beschichtet. Diese leuchtet auf, wenn der Elektronenstrahl durch die Schlitzmaske auf die Vorderfläche trifft.

Prinzipiell hat sich dieser Aufbau für die verbreiteten Kathodenstrahlmonitore kaum verändert, ob bei monochromen (einfarbigen) oder Farbmonitoren. Bei monochromen Bildschirmen setzt sich ein Bildpunkt aus einer die Monitorfarbe bestimmenden Fluoreszenssubstanz (Grün, Bernsteinfarben oder Weiß) zusammen, und es wird nur ein Elektronenstrahl verwendet. Bei farbigen Monitoren finden drei Elektronenstrahlen und drei Farben, nämlich Rot, Grün und Blau (RGB-Signale) Verwendung. Die übrigen Farbtöne ergeben sich aus der Mischung der drei Grundfarben.

Damit aus vielen einzelnen Punkten ein für das Auge wahrnehmbares Bild entsteht, wird der Elektronenstrahl mittels der Magnetspulen über den in mehrere hundert Zeilen aufgeteilten Bild-

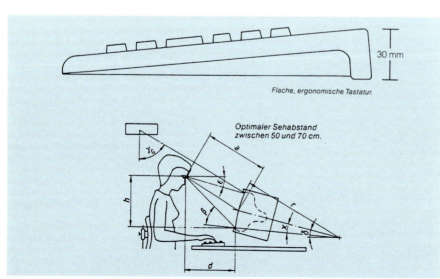

Die neben Tastenbauart und -belegung wichtigen Merkmale für die Ergonomie einer Tastatur sind Bauhöhe und Aufstellung

schirm gesteuert. Von der linken oberen Bildschirmecke aus bewegt sich der Elektronenstrahl in die rechte obere Ecke und schaltet sich zur Rückkehr zum linken Rand kurz aus (Austastlücke). Dann wiederholt sich der Vorgang in jeder Zeile, bis der Elektronenstrahl in der rechten unteren Ecke angelangt ist. Das menschliche Auge wird durch die ständige, schnelle Wiederholung getäuscht und nimmt ein Bild wahr, das als solches gar nicht existiert, sondern nur simuliert wird.

Für die Schärfe des Bildes ist die Feinheit der das Bild zusammensetzenden Punkte entscheidend, ebenso die Rate der Bilder pro Sekunde. Die Feinheit der Punkte, auch Punktmatrixmuster genannt, wird durch die Schlitz- oder Lochrastermaske gewährleistet. Die Bildwiederholfrequenz, also die Anzahl der Bildwiederholungen pro Sekunde, bestimmt, ob das Bild flimmerfrei erscheint. Während ein Fernseher über eine Bildwiederholfrequenz von etwa 25 Hertz (25 Bilder pro Sekunde) verfügt, beträgt die Frequenz hochwertiger Monitore 50 bis 70 Hertz.

Ein weiteres Leistungsmerkmal für einen Monitor besteht in der maximal möglichen Auflösung.

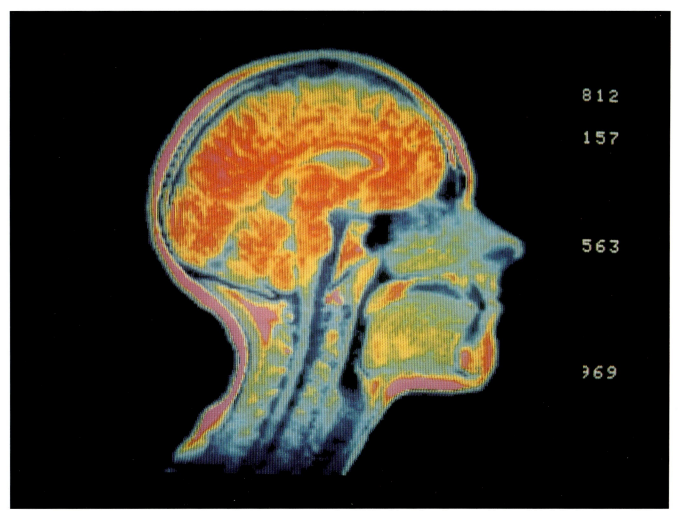

Bei genauem Hinsehen erkennt man auf diesem Foto (es stammt vom Grafikbildschirm eines Computer-Tomographen) die Struktur des Bildschirmrasters mit den zeilenförmig angeordneten Bildpunkten

Das ist die Anzahl der Punkte, mit denen ein Bild oder ein Zeichen aufgebaut wird. Sie errechnet sich beim Bildschirm aus der Multiplikation der horizontalen Linien mit den vertikalen Punkten oder Bildspalten. Die Auflösung ist nicht nur vom Monitor abhängig, sondern auch von der unterstützenden Grafikkarte. Gängige Standardauflösungen sind 348 Zeilen mit 720 Punkten („720 x 348"), 480 Zeilen mit 640 Punkten („640 x 480") und 768 Zeilen mit 1024 Punkten („1024 x 768"). Bei bestimmten Anwendungen sind auch schon Auflösungen von 1248 x 1024 oder gar 1664 x 1248 üblich, und insgesamt geht die Tendenz zu immer höheren Auflösungen.

Die Größe eines Monitors wird mit der Bildschirmdiagonalen in Zoll angegeben. Für Anwendungen mit Schwerpunkt Textverarbeitung genügt ein 14-Zoll-Monitor durchaus. Für andere Aufgabenstellungen sind größere Bildschirmdiagonalen (und höhere Auflösungen) erforderlich.

Monochrome Schwarz/Weiß-Monitore besitzen häufig einen Schalter, über den man die Bildschirm-

Farbbildschirm mit Geschäftsgrafik

farben invertieren (umtauschen) kann; war vorher die Hintergrundfarbe schwarz und die Schrift weiß, so ist dies nach Umlegen des Schalters umgekehrt.

Häufig wird bei Monitoren ein als Zeilensprungverfahren oder Interlace (verflechten, verschachteln) bezeichnetes Verfahren des Bildschirmaufbaus benutzt. Beim Aufbau des Bildes wird immer nur jede zweite Zeile angesteuert und die dazwischenliegende Zeile übersprungen. Durch die Zerlegung von 25 Vollbildern in 50 Halbbilder wird eine Bildfrequenz von 50 Hertz vorgetäuscht. Im Non-interlaced-Modus eines Monitors wird das Bild dagegen tatsächlich 50mal pro Sekunde aufgebaut.

LCD- und Plasmatechnik
Die beiden heutigen Alternativen zur Kathodenstrahlröhre sind der Flüssigkristall- und der Plasmaschirm. Beide bieten eine Reihe von Vorteilen, sowohl aus technischer als auch aus ergonomischer Sicht. Sie sind produktionstechnisch heute noch teurer als die Kathodenröhre und werden deshalb meist nur in Laptops eingesetzt.

Beim Flüssigkristallschirm (LCD, englisch: liquid chrystal display, Flüssigkristallanzeige) wird eine Schicht sehr feiner, lichtreflektierender Kristalle in einer vergleichsweise trägen Lösungsflüssigkeit zum Bildaufbau benutzt. Die Flüssigkeit selber befindet sich zwischen zwei plan geschliffenen, parallelen Glasflächen. In die Glasflächen ist ein Muster aus parallel dicht verlaufenden Drähten eingelassen. Bei der einen Scheibe horizontal, bei der andern vertikal. Wird nun eine Spannung an

Großbildschirme wie dieser mit 19"-Bildschirmdiagonale werden für viele professionelle Computeranwendungen benötigt

Prototyp eines Flüssigkristall-Farbbildschirms

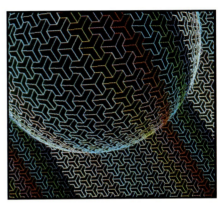
Flüssigkristallbildschirm (Nahaufnahme)

je einen der Drähte angelegt, so erzeugt der fließende Strom ein elektromagnetisches Feld, wodurch die Kristalle zwischen 90 und 270 Grad gedreht werden. Dabei können sie – je nach Position – das Licht ihrer Umgebung reflektieren oder es ungehindert passieren lassen. Sobald die Spannung auf den anderen der beiden Leiter gelegt wird, kehrt sich das elektrische Feld um, und die Kristalle drehen sich zurück. Vorteil dieser Technologie ist neben dem geringen Energieverbrauch auch die grundsätzliche Strahlungsarmut.

Beim Plasmaschirm ist der technische Aufbau sehr ähnlich. Hier befindet sich jedoch ein Gas zwischen den beiden Glasplatten, welches durch eine zusätzliche Elektrodenschicht fast leitfähig gemacht wird. Das Bild wird durch in Matrixform angeordnete Leuchtpunkte, welche durch Gasentladungen entstehen, erzeugt.

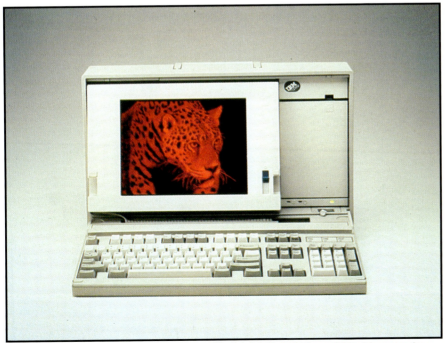
Tragbarer Computer mit Plasmabildschirm. Flüssigkristall- und Plasmabildschirme werden zunehmend auch für „normale" PCs interessant

Maus

Die Maus ist ein Gerät zur Steuerung eines Positionszeigers auf dem Bildschirm. Durch Drücken einer der Maustasten werden Funktionen ausgelöst beziehungsweise Menüpunkte von Programmen aktiviert. Voraussetzung dazu ist, daß das jeweilige Programm dafür eingerichtet ist. Ist dies der Fall, sind die Programme mit der Maus in der Regel bequemer zu handhaben als mit der Tastatur.

Der sichtbare Teil einer Maus besteht aus einem kleinen, handgerechten Gehäuse, auf dessen Oberfläche eine, zwei oder drei Tasten angebracht sind. Die Formgebung des Gehäuses und die Anordnung der Tasten bestimmen wesentlich die Ergonomie der Maus, in diesem Fall, ob der Anwender über einen längeren Zeitraum ermüdungsfrei mit ihr arbeiten kann.

Es können zwei Konstruktionen unterschieden werden: die mechanische und die optische Maus. Bei der mechanischen Maus erfolgt die Umsetzung der Mausbewegungen auf einer glatten Fläche über eine Gummikugel, deren Drehbewegung von Sensoren abgetastet und an den PC weitergegeben wird. Sie ist wesentlich preisgünstiger als die optische Maus, unterliegt aber einem höheren Verschleiß. Im Laufe der Zeit leidet darunter ihre Genauigkeit.

Die optische Maus arbeitet nach einem anderen Prinzip. Sie benötigt eine strukturierte Unterlage, Bewegungen der Maus auf dieser Unterlage werden optisch abgetastet und interpretiert. Bei dieser Technik verwendet man keine beweglichen Teile, und die notwendigen Öffnungen im Gehäuse sind so gering, daß kaum Schmutz eindringen kann.

Auch die Art ihrer programmgesteuerten Bewegungsumsetzungen unterscheidet die Mäuse voneinander. Die Empfindlichkeit einer Maus, also der Grad an Sensibilität, mit dem sie auf Bewegungen reagiert, wird in dpi (englisch: dots per inch, unterscheidbare Punkte pro Inch) gemessen. Die möglichen Werte reichen hier von 200 bis zu 430 dpi. Die Effizienz einer Maus erhöht sich durch eine dynamische Steuerung. Darunter ist die programmgesteuerte kurzfristige Beschleunigung der Cursorgeschwindigkeit auf dem Bildschirm zu verstehen, die der Geschwindigkeit angepaßt wird, mit der der Anwender die Maus handhabt.

Mausbewegung

Maussteuerung eines Grafikprogramms

Grafiktableau

Ein Grafiktableau (Grafiktablett) oder auch Digitalisierer ist ein Eingabegerät für grafische Informationen. Es besteht zum einen aus einem Brett, das von feinen elektrischen Leitungen durchzogen ist. Durch eingefügte Sensoren kann ein angeschlossener Computer die Position eines Abtastgerätes identifizieren. Dazu wird das Abtastgerät über das flache Brett geführt. Im Abtastgerät befindet sich eine Spule, die einen Strom in die Leitungen des Brettes induziert.

Die Fläche des Brettes ist – ähnlich einem Schachbrett – in Vierecke unterteilt. Werden bestimmte Brettpositionen mit bestimmten Funktionen gekoppelt, so können darüber Befehle aufgerufen werden. Das Brett kann auch einfach dazu benutzt werden, den Cursor über den Bildschirm zu bewegen. Handskizzen können an den Computer weitergegeben werden, indem man sie auf das Tablett legt und ihre Linien mit dem Abtastgerät nachfährt. Das typische Einsatzgebiet von Grafiktableaus ist das computerunterstützte Konstruieren (CAD).

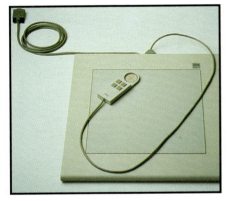

Grafiktableau

Grafiktableaus werden hauptsächlich im konstruktiven Bereich (CAD – Computer Aided Design) eingesetzt

Lightpen

Ein Lightpen, Lichtgriffel oder auch Lichtstift, ist ein kugelschreiberähnliches Gerät zur Fixierung einzelner Positionen auf dem Bildschirm. Das lichtempfindliche Element an der Spitze des Lichtstiftes gibt immer dann einen Impuls ab, wenn der Elektronenstrahl der Bildschirmröhre diese Stelle passiert. Da die Grafikkarte zu jedem Zeitpunkt darüber informiert ist, an welcher Stelle sich der schreibende Elektronenstrahl befindet, kann der Punkt des Bildschirms identifiziert werden, auf den der Lichtstift deutet.

Touchdisplay

Ein Touchdisplay ist ein berührungssensitiver Monitor. Auf den Bildschirm wurde ein Koordinatennetz von Infrarotsensoren oder eine durchsichtige Folientastatur gebracht. Beim Antippen des Bildschirms mit dem Finger oder einem Gegenstand werden die Berührungskoordinaten weitergeleitet und bestimmten Anweisungen zugeordnet.

Joystick

Joysticks (Steuerknüppel) bestehen aus einem Griff und ein bis drei Tasten auf einem Gehäuse, in dem über eine elektronische Schaltung eine der Hebelstellung entsprechende Spannung erzeugt wird. Bewegungen des Joystick-Griffs nach rechts, links, oben, unten oder in diagonaler Richtung werden auf diese Weise ausgewertet und an den Computer übertragen.

Peripherie

Der Begriff „Peripherie" ist durch die rasche Entwicklung der Computertechnik nicht eindeutig abzugrenzen, insbesondere durch den recht unterschiedlichen Sprachgebrauch im Bereich der Großrechner, der mittleren Datentechnik und der Personal Computer. So werden oft die im vorigen Unterkapitel vorgestellten Steuergeräte zur Peripherie gerechnet, was technisch durchaus nicht unberechtigt ist. Die in diesem Kapitel vorgestellten Geräte (Drucker, Plotter und Scanner) zählen jedenfalls ebenso zur Peripherie wie noch manches seltenere und deshalb hier nicht erwähnte Gerät.

Drucker

Die Aufgabe des Druckers ist die Ausgabe von verarbeiteten Daten auf Papier, Folie, Aufklebern oder einem anderen bedruckbaren Material. Die Art der Daten, die über einen Drucker ausgegeben werden sollen, bestimmt in der Regel, über welche Leistungsmerkmale der Drucker verfügen soll. So verlangt die Ausgabe von Briefen ein gutes Schriftbild. Ein Typenraddrucker (siehe Seite 96) würde diesem Anspruch genügen, mit ihm könnten aber keine Grafiken zu Papier gebracht werden.

Grundsätzlich unterscheidet man nach Art des praktizierten Zeichenaufbaus Ganzzeichen- und Matrixdrucker voneinander. Zur ersten Gruppe gehören Typenrad-, Kugelkopf-, Zeilen- und Typenkorbdrucker. Tintenstrahl-, Thermo-, Nadel- und Laserdrucker sind die bekanntesten Vertreter der Gruppe der Matrixdrucker.

Alle modernen Drucker für Personal Computer verfügen über ein Gehäuse mit Bedienungselementen, einen Mikrocomputer zur Druckersteuerung, der über einen Arbeitsspeicher und eine Schnittstelle zur Datenübertragung verfügt, ein Netzgerät zur Stromversorgung und einen oder mehrere Motoren.

Über die Bedienungselemente kann der Drucker gesteuert werden. Die wählbaren Funktionen sind in der Regel: ein Selbsttest des Drucksystems, ein aufrufbarer Zeilenvorschub (englisch: line feed), ein Papiervorschub (englisch: form feed), die Wahl der Schriftqualität, der Schriftgröße und der Schriftart aus einem fest integrierten Zeichensatz. Darunter faßt man auch die unterschiedlichen Schriftformen, Schriftweiten, Schriftstärken und Schriftneigungen. Des weiteren kann man einen Drucker auch abmelden, dann signalisiert er dem Rechner, daß er nicht druckbereit ist. Das entsprechende Kommando heißt »on/off line« und kann über Tastendruck ausgelöst werden.

Der Mikrocomputer des Druckers steuert dessen Kommunikation mit dem PC. Zudem verfügt sie über einen eigenen Speicher zur Zwischenlagerung noch nicht gedruckter Daten. Diesen Speicher nennt man Puffer. Außerdem übernimmt die Zentraleinheit des Druckers die Motorsteuerung, die beispielsweise dafür sorgt, daß Papier über Walzen transportiert wird.

Als Schnittstellen zur Datenübertragung zwischen Computer und Drucker stehen meist die

Laserdrucker bieten optimale Ausdruckqualität auch für Grafiken. Sie sind zudem sehr schnell, allerdings auch teurer als andere Drucker

(parallele) Centronics-Schnittstelle und die serielle RS232-Schnittstelle zur Verfügung (siehe Seite 69/70).

Der Datenaustausch zwischen Computer und Drucker funktioniert nach den bereits im Unterkapitel „Funktionsweise" des Kapitels Übersicht und bei der Beschreibung der gerade genannten Schnittstellen dargestellten Prinzipien. Die Zeichen werden meist im Speicher der Drucker zwischengespeichert. Ihre Umsetzung in das gedruckte Zeichen hängt vom Druckertyp ab.

Für die Qualität eines Druckers sind Druckgeschwindigkeit, Schriftbild, Zeichensatz und Druckauflösung sowie die Geräuschentwicklung beim Drucken maßgebend. Gebrauchskosten sowie Anschaffungskosten sind ebenfalls zu berücksichtigen. Aber auch die bedruckbaren Papierformate sind bei der Entscheidung für einen Drucker wichtig. Weitere Fragen lauten: Erfolgt der Blatteinzug automatisch oder manuell? Können Endloslisten ausgegeben, Durchschläge angefertigt oder dicke Briefkuverts verarbeitet werden?

Nadeldrucker
Die Nadeldrucker zählen zur Kategorie der Matrixdrucker, das heißt, die einzelnen Zeichen werden aus einer Vielzahl von Punk-

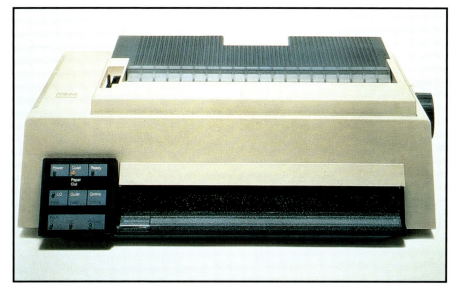
Ein moderner, schneller Nadeldrucker mit Breitwagen

ten zusammengesetzt. Je mehr Punkte für die Bildung eines Zeichens zur Verfügung stehen, um so besser ist die Qualität der Zeichendarstellung. Dies ist abhängig von der Anzahl der Nadeln, mit denen der Druckkopf ausgestattet ist. So beträgt etwa die übliche Punktmatrix eines 9-Nadeldruckers 9 x 9 Punkte, während ein 24-Nadeldrucker meist die Matrix 24 x 24 Punkte anbietet.

Der Druckkopf besteht aus einer Trommel mit dem Durchmesser eines Fünfmarkstückes. Darin befindet sich für jede Nadel eine Magnetspule. Die Nadeln liegen in

einem Schaft und sind mehrfach abgestützt. Wird nun einer Magnetspule Strom zugeführt, schleudert sie die entsprechende Nadel gegen das Farbband und druckt so einen Punkt. Die Druckgeschwindigkeit hängt von mehreren Faktoren ab. Dazu zählt die Kraft, mit der die Spule die Nadel gegen das Papier schleudert, und die Geschwindigkeit, mit der die Rückholfedern die Nadel zurückziehen. Aber auch die Länge des Weges, den der Druckkopf über das Papier nehmen muß, beeinflußt die Druckgeschwindigkeit. Das Bemühen, diesen Weg so kurz

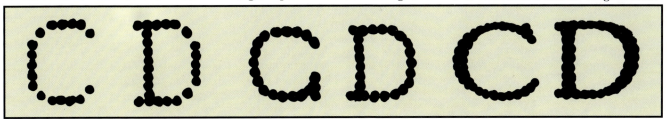
Je höher beim Nadeldrucker die Auflösung ist, desto besser ist die Qualität der Zeichendarstellung. Links 9-Nadeldrucker, Mitte 9-Nadeldrucker mit leicht versetztem Doppeldruck aller Punkte, rechts 24-Nadeldrucker

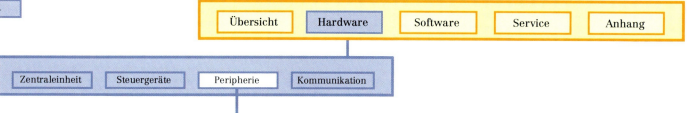

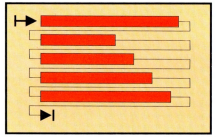 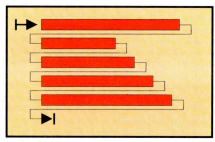 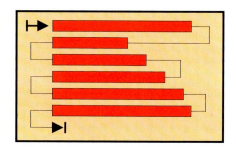

Druckwegoptimierung: unterschiedlich lange Wege des Druckkopfes beim Ausdruck des Textes

wie möglich zu halten, hat zum Begriff Druckwegoptimierung geführt. Drucker, die bidirektional, also von links nach rechts als auch von rechts nach links drucken können, sparen den Weg aus, der mit der Rückkehr zur Startposition am linken Blattrand verbunden ist. Druckgeschwindigkeiten zwischen 50 und 800 Zeichen pro Sekunde sind möglich, 180 Zeichen pro Sekunde sind ein guter Durchschnittswert.

Die maximale Auflösung oder Dichte der einzelnen Druckpunkte, die ein 24-Nadeldrucker im Grafikmodus erreicht, kann über 360 dpi (englisch: dots per inch, Punkte pro Inch) betragen, das ist mehr als bei einigen Laserdruckern. Allerdings ist die Druckqualität nicht nur von der Auflösung abhängig! Die Stärken der Nadeldrucker zeigen sich beim Drucken auf Klebeetiketten, dem schnellen Endlospapierdruck, oder wenn Durchschläge beziehungsweise das Bedrucken von dickem Papier gefordert sind. Ein gravierender Nachteil des Nadeldruckers ist vor allem seine »kreissägenmäßige« Lautstärke beim Druckvorgang.

Laserdrucker

Laserdrucker arbeiten nach einem ähnlichen Prinzip wie die meisten Kopierer, nur das die zu druckende Vorlage mittels eines Lichtstrahls im Drucker generiert wird. Ein aus einem Neon-Helium-Laser austretender Lichtstrahl wird auf eine Fotoleitertrommel gelenkt. Dabei wird der Laserstrahl sehr schnell eingeschaltet, um einen Punkt im späteren Ausdruck zu erzeugen, und ausgeschaltet, wenn kein Punkt erscheinen soll. Das Kernstück des Laserdruckers, die Fotoleitertrommel, ist auf der gesamten Oberfläche elektrostatisch positiv geladen und dreht sich gleichmäßig mit einer hohen Geschwindigkeit. Trifft nun das Licht des Lasers auf die Oberfläche der Trommel, werden die getroffenen Punkte entladen. So entsteht ein Bild, das nur aus entladenen Punkten besteht.

Es wird in der Entwicklerstation sichtbar gemacht, wo ein feiner, elektrisch positiv geladener, schwarzer Staub (Toner) auf die Fotoleitertrommel aufgebracht wird (nach diesem Prinzip arbeiten auch Fotokopierer). Da sich gleiche Ladungen abstoßen, bleibt der Toner nur auf den vom Laserstrahl belichteten Punkten haften. In der Umdruckstation wird das Druckbild von der Trommel auf das Papier übertragen; in der Fixierstation schließlich dokumentenecht festgelegt. Danach durchläuft die Trommeloberfläche eine Reinigungsstation: Sie wird elektrisch geladen, die letzten Staubpartikel werden abgewischt. Ein neuer Druckvorgang kann beginnen. Allerdings bedarf diese Darstellung einer Ergänzung: es gibt auch Laserdrucker mit etwas abgeändertem Funktionsablauf, bei dem die gerade genannten Polaritäten genau anders herum sind. Das Grundprinzip ist aber gleich.

Es gibt die einfachen Tischlaserdrucker, welche inzwischen durch ein günstiges Preis-/Leistungsverhältnis weit verbreitet sind. Sie können etwa 6 bis 10 Seiten pro Minute bedrucken. Zum anderen gibt es Hochleistungslaserdrucker, welche unter Einsatz von mehreren Lasern bis zu 200 Seiten pro Minute beschriften können.

Durch das Druckverfahren bedingt, ist sowohl die Ausdruckqualität als auch der Preis von Laserdruckern (Anschaffungs- und Verbrauchskosten) höher als der von Nadeldruckern. An der höheren Ausdruckqualität ändert auch die rein rechnerisch höhere Auflösung von 24-Nadel-Druckern (oder gar 48-Nadlern) nichts: Ränder und Innenflächen sind durch den eingebrannten Toner klarer und gleichmäßiger gefärbt.

Hochleistungs-Laserdrucker für Großrechner

Schnittbild eines Tischlaserdruckers

Tintenstrahldrucker

Die Tintenstrahldrucker erzeugen die Zeichen mittels feiner Tintentröpfchen, die sie auf das Papier spritzen. Dies geschieht sehr schnell und nahezu geräuschlos. Es gibt mehrere Techniken:

Bei der einen sind die Tintendüsen wie die Drähte im Druckkopf eines Nadeldruckers angeordnet. Durch Steuerimpulse wird bei Bedarf ein Tröpfchen erzeugt (»drop-on-demand«-Methode, Tropfen bei Bedarf): Ein piezoelektrisches Bauteil verändert unter Spannungseinwirkung seine Form; es verengt oder verkürzt sich. Durch diesen Impuls erhöht sich der Druck im Druckkanal kurzzeitig so, daß eine winzige Portion Tinte ausgestoßen wird. Der Durchmesser eines solchen Tintentröpfchens beträgt etwa 0.025 mm und seine Fluggeschwindigkeit ca. 700 km/h. Auf dem Papier hinterläßt es einen Fleck von rund 0,16 mm Durchmesser.

Die Erzeugung der Tröpfchen kann auch durch Wärmeeinfluß gesteuert werden. Hierbei befindet sich unter der Austrittsöffnung ein Widerstand, der sich kurzzeitig unter Spannung erwärmt, wobei sich die Tinte ausdehnt und ein Tröpfchen aus der

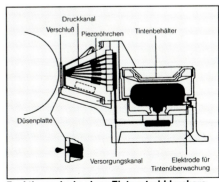
Funktionsprinzip eines Tintenstrahldruckers

Öffnung gedrückt wird. Diese Lösung kommt ohne Druckkanal und Düsen aus. Der Druckkopf besteht lediglich aus einem flachen Kunststoffstreifen, der direkt auf den Tintenbehälter montiert ist. Als Einwegpatrone verwendet, werden Tintenbehälter und Austrittsöffnungen gemeinsam ausgewechselt.

Bei einer anderen Tintenstrahltechnik wird nur mit einer Düse gearbeitet, die einen anhaltenden Tintenstrahl ausstößt. Durch die hohe Geschwindigkeit, mit der sich der Druckkopf bewegt, wird der Strahl in kleine Tröpfchen zerrissen. Die Zerstäubung kann aber auch durch Ultraschall bewirkt werden. Durch elektrische Impulse aufgeladen, verändert sich die Oberflächenspannung der Tröpfchen, und alle nehmen einen gleichen Durchmesser an. Diese elektrisch geladenen Tropfen können außerdem durch Spannungsfelder abgelenkt und so auf die gewünschte Stelle des Papiers gelenkt werden.

Typenraddrucker

Typenraddrucker gehören zur Gruppe der Drucker mit Ganzzeichendarstellung. Sie unterscheiden sich von herkömmlichen Typenradschreibmaschinen eigentlich nur dadurch, daß sie keine Tastatur haben. Bedienung und Einsatzgebiet sind weitgehend identisch. Eingesetzt werden sie vor allem da, wo Wert auf ein gutes Schriftbild gelegt wird. Nachteilig wirken sich die geringe Schreibgeschwindigkeit und die Geräuschentwicklung beim Drucken aus. Außerdem sind Typenraddrucker zur Ausgabe von Grafiken nicht in der Lage.

Thermodrucker

Anstelle von Nadeln oder Düsen verfügen Thermodrucker über einen Druckkopf, der mit einer Reihe von elektrischen Widerständen auf einem Siliziumchip versehen ist. Werden diese Widerstände mit Strom durchflossen, erhitzen sie sich und schmelzen die hauchdünne Wachsschicht eines Spezialpapiers. Dabei kommt die darunterliegende Farbe zum Vorschein. Die Schmelztemperatur liegt zwischen 70 und 125 Grad Celsius. Da sich die Widerstände nach jedem Erhitzen wieder abkühlen müssen, sind der Ausdruckgeschwindigkeit von Thermodruckern Grenzen gesetzt.

Andere Entwicklungen von Thermodruckern, die Thermotransferdrucker, benötigen kein Spezialpapier mehr. Sie arbeiten in Verbindung mit einer Farbbandkassette, deren Material auf normales Papier eingeschmolzen wird. Da die Heizelemente sehr fein sind, wird eine ähnlich hohe Auflösung wie bei Laserdruckern erreicht, gepaart mit einer hohen Druckgeschwindigkeit, welche im Schönschreibmodus bei nahezu 160 Zeichen pro Sekunde liegt. Die Thermotransferdrucker werden wegen ihrer guten Druckqualität und des leisen Arbeitsgeräusches häufig in Büros eingesetzt.

Plotter

Plotter sind speziell für die grafische Datenausgabe entwickelt worden. Ihr wesentliches Einsatzgebiet ist der Bereich des computerunterstützten Konstruierens (CAD). Mit Plottern können auch großformatige Pläne, etwa im DIN-A0-Format, ausgegeben werden.

Ein moderner Thermodrucker für Büroanwendungen. Er arbeitet leise und schnell. Sein Hauptkonkurrent sind die Laserdrucker

Gezeichnet wird wahlweise mit Tusche oder Filzschreibern.

Beim Flachbett- oder X-Y-Plotter wird – wie beim Reißbrett – ein Blatt Papier auf einer (meist waagerechten) Ebene befestigt. Der Zeichenkopf ist an einem Gestänge befestigt, auf dem er auf- und abwärts (Y-Richtung) gefahren werden kann. Das Gestänge selber kann nach rechts und links (X-Richtung) bewegt und so die im Kopf eingespannte Zeichenfeder zu jeder Stelle des Blattes geführt werden. Zeichenkopf und Wagen werden durch Motoren bewegt, die mit hoher Präzision kleinste Bewegungen ausführen können. Das obere Foto auf dieser Seite läßt den geschilderten Aufbau deutlich erkennen. Der größte Nachteil des Flachbettplotters ist die große Stellfläche, die er insbesondere bei großen Formaten benötigt.

Abhilfe schafft hier der Trommelplotter, bei dem sich der Zeichenkopf in X-Richtung (rechts-links) bewegt, während die Y-Richtung durch Transport des Papiers umgesetzt wird. Das Papier liegt dabei auf einer Trommel, über deren Grat sich der Zeichenkopf bewegt. Während das Papier vor- und zurückgefahren wird, kann es vorne und hinten am Plotter frei herabhängen.

Abgesehen von äußeren Merkmalen wie Papierformat und Anzahl der Farben wird die Qualität eines Plotters durch drei Merkmale bestimmt: Zeichengenauigkeit, Schrittweite und Geschwindigkeit. Die Schrittweite des Plotters bezeichnet die kleinste Einheit, um die der Zeichenstift axial – beziehungsweise bei Trommelplottern in Y-Richtung die Trommel – bewegt werden kann. Er wird von

Ein Mehrfach-Flachbettplotter

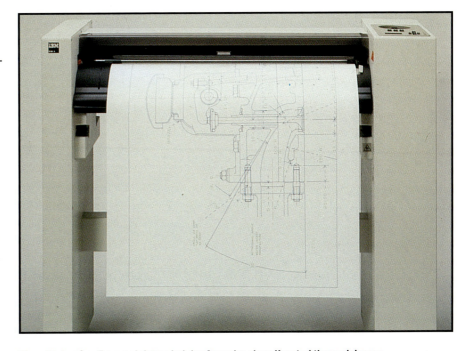

Ein mittelgroßer Trommelplotter bei der Ausgabe einer Konstruktionszeichnung

sogenannten Schrittmotoren angetrieben, die bei jedem Impuls eine Bewegung bestimmter Größe ausführen. Daraus ergibt sich die Konsequenz, daß nicht jeder beliebige Punkt der Zeichenfläche angesteuert werden kann, sondern nur jene, die auf einem Gitternetz liegen, dessen Netzweite der Schrittweite des Plotters entspricht.

Scanner

Scanner (frei übersetzt: Abtaster) sind Eingabegeräte, mit denen Balkencodes, Fotos, Bilder oder technische Zeichnungen in den Computer gelesen und dann von ihm weiterverarbeitet werden können. Dabei sind zwei grundlegend unterschiedliche Typen im Einsatz: zum einen auf die Erkennung kodierter Informationen spezialisierte Scanner, zum anderen Universalscanner.

Spezialisierte Scanner sind zum Beispiel an Warenhauskassen im Einsatz, um Preise und auch Daten für automatisierte Warenwirtschaftssysteme zu erfassen. Diese Scanner sind dann mit Kassencomputern verbunden, die meist selber an einen Zentralrechner angeschlossen sind.

Im Personal-Computer-Bereich findet inzwischen ein anderer Scanner-Typ eine stets größere Verbreitung: diese Scanner tasten Vorlagen ab und setzen sie in binäre Informationen um, die als Pixeldatei (Bildpunktdatei) gespeichert werden. Mit geeigneten Programmen wird diese Datei dann weiter verarbeitet. Die Art der Vorlage ist dabei dem Scanner gleichgültig: es kann sich um eine Textvorlage handeln, um ein Bild oder eine Mischung aus beidem: der Scanner tastet die Hell-Dunkel-Information (oder die Farbinformation) ab und wandelt dabei alle Zwischeninformationen wie Grauwerte in die nächstliegenden binären Werte um. Der Rest ist dann Sache der Software.

Es gibt heute sehr leistungsstarke Programme, mit denen aus der Pixeldatei selbst einer relativ schlechten oder schwierigen Textvorlage der Text mit einer Trefferquote von mehr als 99 Prozent erkannt wird (von 100 Buchstaben wird also höchstens einer nicht erkannt). Voraussetzung ist allerdings ein hochwertiger Scanner (mit handgeführten Kleinscannern ist die Vorlage nicht exakt genug einlesbar). Andere Programme wandeln die Pixeldateien in die Formate gängiger Grafikprogramme um, oft kann dies

Große Trommelplotter werden meist im Konstruktionsbereich (großformatige technische Zeichnungen) eingesetzt

auch schon durch die Steuersoftware des Scanners beim Einlesen erfolgen. Mit den Grafikprogrammen können die Bilddateien dann bearbeitet und danach einer neuen Verwendung zugeführt werden.

Die verbreitetste Bauform bei Universalscannern sind die Flachbettscanner. Das Bild rechts unten auf dieser Seite zeigt einen Schnitt durch einen Flachbettscanner und erläutert die Funktion der wichtigsten Baugruppen.

Scanner für Warenhauskassen tasten die Preisinformationen optisch ab

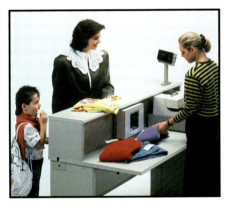

Die Abwicklung an der Warenhauskasse wird durch Scanner rationalisiert

Flachbettscanner zum Erfassen von Zeichnungen, Grafiken und Texten

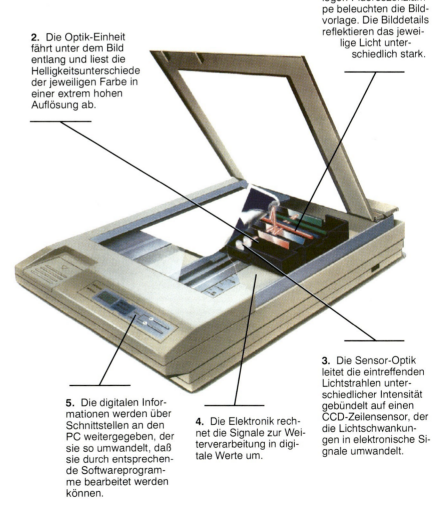

1. Eine grüne, eine blaue und eine rote Halogen-Fluoreszenzlampe beleuchten die Bildvorlage. Die Bilddetails reflektieren das jeweilige Licht unterschiedlich stark.

2. Die Optik-Einheit fährt unter dem Bild entlang und liest die Helligkeitsunterschiede der jeweiligen Farbe in einer extrem hohen Auflösung ab.

3. Die Sensor-Optik leitet die eintreffenden Lichtstrahlen unterschiedlicher Intensität gebündelt auf einen CCD-Zeilensensor, der die Lichtschwankungen in elektronische Signale umwandelt.

4. Die Elektronik rechnet die Signale zur Weiterverarbeitung in digitale Werte um.

5. Die digitalen Informationen werden über Schnittstellen an den PC weitergegeben, der sie so umwandelt, daß sie durch entsprechende Softwareprogramme bearbeitet werden können.

Blick in einen modernen Farbscanner. Geräte wie dieses sind inzwischen auch für kleine Betriebe erschwinglich

Kommunikation

Der Bereich der Kommunikation zwischen Computern ist ein sehr weites Feld. In der einfachsten Form werden zwei Computer über ein Kabel miteinander verbunden, um Daten von dem einen zum anderen zu übertragen. Meist bedient man sich dabei der seriellen Schnittstellen der Computer und spezieller Programme für den Datenaustausch.

Erheblich aufwendiger wird der Datenaustausch, wenn weit voneinander entfernte Computer – möglicherweise ganz unterschiedlicher Bauart – miteinander kommunizieren sollen oder wenn eine größere Anzahl relativ dicht beieinander stehender Geräte zu einem „lokalen Netz" zusammengeschaltet werden.

Neben diesen beiden Themen wird auch der „Quereinstieg" mit dem Computer in bestehende Kommunikationsnetze in diesem Kapitel besprochen.

Den Datenaustausch zwischen entfernten Computersystemen bezeichnet man als Datenfernübertragung (DFÜ). Da hierbei oft bestehende Telekommunikationsnetze benutzt werden, kann man die Datenfernübertragung nicht nur als eine bestimmte Computeranwendung betrachten, sondern auch als einen Teilbereich der Telekommunikation.

Datenfernübertragung

Die wichtigsten Telekommunikationsdienste sind:
- Telefonnetz
- Telex (Fernschreiben)
- Teletex (elektronische Korrespondenz)
- Telefax (Fernkopieren)
- Videotext
- Bildschirmtext (Btx)
- Datexnetz (Datex-L und Datex-P)
- Datel-Dienste
- Direktrufnetz
- Temex (Fernwirken)
- Digitales Fernmeldenetz (ISDN)

Für das Thema dieses Buches bedeutsam ist die Unterscheidung zwischen offenen und geschlossenen Netzen. Geschlossene Netze sind einem bestimmten Benutzerkreis vorbehalten, zum Beispiel den Angehörigen eines Großraumbüros oder den Mitarbeitern sämtlicher Filialen eines Unternehmens. Sie können an öffentliche Netze angeschlossen sein, wobei unbefugte Dritte das Netz nicht oder nur illegal benutzen können.

Öffentliche Netze sind für jedermann zugänglich, der über einen entsprechend ausgerüsteten Computer und eine Zugangsberechtigung verfügt. Sie ermöglichen den weltweiten Zugriff auf Datenbanken, zum Beispiel auf Informationen der chemischen Produkte, Entscheidungen von Gerichten oder den Bücherbestand von Bibliotheken.

Im folgenden werden die für die Computeranwendung in Frage kommenden Telekommunikationsdienste vorgestellt. Vorher soll jedoch die Frage beantwortet werden: Welche Hardware und Software benötigt man für die Datenfernübertragung?

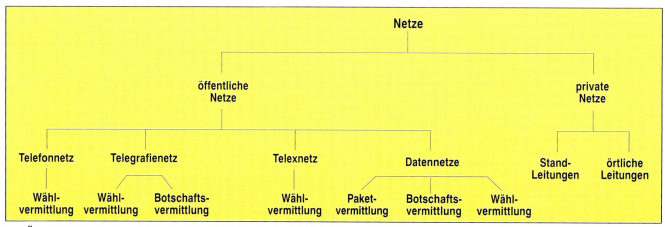

Eine Übersicht über die wichtigsten Kommunikationsnetze für Computer

Modems

Damit ein Computersystem seine binär codierten und somit digitalen Informationen über das analoge Telefonnetz oder andere Analognetze senden kann, müssen diese zuerst eine Umwandlung erfahren. Dies besorgt ein Modem (Abkürzung für MOdulator/DEModulator). Die Geräte transformieren die digitalen 0- und 1- Informationen in eine Folge von zwei – oder bei komplexeren Übertragungstechniken auch mehr – „Signaltypen", die über das analoge Netz gesendet und vom Empfangsgerät wieder zurückübersetzt werden können. Für Leser mit etwas größerem technischen Wissen soll der (ungebräuchliche) Begriff „Signaltypen" kurz erläutert werden: man unterscheidet zwischen Frequenz-, Phasen- und Amplitudenmodulation. Alle drei werden in der Datenfernübertragung an bestimmten Stellen eingesetzt. Doch ist dies ein Spezialthema und soll hier nicht weiter vertieft werden. Es stehen grundsätzlich drei Modemarten zur wahlweisen Verfügung: Akustikkoppler, internes Modem, externes Modem.

Zur Datenfernübertragung mit einem Akustikkoppler wird ein Telefon benötigt. Der Anschluß des Kopplers an den PC erfolgt über die serielle Schnittstelle. Er wandelt die Schnittstellensignale in Töne um. Akustikkoppler sind billiger als die anderen Modems, aber störanfälliger. Vorteile sind Transportabilität und Batteriebetrieb. Diese beiden Faktoren erlauben es beispielsweise, von einer Telefonzelle aus mit einem tragbaren Computer (Laptop) Daten zu übertragen.

Im Gegensatz zum Akustikkoppler sind Modems direkt an die Telefonleitung angeschlossen, was eine geringe Störanfälligkeit garantiert. Auch lassen sie sich bequem handhaben: Ein Kommunikationspartner kann direkt über die Tastatur des PCs angewählt werden, besetzte Nummern wählt das Modem wiederholt an. Datenpakete lassen sich auch tagsüber zusammenstellen und zum günstigen Nachttarif versenden.

Ein externes Modem ist in einem separaten Gehäuse untergebracht. Es kann an jeden Rechner angeschlossen werden, der über eine serielle Schnittstelle verfügt. Leuchtdioden signalisieren, ob gesendet oder empfangen wird.

Interne Modems hingegen werden als Steckkarten direkt in den PC eingebaut. Das eingesetzte Modem verfügt über einen eigenen seriellen Anschluß (Port) und belegt somit keine der verfügbaren Schnittstellen.

Vorherrschendes Kriterium für die Leistungsfähigkeit eines Modems ist die Übertragungsgeschwindigkeit (eigentlich »Schrittrate«), die oft in Baud angegeben wird. Ein Baud entspricht (nur!) bei bitweiser Übertragung einem Bit pro Sekunde (bps). Übliche Raten für die Datenübertragung sind: 50, 110, 150, 300, 600, 1200, 2400, 4800, 9600 und 19200 bps.

Damit sie an das Postnetz angeschlossen werden dürfen, müssen die Modems eine Zulassungsprü-

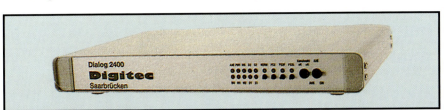

Ein modernes externes Modem

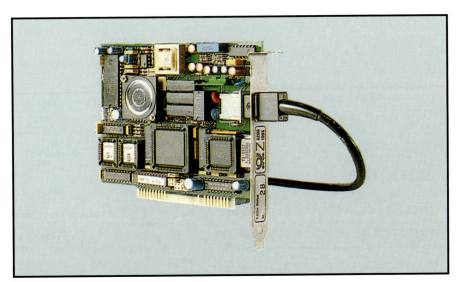

Modem-Steckkarte für Personal Computer

fung des „Zentralamtes für Zulassungen im Fernmeldewesen" (ZZF) der Deutschen Bundespost absolvieren. Das ZZF hat diese Aufgabe vom Fernmeldetechnischen Zentralamt (FTZ) übernommen. Da dies sich noch nicht überall herumgesprochen hat, findet man manchmal auch noch den überholten Begriff FTZ-Zulassung.

Telex
Telex (Abkürzung für teleprinter exchange, Fernschreiberaustausch) heißt die älteste Technik zur elektronischen Fernübertragung von Texten. Über ein weltweites Telexnetz der öffentlichen Postverwaltungen werden seit nunmehr über 60 Jahren Texte von einem Fernschreiber zum anderen gesendet. Der zur Verfügung stehende Zeichensatz (character, set) ist eingeschränkt: Auf Großbuchstaben, deutsche Umlaute und Sonderzeichen müssen Telexteilnehmer verzichten.

Auch die Übertragungsgeschwindigkeit ist mit knapp sieben Zeichen pro Sekunde im Telexverteiler mangelhaft. Wegen seiner weltweiten Verbreitung ist Telex für viele Firmen nichtsdestotrotz interessant. Für den Telexbetrieb mit dem PC gibt es Telexkarten, die auf einen freien Steckplatz des Rechners gebracht werden. Eine andere Möglichkeit, Telex mit dem PC zu nutzen, besteht in Beistellgeräten, die über die serielle Schnittstelle mit dem PC verbunden werden.

Die Weiterentwicklung: Teletex
1982 verbesserte die Deutsche Bundespost den Telexdienst durch Einführung von Teletex (Telefontext oder kurz: TTX). Hierbei werden Informationen durch kommunikationsfähige Büroschreibmaschinen übertragen und gespeichert, die Teletexendgerät und Textverarbeitungsanlage in einem sind. Die Daten werden mit einer Geschwindigkeit von etwa 300 Zeichen pro Sekunde über das integrierte Text- und Datennetz IDN gesendet, das sich aus dem früheren Fernschreibnetz und dem Datexnetz zusammensetzt (seit 1988 integriert in ISDN, siehe hinten).

Teletex ermöglicht Groß- und Kleinschreibung, Sperrungen, Unterstreichungen und Sonderzeichen. Über eine Anpassungseinrichtung (Teletex-Telex-Umsetzer, kurz TTU) ist der Datenaustausch zwischen Telex- und Teletex-Geräten möglich.

Bildschirmtext
Der Bildschirmtextdienst (Btx) der deutschen Bundespost bietet Informationen und Daten unterschiedlichster Art an. Über einen Computer, der mit Btx gekoppelt ist, kann man elektronische Post versenden und empfangen, auf Datenbanken etwa von Versandhäusern zugreifen und Bestellungen abwickeln oder Buchungen bei seiner Bank veranlassen. Die Informationen sind jeweils auf Bildschirmseiten gespeichert, die (farbige) Grafiken, Tabellen, Texte et cetera enthalten. Die seitenweise

Eine der nützlichsten Btx-Anwendungen – insbesondere für Firmen – ist das stets aktuelle elektronische Telefonbuch mit seinen komfortablen Suchmöglichkeiten

Beispiele für Btx-Anwendungen

Speicherung und das notwendige Versehen der Informationen mit Steuerzeichen macht den Btx-Betrieb vergleichsweise langsam. Ursprünglich übertrug Btx Daten mit einer Geschwindigkeit von 1200/75 bps (Bit pro Sekunde), das heißt: Informationen konnten mit 75 bps eingespielt und mit 1200 bps empfangen werden. Inzwischen gibt es jedoch auch Schnittstellen, die Übertragungsraten von 1200/1200 und 2400/2400 bps ermöglichen.

Voraussetzungen für den Einsatz eines PCs als komfortables Btx-Endgerät sind allgemein:
❒ Grafikfähigkeit des Bildschirms
❒ Grafiksoftware
❒ Btx-Decoder
❒ Adapter und Adapterkabel
❒ Serielle Schnittstelle
❒ Parallele Schnittstelle
❒ Btx-Editiersoftware
❒ Zulassungsnummer des Fernmeldetechnischen Zentralamts (ZZF-Zulassung)

Wer heute auf einem PC Btx nutzen möchte, kann auf einen Hardwaredecoder (Einsteckkarte) oder aber auf eine Softwarelösung zurückgreifen. Bei der letzteren Variante wird eine serielle Schnittstelle sowie ein Modem benötigt (beides wurde weiter vorne in diesem Kapitel beschrieben).

Für das Übertragen und Empfangen von Daten sind im letzteren Fall Softwaredecoder (Btx-fähige Terminalprogramme) und der Prozessor des Rechners zuständig. Bei der Hardwarevariante wird eine Steckkarte in den Rechner gesteckt und mit einem Modem verbunden. Dies hat den Vorteil, daß zum Empfang einer Btx-Seite keine Rechnerleistung benötigt wird. Inzwischen werden auch Alternativen angeboten, die Btx über das ISDN-Netz (siehe hinten) ermöglichen und so das große Manko der langsamen Übertragung endgültig aufheben.

Telefax

Seit 1979 gibt es einen öffentlichen Dienst der Bundespost, Telefax oder Telekopieren genannt, der die Übertragung von Faksimiles, also von Kopien von Briefen, Dokumenten, Zeichnungen, Texten und Bildvorlagen, über Datenleitungen gestattet. Die Vorlagen werden von einem Eingabegerät zeilenweise abgetastet und vom Empfangsgerät genau so wieder zusammengesetzt. Wie bei einem handelsüblichen Kopiergerät können Zeichnungen mit bis zu 16 Graustufen übertragen werden. Dabei dauert die Übersendung einer DIN-A4-Seite je nach Hardware zwischen 20 Sekunden und drei Minuten. Die Daten werden über das Telefonnetz gesendet. Für die Dauer der Übertragung fallen deshalb die üblichen Fernsprechgebühren an. In Deutschland hat die Zahl der Telefaxgeräte die der Telexgeräte inzwischen längst überflügelt.

Es gibt mehrere Möglichkeiten zur Kopplung von Telefax und Personal Computern, bis hin zum Mobilfax im Auto in Verbindung mit einem Laptop (tragbarer PC). Im Moment sind die Kosten für alle diese Möglichkeiten noch recht hoch, zumindest bei den postzugelassenen Geräten. Die verbreitetste Anwendung ist das Senden von Faxen vom PC aus. Insbesondere bei „Serienfaxen" (praktisch Serienbriefe, in die Anschrift u. ä. eingefügt werden und die dann per PC-Fax automatisch verschickt werden), ergibt sich ein Kostenvorteil gegenüber der Briefpost – von der Transportgeschwindigkeit ganz zu schweigen.

Datexnetz

Das Datexnetz (Abkürzung für: data exchange, Datenaustausch) wurde von der Deutschen Bundespost speziell für die Datenfernübertragung geschaffen. Ziel war die Verringerung von Wartezeiten und die Erhöhung der Übertragungsgeschwindigkeiten. Zur Zeit sind 79 Länder mit solchen Netzen ausgestattet und miteinander verbunden, so daß auch international die Grundlagen für eine intensive Datenkommunikation geschaffen wurden und genutzt werden.

Man unterscheidet die Leitungsvermittlung (Datex-L) und die Paketvermittlung (Datex-P). Bei der Leitungsvermittlung wird, wie bei einem Telefonat, eine Verbindung zwischen zwei Teilnehmern hergestellt, also eine Leitung reserviert. Bei der Paketvermittlung dagegen nimmt der Sender mit einem Knotenrechner (PAD) der Post Verbindung auf und schickt diesem seine Daten sowie die Empfängeradresse über eine relativ langsame örtliche Leitung (beispielsweise die Telefonleitung). Der Knotenrechner formatiert die Daten zu Datenpaketen, die mit Adreßinformationen versehen werden. Diese Datenpakete werden anschließend über ein sehr schnelles Netz an den Knotenrechner weitergeleitet, der dem Empfänger am nächsten liegt. Dieser Rechner gibt die Sendung über eine langsame Leitung an den Empfänger weiter. Da auf diese Weise eine optimale Netzauslastung erreicht wird, sind die reinen Übertragungskosten bei Datex-P gering.

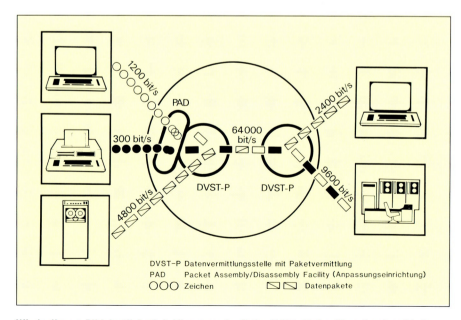

Wie in diesem Bild deutlich wird, können an das Datex-P-Netz Endgeräte mit unterschiedlichen Sende- und Empfangsgeschwindigkeiten angeschlossen werden

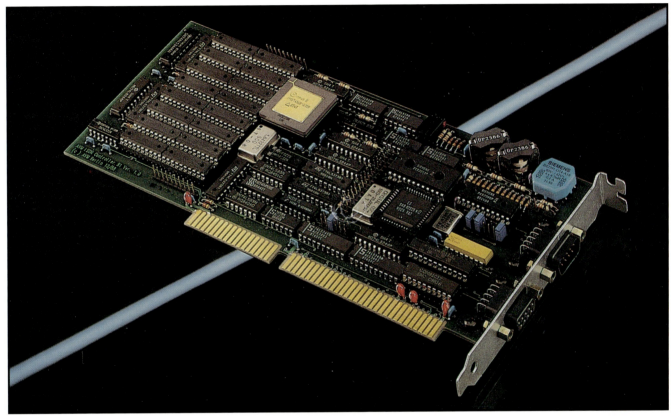

Eine moderne Steckkarte zum Anschluß von Personal Computern an das ISDN

ISDN

ISDN (Abkürzung für: integrated services digital network) ein digitales Netz, über das alle bisher existierenden Dienste (Telex, Telefax, Btx und so weiter) abgewickelt werden können. Es handelt sich um eine Entwicklung der Deutschen Bundespost und der Industrie, die in den internationalen Normungsgremien – insbesondere bei der ISO (International Standard Organisation) – weitestgehend Akzeptanz fand.

Faktisch kann an jede ISDN-Buchse ein oder mehrere Einzeldienstgeräte (Telefon, Telefax et cetera) angeschlossen werden. Die Post ist lediglich für den Anschluß zuständig, während die Geräte nach Bedarf und Wunsch von den Teleteilnehmern gekauft, unterhalten und gewartet werden. Die Post behält sich jedoch vor, Geräte auf ihre ISDN-Fähigkeit zu überprüfen und für die Datenfernübertragung zuzulassen (ZZF-Nummer).

In der ersten Einführungsphase (bis zur Mitte der 90er Jahre) ersetzt ISDN die bisherigen Telekommunikationsdienste nicht, sondern baut sie aus. Folgende Leistungssteigerungen können realisiert werden:

❐ Man erreicht eine höhere Datenübertragungsrate von 64000 Baud (64 KBits/sec).
❐ Faxvorgänge werden optimiert (1 MByte Informationen kann in einem Zeitraum von etwa zwei Minuten gesendet werden). Bei der Verschickung von Datenpaketen steigt die Übertragungssicherheit.
❐ Jedes Telefongespräch kann in einer besseren Qualität durchgeführt werden (das Knacken entfällt beispielsweise selbst bei einem Gespräch nach Fernost).
❐ Elektronisches „Anklopfen" erlaubt die Identifizierung eines Anrufers.

- Da alle Endgeräte an lediglich einem genormten Steckanschluß hängen, spart man Einzelanschlüsse für FAX, Telefon und so weiter ein.
- Verschiedene DFÜ-Dienste können gleichzeitig in Anspruch genommen werden (zum Beispiel können sie ein Telefax empfangen, während Sie telefonieren).
- Das Umlegen von Anrufen auf beliebige Nebenstellen oder in eine Warteschleife übertrifft die Möglichkeiten herkömmlicher firmeninterner Fernsprechanlagen.
- In einem Einzelgebührennachweis werden die Uhrzeiten, Dauer und Teilnehmernummern aller Gespräche exakt aufgeführt.

Parallel ist bereits ein Breitband-ISDN (Glasfaserkabel) in Planung. Bei diesem Netz kommt eine neue Übertragungsmethode zum Einsatz, die eine Übertragungsrate von bis zu 34 MBit pro Sekunde ermöglichen soll. Damit eignet sich das Breitband-ISDN weltweit zur Verbindung von lokalen Netzwerken, Datenbanken und Rechenzentren. Außerdem ermöglicht es Echtzeitbildübertragung in Fernsehqualität.

Lokale Netze

Im innerbetrieblichem Bereich konnten sich seit einem guten Jahrzehnt die lokalen Netzwerke, kurz LANs genannt (englisch: local area network), etablieren. Ein lokales Netzwerk ist ein Netz für die bitserielle Übertragung (Bit für Bit) von Informationen zwischen untereinander verbundenen und unabhängigen Geräten. Dies können sowohl Computer als auch die mit ihnen verbundenen Peripheriegeräte sein, aber auch sogenannte Gateways. Dies sind speziell programmierte Rechner, die zwei Netzwerke miteinander verbinden.

Alle Geräte, die in ein Netzwerk einbezogen werden sollen, werden miteinander verkabelt. Das Kabel selber kann zum Beispiel mit einem Netzwerkadapter verbunden werden. Er enthält alle elektronischen Bauteile, die für die Kommunikation zwischen den PCs benötigt werden, und wird in Form einer Erweiterungskarte in den PC integriert.

Die meisten Netzwerke verfügen über ein zentrales Computersystem, das „Server" genannt wird. Häufig handelt es sich um einen schnellen Rechner mit großer Speicherkapazität. Ob ein oder gar mehrere Server in ein Netzwerk zu integrieren sind, hängt – neben der verwendeten Hard- und Software – auch von der Architektur des jeweiligen Netzwerkes ab, das heißt von der Art, wie die PCs und Peripheriegeräte miteinander verkabelt sind. Man unterscheidet:
- Busnetzwerke
- Ringnetzwerke
- Sternnetzwerke
- Vermachte Netzwerke

In einem Busnetzwerk sind die einzelnen Geräte in einer Linie hintereinandergekoppelt. Es gibt keine Hierarchie unter den Stationen. Die Kabelmenge ist auf das Minimum reduziert. Das Einrichten von Busnetzwerken ist nur dann sinnvoll, wenn wenige Geräte vernetzt werden sollen. Die Übertragungswege können sonst unverhältnismäßig lang werden.

In einem Ringnetzwerk sind die Teilnehmer in einem geschlossenen Ring miteinander verbunden. Die benötigte Leistungsmenge ist – wie beim Busnetzwerk – gering, Kommunikationen können jedoch in zwei Richtungen – über den jeweils kürzesten Weg – laufen.

In einem Sternnetzwerk sind die Teilnehmer über einen zentralen Vermittler „sternförmig" miteinander verbunden. Alle Informationen laufen über die Zentrale, die die Vermittlung der Daten übernimmt (Knotenrechner). Die Mittelpunkte mehrerer Sternnetze können wiederum ein Sternnetz bilden. Netzwerkkonfigurationen dieser Art werden Kaskadennetz genannt.

Hingegen ist in vermaschten Netzwerken jeder Teilnehmer mit jedem anderen Teilnehmer direkt verbunden.

Vorteil: Ein solches Netzwerk ist extrem unempfindlich gegen Störungen und Ausfälle von Leitungen und/oder Teilnehmern, da die einzelnen Verbindungen unabhängig voneinander sind. Bei Ausfall einer Verbindung kann der Datenverkehr umgeleitet werden.

Nachteil: Da jeder Computer mit jedem anderen verkabelt werden muß, sind die Kosten für ein solches Netzwerk sehr hoch (die Anzahl der Leitungen wächst quadratisch zu der Anzahl der Teilnehmer). Ein vermaschtes Netzwerk empfiehlt sich nur bei einer hohen Auslastung der Leitungen.

Als Kabel können je nach den konkreten Gegebenheiten (zu überbrückende Entfernungen, Störfelder, Existenz von Kabelkanälen und so weiter) einfach verdrillte Leiter, abgeschirmte, mehrfach verdrillte Leiter, Koaxialkabel (sie ähneln Antennenkabeln) und Glasfaserkabel dienen.

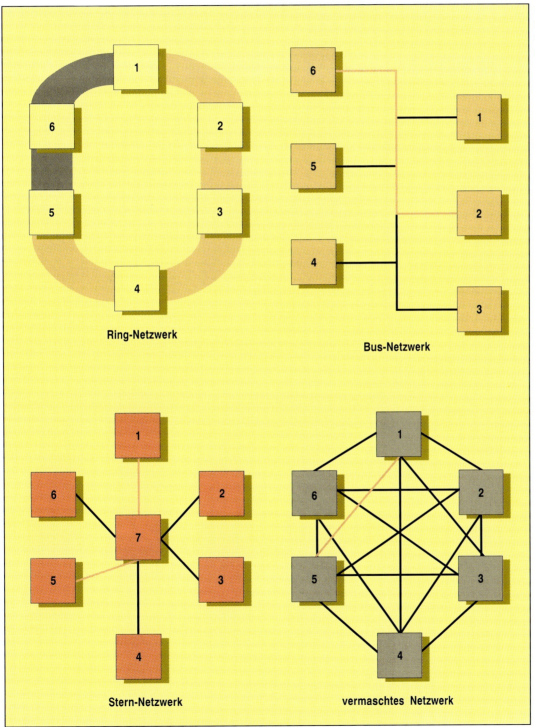

Dieses Bild zeigt deutlich die unterschiedlichen Strukturen der verschiedenen Netzwerktypen

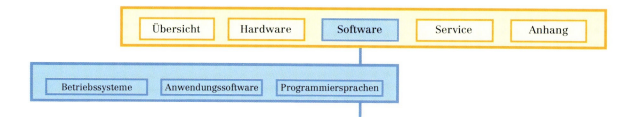

Software

Als Software bezeichnet man im allgemeinen alle Programme für den Computer. Diese sind Folgen von kodierten Befehlen, bis ins feinste ausgetüftelte „Handlungsanweisungen" an das Gerät. Erst durch sie wird der Computer praktisch sinnvoll nutzbar.

Man muß dabei sorgfältig unterscheiden zwischen dem Programm selbst und seiner äußeren Form: Das Programm ist immateriell, es besteht letztlich aus Ideen, Gedanken. Um es sichtbar zu machen, muß es aufgeschrieben werden. Damit der Computer es ausführen kann, muß es in elektrische Impulse umgewandelt werden. Aber das Programm selbst ist weder die Tinte auf dem Papier noch die Kette elektrischer Impulse im Gerät – das macht auch die Definition des Begriffes Software in der Theorie so schwierig und abstrakt.

Doch in der Praxis ist dies kein Problem. Nach kurzer Zeit weiß jeder Computeranwender: Wenn ich Texte verarbeiten will, muß ich ein Textverarbeitungsprogramm benutzen. Und für eine Datenbank wird ein Datenbankprogramm benötigt …

Nur ein Programm muß immer vorhanden sein: das Betriebssystem. Denn das Betriebssystem stellt die notwendigen Grundfunktionen zur Verfügung, um überhaupt mit dem Computer arbeiten zu können.

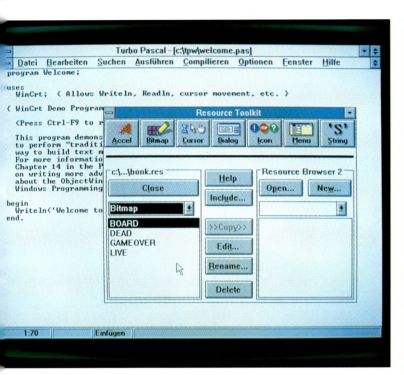

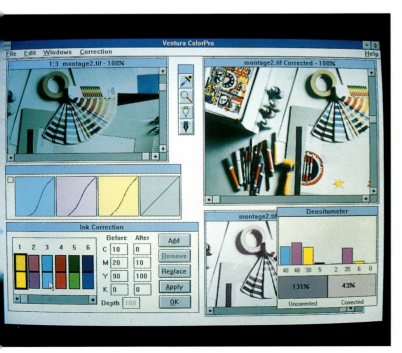

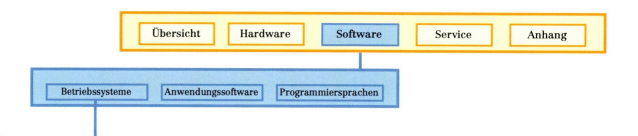

Software – das „Lebenselixier" des Computers

Wer einen Computer kauft, erhält nicht nur das sichtbare, anfaßbare Gerät: Zu jedem Computer gehört Software. Oft wird zusammen mit dem Computer ein Betriebssystem geliefert. Nach der geltenden Rechtsprechung hat der Kunde sogar Anspruch darauf, auch wenn er es nicht ausdrücklich verlangt hat: es gehört einfach zum Computer, er ist ohne Betriebssystem nicht benutzbar.

Da es aber verschiedene Betriebssysteme mit sehr unterschiedlichem Leistungsumfang gibt, bieten manche Händler den gleichen Computer mit abweichenden Betriebssystemen (und Preisen) an. Doch selbst wenn man einmal annimmt, der Kunde verzichte ausdrücklich auf das Betriebssystem, so würde er dennoch auch Software erhalten: nämlich die fest eingebaute Steuersoftware für die grundlegendsten Vorgänge im Computer. Sie bildet zusammen mit dem Betriebssystem die Systemsoftware.

Auch Benutzeroberflächen wie das heute zum Standard gewordene Windows der Firma Microsoft werden meist zur Systemsoftware gerechnet.

Betriebssystem

Das Betriebssystem ist die Kernsoftware des Computers, ohne die der Computer überhaupt nicht arbeitsfähig wäre. Es ist meistens an den Computertyp gebunden, kann also nur auf Computern einer bestimmten Bauart benutzt werden.

Allerdings ist es möglich, daß für einen bestimmten Computertyp mehr als nur ein Betriebssystem verfügbar ist (Für den PC gibt es zum Beispiel DOS, UNIX und OS/2)

Ein typisches Betriebssystem für unterschiedliche Hardware ist UNIX. Dann ist die Anwendungssoftware im Normalfall an ein bestimmtes Betriebssystem gebunden, kann also nicht zusammen mit einem anderen benutzt werden, obwohl sie prinzipiell auf diesem Computer lauffähig ist.

Man kann also sagen: Das Betriebssystem muß zum Computer passen und die Anwendungssoftware zum Betriebssystem. In den meisten Fällen wird das Betriebssystem beim Kauf eines Computers mitgeliefert (ist also meist auch im Preis enthalten, wovon man sich jedoch vergewissern sollte). Die Anwendungssoftware dagegen muß extra gekauft werden.

Anwendungssoftware

Computer sind sehr flexible Arbeitsinstrumente. Dies liegt daran, daß insbesondere bei Personal Computern ein riesiges Softwareangebot besteht. Es gibt Programme für alle möglichen (und auch „unmöglichen") Anwendungsgebiete, und natürlich auch Grenzen: solche der Leistungsfähigkeit, der Arbeitsgeschwindigkeit, sowie der (grafischen) Darstellbarkeit usw.

Insgesamt kann man sagen: Jede in irgendeiner Art und Weise formalisierbare Wissensverarbeitung ist letztlich per Computer nachvollziehbar, bei vielen Wiederholungen lohnt es daher, einen Computer entsprechend zu programmieren. Erst durch die so entstehenden „Anwendungsprogramme" wird der Computer zu einem Werkzeug in der Hand des

Doch alleine davon hat der Endanwender nichts: Er benötigt Programme, die er für seine speziellen Bedürfnisse einsetzen kann. Diese Programme werden als Anwendungssoftware bezeichnet.

Weiterhin gibt es noch spezielle Programme, mit deren Hilfe Programmierer diese Anwendungsprogramme herstellen: die Programmiersprachen.

Für viele gängige Anwendungszwecke gibt es heute preiswerte und leistungsfähige Programme mit so durchdachter Benutzerführung, daß auch der EDV-Laie ohne größere Probleme seine Arbeit mit dem Computer erledigen kann. Insofern kann man sagen: Die Benutzung von Computern ist alltäglich geworden. Es ist nicht so lange her, da war dies noch nicht der Fall, und es gibt auch heute hier und da Softwareanbieter, die schlechte Programme für teures Geld zu verkaufen versuchen. Insgesamt aber sorgt schon der Konkurrenzdruck dafür, daß sich solche Produkte kaum noch behaupten können.

Trotzdem ist beim Softwarekauf noch immer Vorsicht angebracht, und so wird es wohl auch in Zukunft bleiben: auch ein insgesamt gesehen gutes Anwendungsprogramm kann für einen bestimmten Zweck ungeeignet sein. Etwa deshalb, weil es keine Daten mit einem anderen, ebenfalls benötigten Programm austauschen kann. Hier muß sich der Anwender also vor dem Kauf so gründlich wie nur möglich informieren.

Menschen. Ein Anwendungsprogramm soll leicht bedienbar sein, aber (im Normalfall) keine EDV-Kenntnisse erfordern.

Außerdem soll es „absturzsicher" sein. Das heißt: auch extreme Fehlbedienungen dürfen nicht in Betriebszustände des Gerätes hineinführen, die nicht mehr beherrschbar sind. Solche Fehlbedienungen müssen abgefangen, und der Anwender muß auf den Fehler aufmerksam gemacht werden.

Dies ist heute im allgemeinen bei Anwendungsprogrammen, wenn auch leider nicht durchgängig, der Fall.

Programmiersprachen

Um die Arbeit der Programmierer (einschließlich der Hobbyprogrammierer sowie der Schüler und Studenten in einschlägigen Ausbildungen) zu erleichtern, wurden in den letzten vier Jahrzehnten immer leistungsfähigere Hilfsmittel zur Erstellung von Computerprogrammen entwickelt.

Immer mehr näherte sich dabei der Code, in dem dem „Übersetzungsprogramm" die Wünsche des Menschen mitgeteilt werden, der normalen menschlichen Sprache an – allerdings in den meisten Fällen der englischen.

Beim Erstellen eines Programms müssen die Regeln der jeweiligen Programmiersprache ganz genau eingehalten werden: ein nachlässiger Umgang mit der Sprache, wie er im alltäglichen Gespräch zwischen Menschen üblich ist, würde das Übersetzungsprogramm nicht dulden, ja, es würde den Programmtext nicht einmal annehmen, geschweige denn in ein ablauffähiges Programm umsetzen.

Außerdem ist der Wortschatz der Übersetzungsprogramme im Vergleich zu dem eines durchschnittlich gebildeten Menschen äußerst gering; 200 Befehlsworte sind schon sehr viel.

Als Sonderfall der Programmiersprachen kann man die „Autorensysteme" ansehen: sie sollen Fachleuten ohne tiefere Programmierkenntnisse die Erstellung von Lern- und Präsentationsprogrammen ermöglichen.

Betriebssystem

Ein Computer ohne Software ist nur eine leere Hülle, wie ein Auto ohne Lenkung und Getriebe. So wie die Lenkung das Auto erst steuerbar macht, so wird der Computer mit der Betriebssystemsoftware arbeitsbereit. Kein anderes Programm kann gestartet werden, wenn auf dem Computer das Betriebssystem nicht aktiv ist.

Viele interne Abläufe im Computer sind gleich, egal, welches Programm abgearbeitet wird. Damit die Programmierer nicht in jedes Anwendungsprogramm immer wieder diese Grundfunktionen einbauen müssen, sind diese einmal für alle Programme zugänglich im Betriebssystem vorhanden.

Umgekehrt ist das Betriebssystem die Software, die die nötigen Grundfunktionen des Computers für die anderen Programme erst verfügbar macht. Dazu zählen typischerweise alle Ein- und Ausgabefunktionen, wie das Sammeln der Tastaturanschläge, die Anzeige von Zeichen und Punkten auf dem Bildschirm, die Steuerung des Druckeranschlusses, die Speicherorganisation der Daten auf Disketten und Festplatten, die Steuerung der seriellen Schnittstellen (zum Beispiel für Datenfernübertragung), die Verwaltung des Arbeitsspeichers usw.

Wie umfangreich und komplex ein Betriebssystem ist, hängt von den Anforderungen der Anwendungen und der Hardware ab, für die es entwickelt wurde. An ein Betriebssystem für Großrechner werden naturgemäß ganz andere Anforderungen gestellt als an eines für Heimcomputer. Und dazwi-

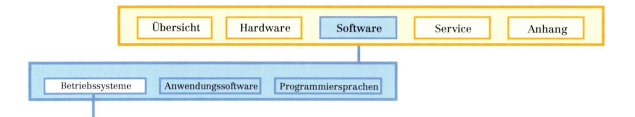

In die Datei AUTOEXEC.BAT von MS-DOS werden die Befehle eingegeben, die der PC bei jedem Start abarbeitet

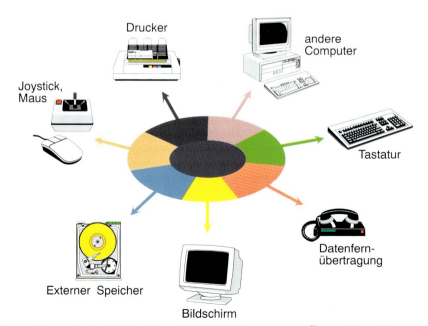

Eine der Hauptaufgaben des Betriebssystems ist die Steuerung und Überwachung aller angeschlossenen Peripheriegeräte

schen gibt es dann noch Betriebssysteme für Personal Computer und kleinere Mehrplatzsysteme.

Um die Grundfunktionen des Computers verwalten zu können, muß das Betriebssystem auf die Fähigkeiten der spezifischen Hardware und insbesondere des Prozessors zugeschnitten sein. Die meisten Betriebssysteme stehen daher nur für einen Computertyp zur Verfügung. Das wohl bekannteste Betriebssystem DOS gibt es zum Beispiel nur für IBM-kompatible Personal Computer. Die Apple-Macintosh-Computer besitzen ihr eigenes Betriebssystem, zur Zeit mit der einfachen Bezeichnung System 7.

Ein Begriff, der eine wichtige Rolle spielt, ist der der Portabilität. Ein Betriebssystem kann nämlich von Grund auf auch so konzipiert werden, daß es auf einfache Weise an verschiedene Prozessortypen angepaßt und damit auf andere Hardware portiert werden kann. Solche Betriebssysteme stehen dann für mehrere verschiedene Computertypen zur Verfügung. Darunter ist das wichtigste UNIX, das sowohl für mittlere Datentechnik als auch für Personal Computer zu haben ist.

Woraus besteht ein Betriebssystem?

Zum Betriebssystem eines beliebigen Computers kann man im wesentlichen die folgenden drei Programm-Module zählen:
- Die Startsoftware im Festspeicher (ROM) des Computers, die gleich nach dem Einschalten des Gerätes aktiviert wird.
- Das eigentliche Betriebssystem, das von der Diskette oder Festplatte hinzugeladen wird.
- Eine Benutzeroberfläche (Shell), die dem Anwender grundlegende Operationen zum Einstellen der Konfiguration des Rechners, zur Ein- und Ausgabe und zur Organisation der Daten auf den Speichermedien wie Festplatte und Diskette ermöglicht.

Die ersten beiden Teile bilden den Kern des Betriebssystems. Sie sind für den Anwender bei der normalen Arbeit am Computer nicht sichtbar, sondern erfüllen ihre Aufgaben im Hintergrund. Nur beim Einschalten des Computers und in bestimmten Situationen wird das Vorhandensein eines Betriebssystems offenkundig.

Um den Betriebssystemkern herum legt sich die Benutzeroberfläche wie eine Hülle oder Schale. Daher auch der englische Begriff „Shell". Sie bildet die einfachste Schnittstelle zum Anwender. Die Aufgabe der Shell ist es, dem Anwender die Funktionen des Betriebssystems verfügbar zu machen. Dies kann mehr oder weniger komfortabel angelegt sein: durch das mühselige Eintippen von komplexen Befehlszeilen oder zum Beispiel durch Anklicken von Bildsymbolen und Listenelementen mit der Maus.

Das Betriebssystem DOS auf dem PC

Zu den bekanntesten Betriebssystemen gehört das DOS, eine Abkürzung für „Disk Operating System", das nur auf Personal Computern läuft. Sein Name leitet sich davon ab, daß die Verwaltung der Disketten und Festplatten eine seiner grundlegenden und wichtigsten Aufgaben ist. An seinem Beispiel wird im folgenden erläutert, wie die drei Hauptteile eines Betriebssystems im Computer zusammenspielen und welche Aufgaben sie erfüllen.

Das Startprogramm

Schaltet man den Computer ein, werden die elektronischen Bausteine, also auch der Prozessor, zunächst einfach nur mit Strom versorgt. Das reicht noch nicht, um den Prozessor zur Aktivität zu bewegen. Er benötigt seinen ersten Handlungsplan, den er in Form eines Programms in einem stromunabhängigen ROM-Baustein fest gespeichert vorfindet.

Beim Personal Computer trägt dieses Programm den Namen BIOS (Basic Input Output System). Wie sein Name schon sagt, verwaltet dieses Programm die grundlegenden Ein- und Ausgabeoperationen zwischen dem Prozessor und anderen Bausteinen, die sich im Computer befinden.

Da das BIOS im Computer fest gespeichert ist, kann es nicht einfach ausgetauscht werden. Das BIOS ist also ein Teil des Gerätes und damit abhängig von der Computermarke. Man bezeichnet diese Programmart deshalb oft als Firmware (engl. firm = fest).

Da es für den PC verschiedene Betriebssysteme gibt, dürfen diese nicht von der Computermarke abhängig sein. Um flexibel bleiben und zum Beispiel auch ältere Versionen der Betriebssysteme problemlos gegen neuere austauschen zu können, werden diese als Software auf Diskette geliefert. Eine der wichtigsten Aufgaben des BIOS ist daher, das eigentliche Betriebssystem von der Diskette oder Festplatte in den Speicher nachzuladen und zu starten.

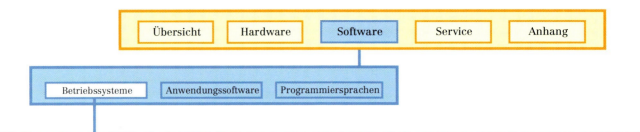

Das Betriebssystem DOS

Während das BIOS die allereinfachsten Ein-/Ausgabeoperationen erfüllen soll, wird an das eigentliche Betriebssystem DOS ein höherer Anspruch gestellt, besonders bei der Organisation der Daten auf Diskette und Festplatte. Während das BIOS nur einzelne Sektoren eines magnetischen Datenträgers lesen und speichern kann, faßt DOS diese Sektoren schon zu Dateien zusammen.

Dabei wird der Dateiorganisation eine Struktur zugrundegelegt, die möglichst dem Büroalltag des Anwenders angepaßt sein soll. Praktisch heißt das, daß die Dateien, zu denen Textdokumente, Tabellen, Datenbanken, Grafiken etc. zählen, in einer hierarchischen Struktur organisiert sind. Dieses Ordnungssystem ähnelt der Organisationsmethode mit Hilfe von Aktenschränken, Schubladen, Ordnern, Heftern etc. Dies wird noch genauer im Abschnitt über Haupt- und Unterverzeichnisse erläutert.

Die Benutzeroberfläche (Shell)

Der Betriebssystemkern, der beim PC aus den BIOS- und DOS-Programmen besteht, gibt dem Anwender jedoch noch keine Möglichkeit, den Computer zu benutzen. Dafür ist eine Benutzeroberfläche nötig, um die Anwendungsprogramme zu starten.

DOS besitzt dazu den Kommandointerpreter. Dieses Programm, das den Namen COMMAND.COM trägt, ist eine einfache Benutzeroberfläche, die die Eingabe von Befehlsworten und das Starten von Programmen erlaubt.

Nachdem das Betriebssystem DOS vom BIOS geladen und ausgeführt wurde, ist es seine nächste Aufgabe, den Kommandointerpreter zu laden und zu starten. Denn ohne ihn ist der Computer immer noch nicht benutzbar. Der Kommandointerpreter meldet sich dann seinerseits auf dem Bildschirm mit einer Eingabeaufforderung, dem Prompt, der zum Beispiel C:\>_ lauten könnte. Eine kleine blinkende Marke hinter dem Prompt, der Cursor, deutet dabei an, daß nun an dieser Stelle Befehle des Anwenders eingetippt werden können.

Diese Benutzeroberfläche ist allerdings nicht mehr zeitgemäß. Die Tendenz geht dahin, grafische Benutzeroberflächen einzusetzen (siehe S. 119). Dennoch arbeiten PC-Benutzer immer noch mit dem Kommandointerpreter. Dies hat drei Gründe: Zum ersten haben sich viele Anwender schon an die DOS-Befehle gewöhnt, und zum zweiten nehmen zusätzliche grafische Benutzeroberflächen Speicherplatz in Anspruch, der dann nicht mehr für die Anwendungsprogramme zur Verfügung steht. Als dritten Grund kann man die Kompatibilität (Verträglichkeit) zu früheren Versionen von Anwendungsprogrammen anführen, die bei einigen Benutzeroberflächen nicht ganz gewährleistet ist.

Dennoch werden grafische Benutzeroberflächen langfristig gesehen die Befehlsinterpreter wie COMMAND.COM des Betriebssystems DOS vom Markt drängen.

Der Boot-Vorgang

Die beschriebene Technik des Nachladens von Betriebssystem und Shell durch das Startprogramm im Festspeicher des Computers, die man Boot-Vorgang nennt, gilt prinzipiell für alle Com-

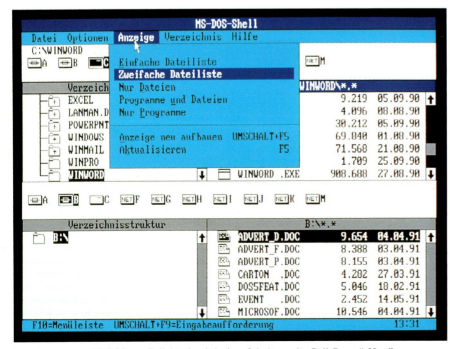

Die „Shell" von MS-DOS ermöglicht ein einfaches Arbeiten mit „Pull-Down"-Menüs

putertypen, vom Großrechner bis zum Heimcomputer. Unterschiede treten nur dort auf, wo die Benutzeroberfläche schon im Betriebssystem enthalten ist. Dann fällt ein Nachladeprozess weg.

Bei einigen Heimcomputern, wie zum Beispiel dem bekannten Commodore 64, verzichtet man sogar ganz auf ein Nachladen des Betriebssystems. In diesem Fall sind alle drei Teile schon in einem ROM-Baustein fest im Computer gespeichert. Je professioneller ein Computertyp jedoch eingesetzt wird, desto stärker sind die Teile getrennt. So kann man jedes Teil einzeln durch neue Versionen oder andere Betriebssysteme oder Shells einfach durch Hinzukaufen der Software ersetzen. Denn man möchte natürlich möglichst flexibel bleiben.

Beim Boot-Vorgang werden die nachgeladenen Teile einfach gesagt, hintereinander in den Speicher geladen. Die Speicheraufteilung hat dann die Form eines Sandwiches: Der übrige Speicher steht für die eigentlichen Anwendungsprogramme zur Verfügung. Startet man ein Anwendungsprogramm, werden dessen Programmdaten als neue Schicht im Speicher über dem Betriebssystem angeordnet. Alle vier Teile, nämlich BIOS, DOS, Shell und Anwendungsprogramm, arbeiten dann „Hand in Hand" zusammen.

So kann das Anwendungsprogramm auf die Funktionen des Betriebssystems, beim PC bestehend aus BIOS und DOS, zugreifen. Das hat zur Folge, daß die Kenntnisse über die Grundfunktionen eines Betriebssystems auch für den Anwender durchaus nützlich sind. Zum Beispiel ist die gesamte Dateiorganisation beim PC die Aufgabe des DOS. Im Anwendungsprogramm spiegelt sich daher beim Speichern und Laden von Dateien die Struktur des Betriebssystems wider.

Verzeichnisstruktur

Alle modernen Betriebssysteme bieten die Möglichkeit, hierarchische Dateistrukturen anzulegen. Und alle modernen Anwendungsprogramme unterstützen diese Möglichkeit, manche setzen sie sogar voraus.

Jeder Magnetplattenspeicher (Disketten, Festplatten, Wechselplatten) benötigt zumindest ein Inhaltsverzeichnis, damit die Dateien verwaltet werden können. Das Betriebssystem vermerkt in diesem Inhaltsverzeichnis unter anderem den Namen sowie die Größe der Datei und die Position aller zu dieser Datei gehörenden Datenblöcke auf der Magnetplatte. Bei den modernen Betriebssystemen ist die Lage der einzelnen Blöcke auf der Magnetplatte theoretisch beliebig, wie die folgende Beschreibung der Arbeitsweise von MS-DOS deutlich macht:

Es wird eine Blockzuweisungstabelle angelegt, die „File Allocation Table" (abgekürzt FAT). Das Betriebssystem prüft zuerst die Länge einer zu speichernden Datei. Dann stellt es fest, welche Blöcke (von „unten" in der Numerierung beginnend) noch oder wieder frei sind. Anschließend überträgt es den Inhalt der Datei in diese Blöcke und markiert diese in der FAT als zu der neu gespeicherten Datei gehörig. Danach trägt es das Inhaltsverzeichnis, den Namen der Datei, einige Zusatzinformationen und die Adressen in der FAT ein (Anfangs- und Endadresse), in denen die zur Datei gehörenden Blöcke verzeichnet sind.

Soll die Datei wieder in den Arbeitsspeicher geladen werden, verläuft die ganze Prozedur umgekehrt.

Es gibt hier von Betriebssystem zu Betriebssystem kleine Variationen in der konkreten Ablaufreihenfolge, aber das Grundschema ist immer gleich. Wenn nun ein Computer viel genutzt wird, so wird ein einzelnes Inhaltsverzeichnis schnell unübersichtlich, da schnell einige hundert, ja sogar tausende Dateien zusammen sind.

Damit der Anwender die Übersicht behält, muß ihm das Betriebssystem Möglichkeiten geben, die Dateien zu organisieren. Eine davon sind die „Extender". Sie sind Hinzufügungen zum Dateinamen, die bei manchen Anwendungsprogrammen frei vergeben werden können, von anderen dagegen vorgegeben sind. MS-DOS erlaubt Dateinamen mit einer Länge von maximal acht Zeichen und einem dreistelligen Extender. Ein typischer MS-DOS-Dateiname könnte also lauten:

DATEI123.XYZ.

Obwohl man nun bei Bedarf alle Dateien mit dem gleichen Extender auflisten lassen kann, ändert diese Möglichkeit nichts an der Vielzahl der möglicherweise insgesamt vorhandenen Dateien. Es ist also ein grundlegenderes Strukturierungsmittel notwendig. Dieses besteht aus der hierarchischen Dateistruktur mit Unter-Inhaltsverzeichnissen in mehreren Ebenen. Mit dem Befehl „Make Directory", gefolgt von einem Namen, richtet man mit MS-DOS ein Unter-Inhaltsverzeichnis ein. Wird zum Beispiel das Textverarbeitungsprogramm

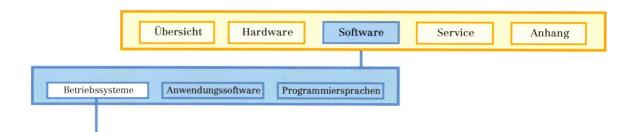

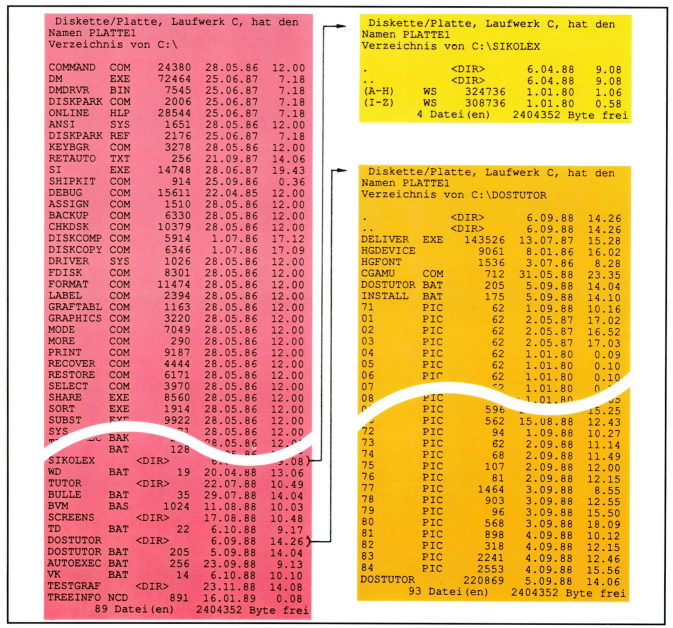

In diesem Ausdruck erkennt man die typische Struktur eines MS-DOS-Verzeichnisses. Angezeigt werden Name, Namenserweiterung (Extender), Umfang der Datei in Byte, Datum und Uhrzeit ihrer Erstellung sowie oben der Name der Platte und des Verzeichnisses und Unterverzeichnisses und unten die Anzahl der Dateien in diesem Verzeichnis oder Unterverzeichnis und die Anzahl der freien Bytes

Word in einem Unterverzeichnis eingerichtet, so gibt man ein: MD WORD. In diesem Verzeichnis installiert man nun das Programm und kann noch zusätzlich Unter-Unterverzeichnisse für Briefe, Notizen, allgemeine Texte und ein Manuskript einrichten. Weitere Unterteilungen sind möglich.

Man kann dann vom Betriebssystem und von den Anwendungsprogrammen her in die Unterverzeichnisse umschalten und hat so die Möglichkeit, sich entsprechend den eigenen Anforderungen übersichtliche, hierarchische Strukturen aufzubauen. Es ist im Prinzip gar nicht nötig, daß der Anwender von diesen Strukturen etwas weiß: Das Betriebssystem kann bestimmte Funktionsabläufe vorprogrammieren. Oft nehmen auch Anwendungsprogramme oder Benutzeroberflächen (Shells) diese Arbeit ab oder erleichtern sie zumindest.

Wichtige Forderungen an ein modernes Betriebssystem

Das wohl am weitesten verbreitete Betriebssystem für den PC ist DOS. Doch DOS, seit Anfang der achtziger Jahre auf dem Markt, ist mittlerweile an seine Grenzen gestoßen und kann nicht mehr alles erfüllen, was von einem modernen Betriebssystem erwartet wird.

Diese Anforderungen werden jedoch von neuen Betriebssystemen wie OS/2 und Windows/NT erfüllt.

Durch die wachsende Prozessorleistung der Personalcomputer wird zwar immer mehr möglich, die wenigsten neuen Funktionen werden aber von DOS unterstützt.

Zu den entscheidenden Nachteilen von DOS zählt das fehlende Multitasking, das nicht vorhandene Schutzmodell und die begrenzte Speicherverwaltung. Die wichtigsten Anforderungen eines modernen Betriebssystems werden in der folgenden Übersicht erläutert:
- direkte und lineare Adressierung über 32-Bit-Datenleitungen
- echtes, auf Threads basierendes Multitasking
- Schutz des Betriebssystemkerns vor Abstürzen von Tasks
- Betriebssystem läuft in einem privilegierten Prozessormodus (Protected Mode)
- virtuelles Speichermanagement (wird im Abschnitt über Windows beschrieben)
- leichte Portierbarkeit auf andere Hardwareumgebungen
- leistungsfähige Programmierschnittstellen (API)
- Marktoffenheit: Lizenzen werden auch an Drittanbieter weitergegeben

Direkte Speicheradressierung

Je besser die Prozessoren wurden, desto größer wurde auch der Speicherbereich, den diese direkt ansprechen konnten (siehe Kapitel „Zentraleinheit, Prozessor", Seite 60). Den modernsten Stand der Technik für den PC bilden heute die 80386/80486-Prozessoren von Intel mit einer 32-Bit breiten Datenleitung.

Noch nutzen jedoch weder das Betriebssystem DOS noch DOS-Anwendungsprogramme die volle Leistung dieser Prozessoren. Das macht sich besonders bei der Speicherverwaltung bemerkbar. Im Prinzip könnten diese Prozessoren 4000 MByte Arbeitsspeicher direkt ansprechen. Für DOS-Programme steht jedoch immer noch nur der Bereich bis 640 KByte direkt zur Verfügung. Was darüber hinaus geht, wird über Umwege erreicht. Hier gibt es zwei Techniken, innerhalb derer der restliche Speicher als Expanded oder Extended Memory (Ergänzungs- oder Erweiterungsspeicher) bezeichnet wird. Moderne Betriebssysteme sollten daher immer mehr Speicher direkt adressieren und nutzen können.

Multitasking

Unter Multitasking versteht man Methoden, bei denen mehrere Programme quasi gleichzeitig arbeiten können (englisch task = Aufgabe). Damit das funktionieren kann, muß das Betriebssystem multitasking-fähig sein, das heißt, entsprechende Funktionen zur Verfügung stellen.

DOS ist zum Beispiel ein Single-Tasking-Betriebssystem, weil jeweils nur ein Programm unter DOS arbeiten kann. Einige Programme können allerdings unter DOS mit anderen Programmen im Speicher koexistieren. Man nennt diese Programme resident. Sie verweilen untätig und wartend im Hintergrund und werden erst zum Beispiel auf Tastendruck aktiv. Das bekannte residente Programm Sidekick ist hierfür ein Beispiel. Doch ein Multitasking ist dies nicht. Es handelt sich dabei vielmehr um ein Umschalten zwischen zwei Programmen, wobei immer nur eines arbeiten kann.

Richtiges Multitasking könnte, wenn man es genau nimmt, nur auf Rechnern mit mehreren Prozessoren funktionieren. Ein Betriebssystem für Mehrprozessorrechner sorgt automatisch dafür, daß einzelne Aufgabenblöcke (Threads) aus einem oder mehre-

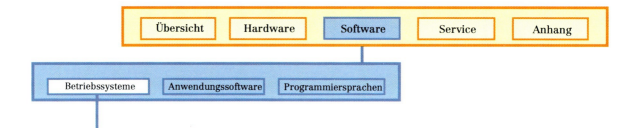

ren Programmen auf die Prozessoren verteilt werden. Dann würden die Aufgaben tatsächlich vollkommen getrennt und zur gleichen Zeit abgearbeitet werden.

Dennoch spricht man auch bei Einprozessorsystemen wie den PCs bei bestimmten Betriebssystemen wie UNIX, OS/2 und auch Windows von Multitasking. In diesem Fall wird die Rechenzeit des Prozessors nach dem Zeitscheibenverfahren auf mehrere Programme oder Teilaufgaben von Programmen verteilt. Ein stark vereinfachtes Beispiel:

Soll gleichzeitig mit einem Textprogramm Text eingegeben werden, während ein anderes Programm komplizierte Berechnungen durchführt, kann die Zeit in den Pausen zwischen den Tastenanschlägen vom Prozessor für die Berechnungen genutzt werden. Der Anwender der Textverarbeitung merkt nicht viel davon, weil immer nur Millisekunden für das andere Programm abgezweigt werden und meistens dann, wenn das Textprogramm gerade nichts zu tun hat. Die Betriebssystemerweiterung Windows erlaubt zum Beispiel ein Multitasking nach diesem System – allerdings nur auf PCs mit 80386-Prozessoren oder noch leistungsfähigeren. Doch von einem echten Multitaskingbetriebssystem wird mehr gefordert, wie der folgende Abschnitt zeigt.

Protected Mode des Prozessors
Computer sind technische Geräte, bei denen sich Fehlfunktionen nicht ganz ausschließen lassen. Tritt ein Fehler in einem laufenden Programm auf, kann es dazu kommen, daß das Programm nicht mehr reagiert. Man sagt: „Der Computer ist abgestürzt" oder „Er hat sich aufgehängt". Bei einem Single-Tasking-Betriebssystem hilft ein Rücksetzen (Reset) des PCs in seinen Anfangszustand.

An ein Multitasking-System hat man jedoch höhere Ansprüche. Hier sollen das Betriebssystem und die parallel laufenden Programme von dem Absturz einer Task nicht beeinflußt werden. Es ist ein Schutzmodell nötig.

Moderne Prozessoren vom 80386 an aufwärts sind für diesen Fall schon vorbereitet. Mit ihnen können Programme und insbesondere das Betriebssystem im sogenannten Protected Mode (= geschützter Modus) laufen. Außerdem können verschiedene Rechte bzw. Privilegstufen zugeordnet werden. Damit wird erreicht, daß bei einem Absturz eines Programmteils nur dieses beendet werden kann, ohne daß man das gesamte Betriebssystem rücksetzen muß. So besitzt in einem Multitasking-System das Kernprogramm des Betriebssystems selbst die höchste Privilegstufe und kann deshalb von den anderen Programmen nicht gestört werden. Das heißt, die einzelnen Tasks können den Arbeitsspeicher, der vom Betriebssystem verwendet wird, nicht einmal durch Zufall überschreiben oder löschen.

Multiuser-Betrieb
Beim Multiuser- oder Mehrbenutzer-Betrieb kommen zu den beim Multitasking-Betrieb genannten Aufgaben des Betriebssystems noch weitere hinzu. Denn man kann ja nicht davon ausgehen, daß alle Benutzer mit dem gleichen Programm arbeiten wollen. Als Voraussetzung muß also Multitasking mit allen Möglichkeiten gegeben sein. Darüber hinaus müssen die Systemkapazitäten auf alle Benutzer gerecht aufgeteilt werden, was ebenfalls über Zeitscheibenverfahren geschieht. Weiter muß dafür gesorgt werden, daß mehrere Benutzer mit dem gleichen Programm arbeiten können, ohne sich in die Quere zu kommen. Dazu müssen die jeweils benutzten Datenbestände vor dem Zugriff aller anderen Systemteilnehmer geschützt werden.

Das bekannteste Betriebssystem für diesen Zweck ist UNIX. Es wurde bereits Ende der 60er Jahre entwickelt und ist auf Minicomputern sehr weit verbreitet. Auch für Personal Computer gibt es inzwischen eine Reihe von UNIX-Abkömmlingen, die von den jeweiligen Firmen oft eigene Namen erhielten (VENIX, XENIX, SINIX, PCIX ...). UNIX zeichnet sich besonders durch sein hochentwickeltes Sicherungssystem für Daten und die Möglichkeit, den Benutzern eigene Datenbestände zuzuweisen, aus.

Weitere Anforderungen
Leichte Portierbarkeit: Das Betriebssystem muß so konzipiert und programmiert sein, daß es auf andere Computertypen leicht übertragen werden kann. Dies ist zum Beispiel dann eher möglich, wenn das ganze System in der Programmiersprache C geschrieben wurde, die es für alle Rechnersysteme gibt.

Ferner soll ein Betriebssystem preiswert bleiben, denn schließlich ist es ja die Basis, die den Betrieb aller Programme ermöglicht. Dies setzt auch voraus, daß der Hersteller des Betriebssystems im Sinne eines offenen Marktes Produktionslizenzen an Drittanbieter (OEM) weitergibt.

Benutzeroberflächen-Standards

Als wesentliche Forderung an moderne Anwendungssoftware gilt, daß sie über eine einfach zu bedienende Benutzerführung und eine leicht verständliche Bildschirmdarstellung verfügen. Beides faßt man unter dem Begriff „Benutzeroberfläche" zusammen. Lange Zeit war hier jeder Softwarehersteller seinen eigenen Vorstellungen gefolgt. Erst als bei IBM ein Standard konzipiert wurde, zogen andere Hersteller nach und paßten ihre Programme den darin festgelegten Vereinbarungen an.

Dieser Standard trägt den Namen SAA für „Standard Application Architecture" (Standardaufbau für Anwendungssoftware). Ein Teil dieses Standards legt in den CUA-Vereinbarungen auch Normen für Benutzeroberflächen fest. CUA steht für „Common User Access" (Allgemeiner Benutzerzugang). Man hört daher immer häufiger davon, daß sich die Benutzeroberfläche von Anwendungssoftware nach demSAA/CUA-Standard von IBM richtet. Der Zweck dieser Standardisierung liegt auf der Hand: Der Anwender muß sich nicht immer wieder in neue Benutzeroberflächen einarbeiten, wenn er ein neues Programm verwenden will.

Nach dem SAA/CUA-Standard soll die Benutzeroberfläche aus einer Hauptmenüleiste am oberen Bildschirmrand und sogenannten Pull-Down-Menüs aufgebaut sein. Pull-Down-Menüs sind nichts anderes als Befehlsfenster, die beim Anwählen einer Hauptmenüoption aus der Menüleiste nach unten aufklappen. Sie enthalten weitere Optionen, aus denen der An-

Auf dem Apple Macintosh steuert der Benutzer die grundlegenden Befehle über den „Finder"

OS/2, heute in der Version 2.0 auf dem Markt, gilt als Konkurrent zur Kombination DOS/Windows

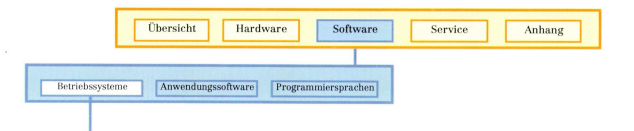

wender die gewünschte Funktion auswählen kann. Solche Menüs können sowohl mit der Maus als auch per Tastatur bedient werden. Zum Beispiel richten sich praktisch alle Programme von Microsoft nach diesem Standard. Dazu zählen neben Windows und allen Windowsprogrammen zum Beispiel auch die DOS-Textverarbeitung Word 5.5. Auch das Betriebssystem OS/2 von IBM orientiert sich am Standard aus dem eigenen Hause.

Grafische Benutzeroberflächen
Über den SAA/CUA-Standard hinaus geht jedoch die Entwicklung immer weiter zu den grafischen Benutzeroberflächen. Hierbei werden auf dem Bildschirm grafische Symbole angezeigt, hinter denen sich Funktionen und Programme verbergen. Solche Benutzeroberflächen sind sehr stark an eine Bedienung mit grafischen Eingabegeräten angepaßt. Dazu zählen neben der Maus zum Beispiel auch Grafiktabletts. Mit Hilfe solcher Eingabegeräte bewegt der Anwender eine Marke – meist in Form eines Zeigers – über den Bildschirm und wählt dann auf Tastendruck die gewünschten Programmfunktionen aus.

Die erste verbreitete Benutzeroberfläche dieser Art hat die Firma Apple mit dem Betriebssytem für den Macintosh-Computer auf den Markt gebracht. Im PC-Bereich versuchte später Digital Research mit der Betriebssystemerweiterung GEM (Graphic Environment Manager) Fuß zu fassen, die es jedoch nicht zu einem Standard gebracht hat. GEM hat heute nur noch für die Atari-Computer eine Bedeutung, deren Benutzeroberfläche sie geworden ist.

Auf dem PC-Markt konnte sich als erste grafische Benutzeroberfläche für Personalcomputer Windows von Microsoft durchsetzen. So wie GEM umfaßt Windows jedoch weit mehr als nur die grafische Benutzeroberfläche mit Bildsymbolen und CUA-Menüs. Bei beiden Systemen handelt es sich vielmehr um regelrechte Erweiterungen für das Betriebssystem. Auch das vollständige Betriebssystem OS/2 ist mit einer mausorientierten, grafischen Benutzeroberfläche ausgestattet, die sich nach den SAA-Standards richtet.

Microsoft Windows

Im folgenden wird genauer auf die Software Microsoft Windows eingegangen: Erstens, weil Windows heute sehr stark verbreitet ist, und zweitens, weil darin schon viele Konzepte vereint sind, die die Anwendungssoftware und Betriebssysteme in der Zukunft prägen werden.

Windows ist eine Betriebssystemerweiterung für DOS-Systeme mit mausorientierter, grafischer Benutzeroberfläche nach dem SAA/CUA-Standard. Es ist zwar kein eigenständiges Betriebssystem, kann jedoch zusammen mit DOS schon einige der aufgelisteten Forderungen an moderne Betriebssysteme erfüllen.

Microsoft Windows ist seit Mitte der achtziger Jahre auf dem Markt und hat zur Zeit der Drucklegung dieses Buches die Versionsnummer 3.1 erreicht. In seiner Anfangszeit und auch teilweise heute noch wurde der eigentliche Zweck von Windows von vielen PC-Anwendern verkannt. Kaum ein Anwender sah in Windows mehr als eine Benutzeroberfläche für DOS-Rechner, die mit netten grafischen Symbolen arbeitet. Das ist jedoch nur ein kleiner Teil dessen, was die eigentliche Leistung von Windows ausmacht.

Programmiererschnittstellen (API)
Eine der besonders für Softwarehersteller wichtigen Eigenschaften von Windows ist, daß es bereits sehr mächtige Funktionen zur Programmentwicklung enthält, die der Programmierer dann natürlich nicht mehr selbst zu programmieren braucht. So steht praktisch alles, was Windows kann, auch den Programmen zur Verfügung, die auf der Basis von Windows lauffähig sind.

Unter diesen Funktionen sind unter anderem solche zur grafischen Ein- und Ausgabe auf Bildschirm und Drucker. Auch die Benutzeroberfläche gehört dazu. So haben es Programmierer von grafisch orientierter Anwendungssoftware wesentlich leichter, wenn sie auf die Windowsfunktionen zurückgreifen können.

Das Stichwort in diesem Zusammenhang heißt API, eine Abkürzung für „Application Programming Interface" (Schnittstelle für Anwendungsprogrammierung). Durch die API wird Windows zu einer mächtigen Betriebssystemerweiterung, auf deren Basis erstmals auch grafisch orientierte Programme vom Apple Macintosh auf den Personal Computer übertragen werden konnten. So zählt das allseits bekannte Layoutprogramm PageMaker von Aldus, das zunächst nur für den Macintosh entwickelt wurde, zu den Windowsprogrammen der ersten Stunde. Daraus wird deutlich, daß die Benutzeroberfläche bei

Unter Windows erscheinen die einzelnen Anwendungen als Piktogramme, auch „icons" genannt

Windows eigentlich nur Beiwerk ist.

Umgekehrt gilt entsprechend, daß mit den Windowsfunktionen programmierte Software auch nur zusammen mit Windows funktionsfähig ist. Wer also Windowsprogramme benutzen will, muß zuvor Windows auf seinem Computer installiert haben. Kauft man sich ein Windowsprogramm wie zum Beispiel Winword, muß man auch Windows erwerben. Allerdings wurde zeitweise mit einigen Windowsprogrammen, wie der Tabellenkalkulation Excel, eine reduzierte Windowsversion mitgeliefert, so daß der Erwerb einer Vollversion hier nicht unbedingt erforderlich war.

Wenn es einmal notwendig wird, ein DOS-Programm von der Windowsoberfläche aufzurufen, ist auch dies kein Problem. Windows ist fähig, DOS-Programme in einem eigenen Fenster oder in voller Bildschirmausnutzung ablaufen zu lassen. Die Windowsfunktionen (API) können dabei von dem DOS-Programm nicht ausgenutzt werden.

Der Windows-Desktop

Die Benutzeroberfläche von Windows ist dem Aussehen eines Schreibtisches nachempfunden, auf dem Akten und Papierzettel herumliegen. Man spricht daher auch vom Windows-Desktop. Dieser ist so gestaltet, daß auf einem Bildschirmhintergrund mehrere rechteckige Fenster erscheinen. Sie können mit der Maus verschoben und somit auf diesem Hintergrund wie Papierzettel auf einem Schreibtisch beliebig angeordnet werden.

Diese Fenster sind nichts anderes als Programme oder Dateien. Oder es handelt sich um sogenannte Dialogboxen, die von einem Programm aus aufgerufen wurden. Dies sind Eingabemasken, in denen der Anwender wie in einem Behördenformular Eintragungen vornehmen kann. Dialogboxen dienen zum Beispiel der Konfiguration eines Programms oder der Einstellung von Seitenrändern in Textverarbeitungen.

In Windows erscheint jedes Programm als briefmarkengroßes Symbol oder, wenn es gestartet wurde, als Fenster. Aufgrund dieses Konzepts bekam Windows seinen Namen, der zu deutsch „Fenster" lautet. Diese Fenster wiederum sind immer nach dem gleichen Prinzip aufgebaut: Sie bestehen aus einem Rahmen, der oben eine Leiste mit dem Titel enthält. Bei Programmfenstern befindet sich zusätzlich unter der Titelleiste die Menüleiste mit den spezifischen Befehlen des Anwendungsprogramms.

Kann ein Programm mit mehreren Dateien arbeiten, eine Textverarbeitung mit mehreren Texten oder eine Tabellenkalkulation mit mehreren Tabellen, erscheinen diese einzelnen Dokumente auch wieder als einzelne Fenster.

Fenster können normalerweise mit Hilfe der Maus oder über entsprechende Tastenfunktionen in ihrer Größe beliebig verändert und verschoben werden. Datenfenster lassen sich allerdings nur innerhalb des zugehörigen Programmfensters bewegen. Arbeitet man zum Beispiel in der Tabellenkalkulation Excel mit mehreren

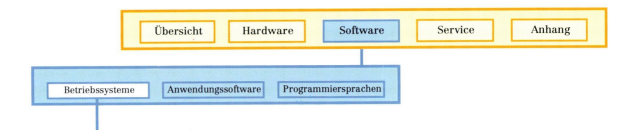

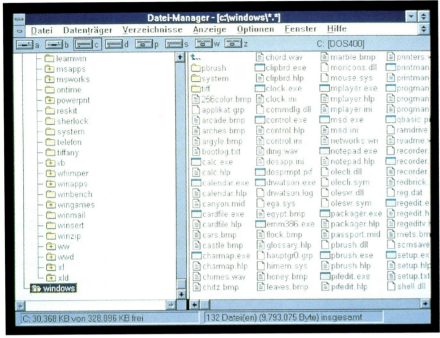

Der Datei-Manager von Windows verwaltet die Verzeichnisse auf der Festplatte

Tabellenfenstern, so befinden sich diese innerhalb des übergeordneten Programmfensters.

Im Zusammenhang mit Fenstern ist der Begriff des aktiven Fensters sehr wichtig. Ein Anwender kann an einem Computer mit einem Bildschirm auch immer nur mit einem Programm bzw. einer Datei zur Zeit direkt arbeiten. In der Fenstertechnik zeigt sich dies dadurch, daß das Fenster, mit dem man gerade arbeitet, oben liegt. Dies ist das aktive Fenster.

Zieht man dazu noch einmal den Vergleich mit einem Schreibtisch heran, so verhalten sich die Fenster auf dem Desktop tatsächlich wie Papierzettel auf dem Tisch. Fenster können also teilweise oder ganz von anderen Fenstern meistens von dem ganz oben liegenden aktiven Fenster verdeckt sein.

Dieses Prinzip der Fenstertechnik wird hier so detailliert beschrieben, weil es nicht nur für Windows gilt. Man kann es bei allen Systemen wiederfinden, die mit Fenstertechnik arbeiten, egal welche Hardware und welches Betriebssystem eingesetzt wird. Fenster-Benutzeroberflächen für DOS, UNIX, OS/2 oder Apple-Computer arbeiten alle nach diesem Konzept. Man kann daher feststellen: Wer mit Windowsfenstern umgehen kann, kann sich schnell auch in die Fenstertechnik anderer Systeme einfinden und natürlich umgekehrt.

Multitasking
Betrachtet man nur ein laufendes Windowsprogramm, ist diese Fenstertechnik noch nichts Neues. Erst die Möglichkeit, unter Windows mit mehreren Programmen gleichzeitig zu arbeiten, macht die Sache spannend. Windows kannte nämlich schon seit den ersten Versionen ein Quasi-Multitasking nach dem Zeitscheibenverfahren.

In der einfachsten Nutzung kann man nacheinander verschiedene Anwendungsprogramme starten und dann mit einem Tastendruck zwischen diesen hin- und herschalten. Das Fenster des jeweils aktiven Programmes erscheint dabei immer im Vordergrund.

Den Programmfenstern im Hintergrund kann man dabei auch Rechenzeit auf der Zeitscheibe zuordnen. Dies ermöglicht tatsächlich schon eine quasi-parallele Datenverarbeitung auf Systemen, die auf DOS basieren. Aufgaben, die viel Rechenzeit in Anspruch nehmen, können so im Hintergrund abgearbeitet werden, während der Anwender sich weiter mit seiner Hauptaufgabe beschäftigt.

Es gibt allerdings noch nicht viele Anwendungsgebiete auf der Windowsebene, bei denen ein Multitasking sinnvoll eingesetzt werden kann. Eine häufig genützte Multitasking-Anwendung ist jedoch der Druckmanager, ein Programm, das mit Windows mitgeliefert wird. Er sorgt dafür, daß der Anwender mit einem Programm weiterarbeiten kann, während im Hintergrund die Daten an einen Drucker gesendet werden. Hier wird das Multitasking dazu eingesetzt, Wartezeiten bei Peripheriegeräten wie dem Drucker zu verkürzen.

Die Fenstertechnik ist zwar nicht Voraussetzung für Multitasking, sie ist jedoch ein Konzept, das die Arbeit in Multitaskingsystemen sehr vereinfacht. Man kann zum Beispiel zwei Programmfenster nebeneinander anordnen, wobei in dem einen ein Textprogramm läuft, während in dem anderen Daten verarbeitet werden.

Die Ergebnisse der laufenden Datenverarbeitung im Hintergrund sind dann jederzeit in diesem Fenster ablesbar, während man gleichzeitig in dem Textprogramm Text eingibt.

Virtuelles Speichermanagement
Bei dem erheblichen Anspruch, den Anwendungsprogramme inzwischen an Arbeitsspeicher haben, ist es besonders wichtig, daß das Betriebssystem virtuelle Speicher verwalten kann. Virtuell heißt in diesem Zusammenhang, daß Programme Speicheradressen ansprechen können, hinter denen sich nicht direkt ein physikalischer Arbeitsspeicher verbirgt.

Ein spezieller Programmteil des Betriebssystems, der virtuelle Speichermanager, sorgt dafür, daß der vorhandene Arbeitsspeicher, zum Beispiel durch Festplattenspeicher, erweitert wird. Der Vorteil an diesem Konzept ist, daß das Programm selbst davon nichts bemerkt.

Immer wenn das Programm eine Speicheradresse anspricht, rechnet der virtuelle Speichermanager diese Adresse in die entsprechende Speicheradresse des virtuellen Speichers um und sorgt für die Verfügbarkeit der darin gespeicherten Daten.

Klar ist, daß das virtuelle Speichermanagement sehr geschickt organisiert werden muß, damit beim Speicherzugriff möglichst wenig Zeitverlust entsteht. Praktisch werden bei einer Speicheranforderung eines Programms große Datenblöcke zwischen der Festplatte und dem echten Ar-

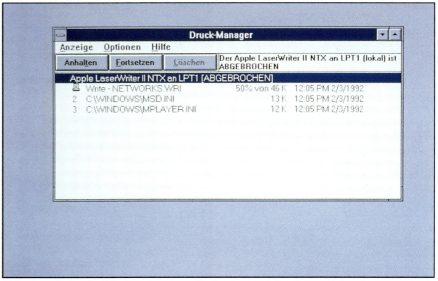

Der Druckmanager steuert die Druckausgabe aller unter Windows installierten Anwendungen

beitsspeicher sowie innerhalb des Arbeitsspeichers hin- und hergeschoben.

Da das Betriebssystem diese Aufgabe automatisch übernimmt, muß man sich bei solchen Systemen nicht wundern, wenn plötzlich die Festplatte aktiv wird, obwohl man doch gar keine Daten geladen oder gespeichert hat.

Virtuelles Speichermanagement gehört zu den Grundanforderungen an moderne Betriebssysteme und ist auch in Windows ab Version 3.0 verfügbar – allerdings nur auf 80386-Prozessoren oder noch leistungsfähigeren.

Der Vorteil liegt dabei auf der Hand: Programme können mit wesentlich mehr Speicher arbeiten, als tatsächlich in Form von physikalischem Arbeitsspeicher im Computer vorhanden ist. Windowsanwender merken dies zum Beispiel daran, daß Windows bis zu doppelt so viel freien Arbeitsspeicher meldet, als tatsächlich eingebaut und vorhanden ist.

Datenaustausch
Eine der wichtigsten Absichten, die man mit modernen Betriebssystemen und damit auch unter Windows verwirklichen will, ist, die verschiedene Anwendungsprogramme unter einer gemeinsamen Oberfläche zu vereinen, um dem Problem des Datenaustausches ein Ende zu setzen.

Wollte man bisher zum Beispiel eine Tabelle oder Grafik, die mit DOS-Programmen erstellt wurden, unter DOS in einen Brieftext einfügen, so mußte man immer damit rechnen, daß die beteiligten Programme sich selbst bzw. das Datenformat des anderen Programms nicht verstanden. Die Datenübernahme verlief deshalb oft fehlerhaft oder brachte nicht die gewünschten Ergebnisse.

Mit der Multitasking-Fähigkeit eines Betriebssystems entstehen dagegen viel komfortablere Möglichkeiten des Datenaustausches zwischen verschiedenen Anwendungsprogrammen.

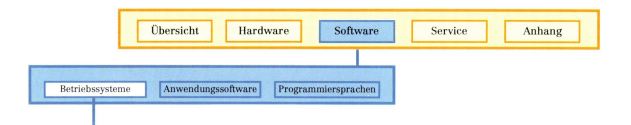

Der Grund dafür ist, daß die Programme gleichzeitig aktiv sein können und mit einem identischem Speichermanagement arbeiten.

In der Version 3.1 von Windows sind mittlerweile drei Datenaustauschkonzepte integriert:

❐ Die Zwischenablage ist ein Konzept zum Datenaustausch, das von vielen Betriebssystemen angewendet wird. Ihr ist ein eigener Abschnitt in diesem Kapitel gewidmet.

❐ DDE steht für „Dynamic Data Exchange" (Dynamischer Datenaustausch). Mit Hilfe der DDE-Funktionen von Windows können gleichzeitig ablaufende Programme miteinander kommunizieren, sofern diese die Funktionen nutzen können. Ist eine DDE-Verbindung einmal aufgebaut worden, so werden die Daten im Zielprogramm sofort dann automatisch geändert, wenn sich die verbundenen Daten in dem Quellprogramm ändern.

❐ OLE (Object Linking and Embedding) gibt es erst ab Windows Version 3.1 und heißt übersetzt: Einbetten und Verbinden von Objekten.
Objekte sind Datenstrukturen aus Windowsprogrammen, die OLE-Technik beherrschen. Dies können zum Beispiel Tabellen, Grafiken oder aber auch Textblöcke sein.

Bei dieser neuen Form der Dateneinbindung bleibt die Struktur des Quellobjekts im Zielprogramm weitestgehend erhalten. Das hat zur Folge, daß Änderungen an einem eingebundenen Objekt direkt in dem Ursprungsprogramm vorgenommen werden können.

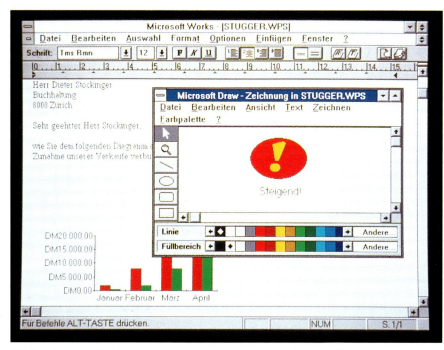

Mit dem Zusatzmodul „Draw" können eigene Zeichnungen in Microsoft Works eingebunden werden

Ein Beispiel:
Eine Tabelle aus dem Kalkulationsprogramm Excel soll als Objekt in die Textverarbeitung Winword eingebunden werden. Dazu wählt man über eine entsprechende Menüfunktion im Zielprogramm (hier Winword) den einzufügenden Objekttyp aus. Windows sorgt dann automatisch dafür, daß das Quellprogramm (hier Excel) gestartet wird. Darin erstellt man die Tabelle in gewohnter Weise. Nach dem Verlassen des Quellprogramms und Aktualisieren des eingefügten Objektes erscheint die Tabelle im Winword-Text. Für nachträgliche Änderungen an der Tabelle klickt der Anwender einfach zweimal auf die eingebettete Tabelle, und automatisch wird wieder das Quellprogramm Excel aufgerufen.

Durch diese Techniken zum Datenaustausch und zur Einbettung von Fremddaten soll Windows zusammen mit entsprechenden Anwendungsprogrammen die Vorteile integrierter Softwarepakete erhalten.

Voraussetzung für einen reibungslosen Ablauf ist dabei allerdings, daß die Softwarehersteller die Windowsfunktionen für den Datenaustausch auch in ihre Anwendungsprogramme eingebaut haben, sonst ist OLE nicht möglich.

Die Zwischenablage
Nicht nur in Windows, sondern in praktisch allen Systemen, die mit einer grafischen Benutzeroberfläche arbeiten, hat sich das Konzept der Zwischenablage eingebürgert.

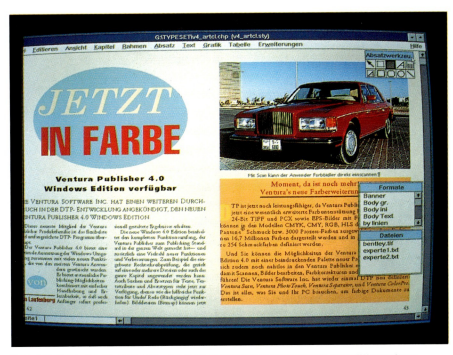

Komplexe Layoutprogramme wie der Ventura Publisher ermöglichen eine differenzierte Integration von Text- und Bildelementen unter Windows

Dahinter verbirgt sich ein Programm-Modul, das einen einfachen Datenaustausch zwischen verschiedenen Anwendungen in den nachfolgend beschriebenen zwei Schritten erlaubt:
- Im Quellprogramm werden die zu übertragenden Daten markiert und über eine Funktion, die „Kopieren" lautet, in einen besonderen Speicherbereich übertragen.
Dieser Speicher wird als Zwischenablage bezeichnet.
- Man wechselt dann zum Zielprogramm, setzt den Positionszeiger (Cursor) an die gewünschte Stelle und fügt die Daten aus der Zwischenablage ein.
Diese entsprechende Menüfunktion trägt daher auch in den meisten Programmen den Namen „Einfügen".

Der Begriff „Zwischenablage" ist, wie man sich denken kann, dem Büroalltag entnommen und beschreibt diese Methode sehr gut. Der Vergleich mit Ablagekörben, in die Dokumente von einem Sachbearbeiter abgelegt und von anderen herausgenommen werden, drängt sich hier förmlich auf.

Eine Zwischenablage findet man in vielen grafischen Benutzeroberflächen und Programmen, die mit Fenstertechnik nach SAA-Standard arbeiten.

Meistens gibt es da ein Menü mit der Bezeichnung „Bearbeiten", in dem die zugehörigen Funktionen „Kopieren" und „Einfügen" enthalten sind.

Sogar die Kurztasten für diese Befehle lauten in vielen Benutzeroberflächen gleich. So drückt man die Control-Taste zusammen mit „C", um den Kopierenbefehl aufzurufen.

Control-X steht für „Ausschneiden" und Control-V für „Einfügen". Diese Tastenkürzel werden von neueren Windowsprogrammen, von Software für den Apple Macintosh und zum Beispiel auch auf der NeXT-Workstation verwendet, ein auf UNIX basierender Computer.

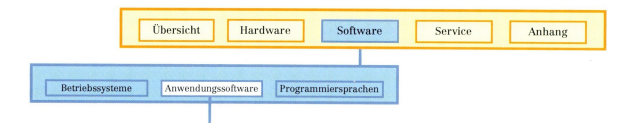

Anwendungssoftware

So vielfältig und unterschiedlich der Einsatz von Computern ist, so vielfältig ist auch die Palette der Anwendungssoftware. Angesichts der Fülle des Angebots wird sich das Folgende auf die Anwendungssoftware für Personal Computer beschränken, die hier auch die wichtigste Rolle spielen.

Sieht man von Spielen ab, ist die Textverarbeitung die am weitesten verbreitete Computeranwendung überhaupt.

Dies hat drei Hauptgründe: Zum einen kommt Textverarbeitung in allen möglichen Zusammenhängen vor. Ob es darum geht, eine Rechnung zu schreiben oder ein ganzes Buch: Beides hat mit Textverarbeitung zu tun. Aber auch der Schulaufsatz, ein schriftliches Angebot einer Firma, ein Zeitungsartikel, ein Rundbrief – all das sind Texte.

Der zweite Hauptgrund: Es kommt bei der Texterstellung immer wieder vor, daß Texte geändert werden müssen. Einen einmal gespeicherten Text zu ändern und dann neu auszudrucken ist natürlich viel einfacher, als ihn ganz neu zu schreiben. Genau das ist mit dem PC möglich, und man kann dabei viel Zeit sparen.

Der dritte Hauptgrund: Ein Programm ist in einer bestimmten Phase seiner Entstehung auch nichts anderes als ein Text. Deshalb benötigten die Programmierer sehr früh selber Hilfsprogramme – sogenannte Editoren – zum Schreiben der Programme. Und aus diesen konnten dann recht preiswerte Textverarbeitungsprogramme abgeleitet werden.

Ähnliches gilt für die mit Zahlen operierenden gewerblichen Programme, das zweite große Anwendungsgebiet des Computers. Faßt man die verschiedenen Zweige der Buchhaltung zusammen (Finanzbuchhaltung, Fakturierung, Lagerverwaltung, ...), so dürften in diesem Bereich sogar noch mehr Programme im Einsatz sein als bei der Textverarbeitung.

Karteikästen findet man nicht nur in Buchhaltungen: Für viele Zwecke gibt es Datensammlungen in Form von Karteikarten. Auch hier lag es nahe, die Karteikarten im Speicher des Computers nachzubilden: Es entstanden die Datenbankprogramme. Sie erlauben es dem Anwender, selber die Struktur der Datenbank festzulegen (sozusagen seine Karteikarten selbst zu entwickeln) und die Inhalte dieser Karteikarten auf vielfache Weise zu sortieren und miteinander zu kombinieren.

Eine andere Computeranwendung, die unter anderem auch in der Buchhaltung eingesetzt wird, ist die Tabellenkalkulation. Bei ihr geht es darum, zusammengehörende Daten zu erfassen und auszuwerten, zum Beispiel die täglichen Umsätze bestimmter Artikel in einem Monat, etwa in einer Liste mit vertikalen Spalten für die Artikel und horizontalen Reihen für die Tage.

Aus einer Reihe läßt sich der Tagesumsatz aller Artikel ablesen. Addiert man die Inhalte der Spalten, ergibt sich der Monatsumsatz eines Artikels.

All dies kann man per Hand machen – doch schneller und zuverlässiger geht es mit einem Tabellenkalkulationsprogramm (das zudem noch viele weitere Möglichkeiten bietet).

Die errechneten Ergebnisse möchte man gerne grafisch aufbereitet sehen – kein Problem für ein auf Geschäftsgrafik spezialisiertes Programm. Es setzt die Ergebnisse der Berechnungen in verschiedene Formen von Diagrammen um. Selbst dreidimensionale Balkendiagramme sind mit diesen Programmen möglich.

So viele unterschiedliche Programme fürs Büro – da können Probleme auftreten. Schließlich soll ja ein Programm mit den Daten des anderen Programms arbeiten können. Und das geht oft nicht. Außerdem ist es vergleichsweise teuer, für jedes dieser Programme eine Einzellizenz zu erwerben.

Als Ausweg bieten sich die sogenannten „integrierten" Softwarepakete an: Sie umfassen alle bisher genannten Funktionen und können die Daten zwischen ihren einzelnen Modulen sehr einfach austauschen und verarbeiten.

Nehmen wir nun einmal an, in einer kleinen Firma ist unter Verwendung all der bisher genannten Software ein Angebot an einen wichtigen Kunden entstanden. Nun sollen die in verschiedenen Dateien gespeicherten Texte, Grafiken und Bilder in eine ansprechende äußere Form gebracht werden: ein typischer Fall für Desktop Publishing, abgekürzt als DTP bezeichnet.

DTP-Programme sind Layout-Programme, Gestaltungsprogramme. Die Ergebnisse, die ein Fachmann mit einem solchen Programm erzielen kann, lassen sich von der konventionellen Buch-

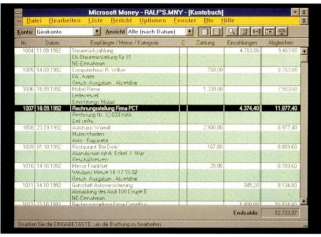 

Anwendungssoftware hat viele Gesichter: hier ein Kontoführungsprogramm und ein Computerspiel

oder Zeitschriftenerstellung nicht mehr unterscheiden, doch ersetzt die ausgeklügelste Technik keineswegs eine sorgfältige gestalterische Ausbildung.

Man kann alle bisher genannten Programme im weitesten Sinne als Büroprogramme bezeichnen: Sie erleichtern bestimmte Arbeiten, die typischerweise in einem Büro vorkommen. Und tatsächlich gilt dies für cirka 80 bis 90 Prozent der heute für Personal Computer angebotenen Software.

Doch darüber hinaus gibt es noch eine Reihe anderer Bereiche, für die Anwendungssoftware entwickelt wurde und weiterhin noch wird.

Da ist zunächst der technisch-wissenschaftliche Bereich. Hier geht es um Stichworte wie Fabrikationssteuerung, Konstruktion, Meß- und Regeltechnik – darauf wird auf den Seiten 140–143 näher eingegangen.

Des weiteren gibt es den Bereich der Teachware, der Lernsoftware. Hier geht es darum, im Dialog mit dem Computer zu lernen oder zu üben.

Ein weiterer, noch recht junger Bereich ist der der Expertensysteme. Man spricht hier auch von „künstlicher Intelligenz", eine ungenaue Übersetzung des englischen Begriffes „artificial intelligence". Eine bescheidenere Übersetzungsmöglichkeit wäre unter anderem auch „künstliche Auskunftssysteme".

Nicht zu vergessen die Spiele. Sie gibt es in allen möglichen Arten, Qualitätsstufen und Preisklassen. Neben den noch immer sehr verbreiteten Schießspielen haben vor allem Abenteuer- („adventures") und Strategiespiele viele Liebhaber gefunden.

Manche Spiele sind auch mit Lerneffekten verbunden (oder Lernsoftware mit spielerischen Aspekten). Hierbei ist dann keine genaue Grenzziehung zwischen Computerspielen und sogenannter Teachware mehr möglich.

Außerdem gibt es noch zahlreiche Programmtypen, die man nicht diesen großen Bereichen zuordnen kann, zum Beispiel die sogenannten Hilfsprogramme („Utilities"), die das Arbeiten mit dem PC erleichtern.

In letzter Zeit werden auch immer mehr Mal- und Zeichenprogramme für die professionelle Herstellung von eigenen Bildern und Zeichnungen verwendet.

Mit sogenannten Scanprogrammen kann man Bilder und Strichvorlagen einscannen und mit Bildbearbeitungsprogrammen verändern, verfälschen oder einfach nur in den Farben modifizieren.

Den Anwendungen ist also heute keinen Grenzen mehr gesetzt, für jedes Bedürfnis ist ein Programm vorhanden – so der Anwender viel Geld investieren kann.

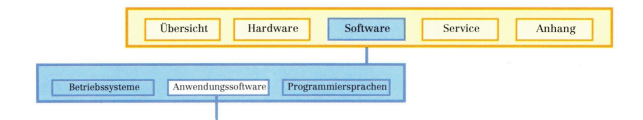

Textverarbeitung

Textverarbeitung ist die verbreitetste („ernsthafte") Computeranwendung überhaupt. Mit Ausnahme des Notizzettels, den man schnell mit dem Kugelschreiber schreibt, um ihn an die Pinnwand zu hängen, dürfte es kaum eine Form der Ver- und Bearbeitung von Texten geben, bei denen nicht der Computer ein nützliches Hilfsmittel sein kann.

Nehmen wir als Beispiel einen normalen Brief: Zunächst muß er eingetippt werden. Dies ist vom Arbeitsaufwand her nicht mehr und nicht weniger aufwendig als bei einer Schreibmaschine. Und die Tatsache, daß der Computer zunächst kein auf dem Papier sichtbares Ergebnis erzeugt, mag mancher zunächst sogar als Nachteil ansehen. Der Vorteil des Computers beginnt nach der Eingabe des Textes, denn dieser ist jetzt erfaßt, gespeichert. Nun kann er beliebig manipuliert werden.

Nehmen wir an, eine Sekretärin hätte einen auf Diktaphon gesprochenen Text eingegeben. Nun liest sich der Vorgesetzte den ausgedruckten Brief durch, entdeckt und markiert drei Tippfehler und will außerdem in zwei Sätzen noch Formulierungen ändern. Beim Schreibmaschineneinsatz müßte der Brief dann neu getippt werden: Denn die Tippfehler hätten zwar korrigiert werden können (obwohl dies nicht so schön aussieht), aber bei Umformulierungen ist dies bei einem normalen Geschäftsbrief schon nicht mehr möglich. Ist der Text dagegen im Computer gespeichert, wird er einfach wieder aufgerufen, die Fehler werden korrigiert,

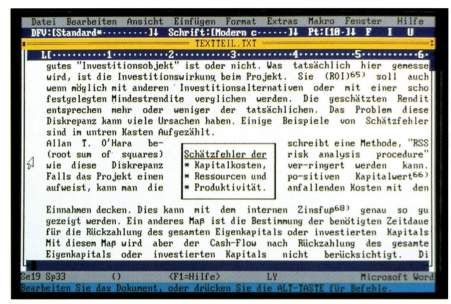

In Word 5.5 für DOS können besonders hervorgehobene Textteile beliebig auf einer Seite positioniert werden

die Änderungen durchgeführt und anschließend ein neuer Ausdruck gemacht.

Der große Vorteil der Textverarbeitung mit dem Computer ist also die beliebige Manipulierbarkeit eines einmal erfaßten Textes. Damit diese Textänderungen so einfach wie möglich durchgeführt werden können, stellen moderne Textverarbeitungsprogramme eine Vielzahl von Bearbeitungsmöglichkeiten bereit. Man sollte sich von deren großer Anzahl nicht allzu sehr beeindrucken lassen und denken, der Umgang mit einem solchen Programm sei zu schwer: Die Benutzerführungen moderner Anwendungsprogramme sind aufgrund der gesammelten Erfahrungen immer mehr verbessert worden. Der Umgang mit einem solchen Programm ist im Prinzip sehr einfach geworden. Man darf nur als Anfänger nicht an sich den Anspruch stellen, gleich alle Möglichkeiten des Programms zu beherrschen. Selbst erfahrene Computeranwender, die sich in ein für sie neues Anwendungsprogramm einarbeiten, lernen erst nach und nach alle seine Möglichkeiten kennen und beherrschen. Doch kann ein solches Programm ohne diesen falschen Anspruch erheblich Zeit sparen. Wenn man dann das Programm nach und nach immer mehr kennenlernt, entdeckt man meist noch nützliche Möglichkeiten, an die man vorher noch gar nicht gedacht hat.

Hier der Grundaufbau von modernen Textprogrammen:

Der Cursor ist eine meistens blinkende Schreibmarke auf dem Bildschirm. Er kann nicht nur horizontal zeichenweise und vertikal zeilenweise im aktuellen Text bewegt werden, sondern auch wortweise, vorwärts und rückwärts zu Tabulatoren, an ein Satzende (oder einen Satzanfang) nach vorne oder hinten, zu eingefügten Lesezeichen, an das nächste oder vorige Absatzende und so fort – und dies jeweils mit einem oder höchstens mit zwei bis drei Tastenbetätigungen.

Ist man so zu einer bestimmten Position im Text gekommen, kann man dort einzelne Zeichen, Wörter, Sätze oder Zeilen einfügen, löschen oder auch elektronisch markieren. Die so markierten Textteile können nun wiederum in verschiedenster Weise manipuliert werden: Man kann sie im Text verschieben oder an eine andere Stelle im Text duplizieren, sie als Textbausteine abspeichern (und bei nächster Gelegenheit in einen anderen Text einfügen) und vieles mehr.

Suchen und ersetzen: Ein Wort oder eine Folge von Wörtern wird vom Programm gesucht. Man kann es dann auf verschiedene Arten behandeln: Es wird gegen ein anderes Wort ausgetauscht, gelöscht oder umformatiert. Will man zum Beispiel ein bestimmtes Fremdwort im gesamten Text durch das entsprechende deutsche Wort ersetzen, so gibt man das Fremdwort und das deutsche Wort ein, drückt ein paar Tasten – und schon wird das Austauschen vom Programm durchgeführt, wahlweise mit oder ohne Nachfrage. Und dies vorwärts und rückwärts, im gesamten Text oder nur in bestimmten Textteilen, für bestimmte Worte oder Wortteile ...

Und natürlich kann man einen so bearbeiteten Text wiederum dauerhaft speichern (auf Diskette oder Festplatte) oder drucken.

Dies alles sind nur die Möglichkeiten, die sich auf die Bearbeitung des „laufenden" Textes („Fließtext") beziehen.

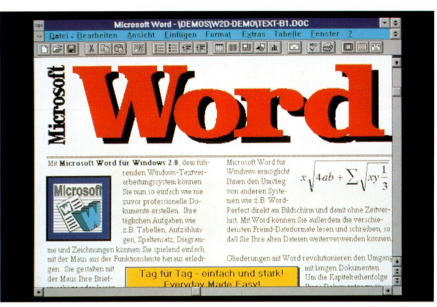

In Word für Windows kann man professionelle Texte gestalten, indem man zum Beispiel Grafiken und Tabellen einbindet

Bestimmte Worte oder Formulierungen wiederholen sich oft in bestimmten Texten. Etwa „Sehr geehrte Damen und Herren" in Briefen oder „Dicarbonat" in der Facharbeit eines Chemiestudenten. Deshalb bieten die meisten modernen Textprogramme „Makros" an. Manchmal werden sie in den Anleitungen auch als „Floskeln" bezeichnet. Durch die Betätigung von zwei oder drei Tasten lassen sich solche Textstückchen in den laufenden Text einfügen. Meist sind einige sehr verbreitete im Programm vordefiniert, weitere können vom Anwender nach Bedarf hinzugefügt werden. Oft besteht auch die Möglichkeit, das Datum und die Uhrzeit aus einer im Computer vorhandenen Uhr in den Text einzufügen.

Ist ein entsprechender Drucker angeschlossen und richtig installiert, läßt sich der Ausdruck auf verschiedene Weise beeinflussen.

So können Worte und Textteile fett, halbfett oder kursiv gedruckt werden, die Zeichengröße kann verändert, es kann unterstrichen und durchgestrichen, hochgestellt und tiefgestellt werden, es können Linien und Kästen gezogen werden und so fort. Viele moderne Drucker bieten zusätzlich die Möglichkeit, verschiedene Schriften im gleichen Textdokument zu verwenden. Zu viele Stilelemente auf einem Blatt sind typographisch allerdings problematisch.

Auch die Textformatierungen sind veränderbar: Beim Einschalten ist zunächst eine bestimmte Anzahl Zeichen pro Zeile und Zeilen pro Seite vorgegeben. Dieser Wert ist voreingestellt und kann bei der Installation oder auch später vom Anwender abgeändert werden. Aber auch wenn ein Text einmal in diesem Format eingegeben wurde, ist eine Änderung leicht möglich.

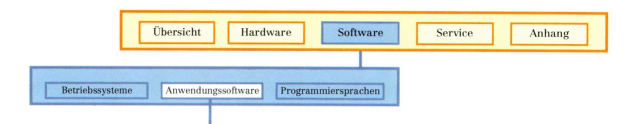

Es gibt Programme, die den Text automatisch bei jedem Einlesen entsprechend den aktuell vorgegebenen Werten neu formatieren. Andere Programme warten auf einen entsprechenden Befehl des Anwenders.

Trennhilfen sind immer mit einer gewissen Vorsicht zu genießen, man darf sich nicht zu sehr auf sie verlassen. Die Trennvorschläge entstehen nach bestimmten Algorithmen, die insbesondere bei der deutschen Sprache nur teilweise richtig „treffen". Bei Rechtschreibhilfen ist dies im Prinzip nicht anders. Diese beiden Hilfestellungen fast aller moderner Textprogramme bedürfen der Kontrolle und Korrektur durch den Anwender.

Kopf- und Fußzeilen lassen sich bei den meisten modernen Programmen automatisch auf jeder Seite ausgeben. Dabei können die Inhalte zum Beispiel eine automatisch erzeugte Seitenzahl, eine Kapitelüberschrift („Kolumnentitel") oder aber einzeln hierfür eingegebene Texte sein.

Ein „eingebauter" Taschenrechner gehört heute zu vielen Textprogrammen dazu. Doch bieten die meisten nur die Grundrechenarten. Komfortable Programme dagegen beherrschen auch alle höheren mathematischen Funktionen, Prozentrechnung, automatische Mehrwertsteuerausweisung usw. Die Rechenergebnisse können an beliebige Textstellen übernommen werden.

Gute Textprogramme erlauben, automatische Inhaltsverzeichnisse von längeren Texten zu führen. Dabei markiert der Anwender Überschriften und Zwischenüberschriften in einer vorgeschriebenen Weise.

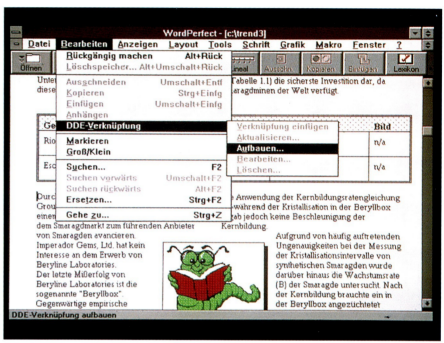

WordPerfect ist das weltweit am meisten verbreitete Textverarbeitungsprogramm

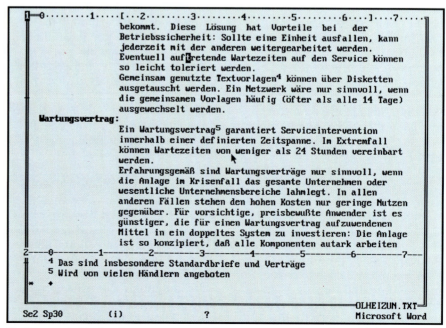

Für Wissenschaftler ist eine automatische Fußnotenverwaltung besonders wichtig

Noch ausgereifter ist die Indexverwaltung mancher Programme: Das Programm merkt sich alle als Stichwörter markierten Wörter, überprüft dann auf Befehl nach Abschluß der Textbearbeitung den gesamten Text auf diese Wörter und erstellt automatisch ein Stichwortverzeichnis. Allerdings ist hier die menschliche Kontrolle unumgänglich, da dies ein rein automatischer Vorgang ist. Der Computer kann nämlich nicht überprüfen, ob eine Seitenangabe wirklich sinnvoll ist.

Fußnoten im Text werden von einem anspruchsvollen Textverarbeitungsprogramm so gehandhabt, daß sie immer auf der Seite stehen, auf der sich der entsprechende Hinweis auch befindet. Dies ist am Anfang noch relativ einfach zu beherrschen: Problematisch wird es, wenn nachträgliche Textänderungen erfolgen. Denn dann verschieben sich die Seitengrenzen, und der Text muß völlig neu formatiert werden.

Viele moderne Textverarbeitungsprogramme bieten inzwischen auch die Möglichkeit, grafische Elemente in den Text einzubinden. Dabei wird zwischen Zeichenfunktionen des Textprogramms und dem Einbinden von Bildern aus Grafikprogrammen unterschieden.

Mit den Zeichenfunktionen können je nach Leistungsfähigkeit des Programms zum Beispiel Linien aus einzelnen Linienzeichen zusammengesetzt oder richtige grafische Linien gezeichnet werden. Das gleiche ist dann auch mit Rechtecken, Ellipsen und Kreisen möglich.

Für das Einbinden eines Bildes, das mit einem Grafikprogramm gezeichnet wurde, ist Voraussetzung, daß das Textprogramm das Speicherformat des Bildes kennt. Ist das der Fall, wird meist so vorgegangen: Man definiert im Text einen rechteckigen Kasten, um den der Text automatisch herumfließt. In diesen Kasten lädt man dann das Bild. Wie man sieht, wird moderne Textverarbeitung mit solchen Funktionen schon fast zum Layoutprogramm.

Einige Textprogramme sind auf bestimmte Bereiche, wie wissenschaftliche Textverarbeitung, spezialisiert. Sie erlauben zum Beispiel mit Hilfe eines Formeleditors die Darstellung von Formelzeichen und Berechnungen.

Insgesamt kann man sagen: Textverarbeitung ist die im Prinzip am leichtesten und schnellsten zu erlernende und somit auch sehr schnell nutzbringend einsetzbare Computeranwendung.

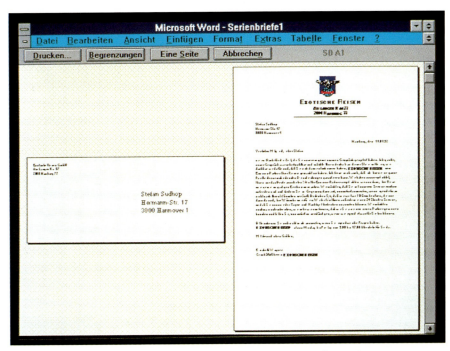

In der Ganzseitenansicht können zwei Seiten nebeneinander angezeigt werden

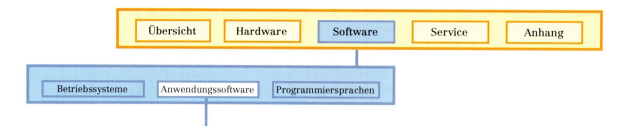

Datenbankmanagementsysteme

Datenbanken sind Sammlungen von Dateien, auf die nach unterschiedlichen Kriterien zugegriffen werden kann. Dateien sind in diesem Zusammenhang nichts anderes als nach bestimmten Gesichtspunkten geordnete Datenbestände. Als anschaulichen Vergleich kann man eine Karteikarte nehmen: Auf ihr sind in festgelegten Feldern bestimmte Daten eingetragen. Typische Anwendungen sind Adreß-, Lager-, Mitglieder-, Personal-, Kunden- und Lieferantenverwaltung, Literaturverzeichnisse und ähnliches.

Benutzt man eine Datenbank, die mit einem modernen Datenbankprogramm erstellt wurde, hat man bei der Dateneingabe auf dem Bildschirm eine Maske vor sich, die einer Karteikarte ähnelt. Die „ausgefüllte" Maske wird als Datensatz gespeichert.

Aus in einem Computer gespeicherten Datenbankbeständen können zum Beispiel nach beliebigen Gesichtspunkten zusammengestellte Listen, das heißt Informationen aus verschiedenen Dateien, extrahiert und weiterverarbeitet werden.

Das geht mit einer normalen Kartei natürlich auch, ist aber ab einem schon relativ geringen Umfang der Kartei mühselig und sehr zeitaufwendig. Die Zeitersparnis ist hier so groß, daß die sinnvolle Nutzung bestimmter sehr großer Datenbanken nur noch per Computer möglich ist.

Die meisten Datenbankprogramme kann man als Programmwerkzeuge bezeichnen, weil sie keine fertigen Lösungen anbieten, sondern es dem Benutzer erlauben, für seine individuellen Aufgabenstellungen ohne großen Aufwand eine Datenbank zu generieren.

Die logischen Verknüpfungen der Daten werden grundsätzlich durch die gegebene Aufgabenstellung bestimmt. Es können aber unterschiedliche Strukturen zugrunde gelegt werden, die die Art der möglichen Verknüpfungen bestimmen.

Je nach Aufbau spricht man von
❐ sequentieller,
❐ hierarchischer,
❐ Netzwerk- oder
❐ relationaler Struktur.

Die sequentielle Struktur weist eine feste Verkettung von der vorherigen zur nachfolgenden Information auf.

In hierarchischen Strukturen kann jede Datenmenge mit einer übergeordneten und theoretisch mit beliebig vielen untergeordneten Datenmengen verbunden sein. Ausgehend von einem Basissatz gelangt man entlang einer Baumstruktur zu den untergeordneten Sätzen. Bei dieser linearen Datenstruktur besteht eine klare Abhängigkeit der Daten untereinander, zu jedem Datensegment besteht nur ein eindeutiger Zugriffsweg.

Netzwerkstrukturen ermöglichen beliebig viele Datenbeziehungen. Die Daten werden in Segmenten gespeichert, unter denen keine Hierarchie besteht. Sie können beliebig miteinander verbunden werden. Zu jedem Segment gibt

Das Regiezentrum des Datenbankprogramms dBase, das lange ein Standard bei PCs war

Der Zugriff auf das Menü „Verwaltung" in dBase. Im Hintergrund die in der Datenbank befindlichen Datensätze

es mehrere Zugangswege. Nehmen wir zum Beispiel einen Kundenstammsitz als Datenobjekt. Zeiger führen zu allen Auftragssätzen dieses Kunden. Von jedem Auftragssatz aus führen wiederum Zeiger zu allen Positionen eines Auftrags.

In relational strukturierten Datenbanken werden die Daten in Form von Tabellen gespeichert. Über sogenannte Feldwerte sind die einzelnen Datensätze miteinander verbunden.

Die heutigen Datenbankprogramme arbeiten überwiegend mit den beiden zuletzt genannten Strukturen.

Ob eine Datenbank in der Praxis komfortabel genutzt werden kann, hängt in einem hohem Maß davon ab, wie der Anwender die Instrumente eines Datenbankprogrammes genutzt hat. Zu den organisatorischen Aspekten einer Datenbank gehören
❐ die Benutzeroberfläche
❐ die logischen Verknüpfungen
❐ der interne Aufbau

Die Gestaltung der Benutzeroberfläche umfaßt den Entwurf der Bildschirmmasken, also der Benutzerführung (mit Hilfe des Maskengenerators) und den Entwurf der Formulare und Listen (mit Hilfe des Listengenerators). Masken- und Listengenerator gehören zu jedem modernen Datenbankprogramm.

Die wichtigsten Kriterien zur Beurteilung der Leistungsfähigkeit eines Datenbankprogrammes:
❐ Die zulässigen Datentypen. Es sollten zumindest numerische, alphanumerische und logische Datentypen zulässig sein. Datum und zusätzliche Felder für lange Texte sind nützlich.

Für Anwendungen im privaten Bereich oder in kleinen Unternehmen ist die Datenbank von Works oftmals ausreichend

❐ Die Anzahl der maximal in einer Datenbank zulässigen Datensätze, der Felder pro Satz und der Zeichen pro Feld bestimmen, wie groß Datenbanken in dem Programm definiert werden können.
❐ Die Anzahl der Daten, die gleichzeitig geöffnet werden können, sollte möglichst groß sein.
❐ Die Anzahl der zulässigen Variablen sollte ebenfalls möglichst umfangreich sein.

Das bekannteste Datenbankprogramm im PC-Bereich ist dBASE. Zunehmend gewinnen Datenbanken an Bedeutung, die durch moderne Abfragetechniken eine eher intuitive Benutzung erlauben (QBE, Query By Example = Abfrage durch Beispiele).

Datenbanken auf Großrechnern arbeiten oft mit einer speziellen Abfragesprache mit dem Kürzel SQL (Standard Query Language), die auch im PC-Bereich an Bedeutung gewinnt.

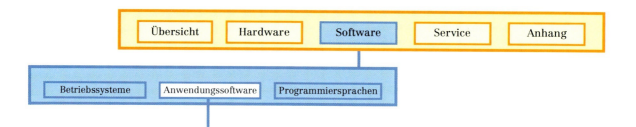

Tabellenkalkulation

Die meisten Aufgaben der praktischen Datenverarbeitung im betriebswirtschaftlichen Bereich bestehen in der Bearbeitung von Tabellen. Einige Beispiele hierfür:
- Betriebsabrechnungsbogen
- Investitions- und Finanzplanung
- Kosten- und Budgetplanung
- Produktionsplanung
- Absatz- und Marketingplanung
- Terminplanung
- Angebotserstellung

Die Benutzeroberfläche eines Tabellenkalkulationsprogramms kann man sich – wenn man von der direkten Benutzerführung durch Menüs einmal absieht – wie ein großes Blatt Papier vorstellen.

Dieses Blatt – das „Arbeitsblatt" – ist durch Zeilen und Spalten in „Zellen" (Kästchen) aufgeteilt. Die Zellen können durch ein Koordinatensystem eindeutig identifiziert und durch Rechenformeln zuvor bestimmte Felder miteinander verknüpft werden. So wird eine Vielzahl von kaufmännischen und statistischen Berechnungen ermöglicht.

Gute Tabellenkalkulationsprogramme erlauben es, mehrere Tabellen miteinander zu koppeln. Dadurch entsteht eine Fülle von Möglichkeiten. So kann man übersichtliche Strukturen erstellen (etwa Teiltabellen „Abteilungsbudgets" als Bestandteil eines Gesamtbudgets), Tabellen mehrerer Jahre zu statistischen Auswertungen zusammenführen usw.

Eine der wichtigsten und auch häufig genutzten Möglichkeiten besteht darin, eine erprobte und durch die Praxis bestätigte Kalkulationsstruktur mit einigen neuen Eingangsdaten zu versehen und

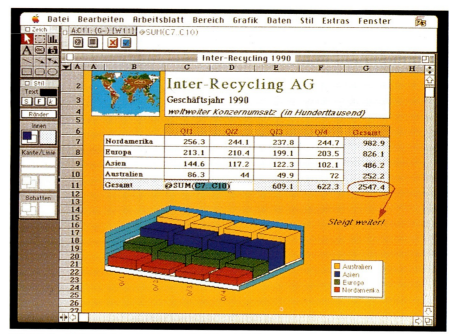

Mit Tabellenkalkulationsprogrammen wie Lotus 1-2-3 kann man auch Geschäftsgrafiken erstellen

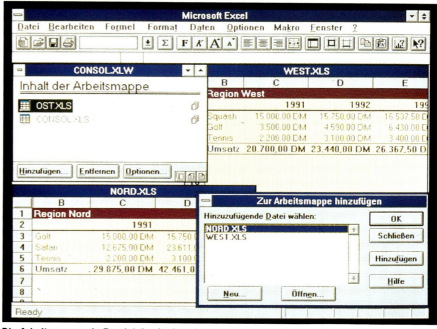

Die Arbeitsmappen in Excel 4.0 erlauben dem Anwender, Dateien zu Gruppen zusammenzufassen, um diese gemeinsam zu laden, zu kopieren oder zu verändern

auf diese Weise sogenannte Was-wäre-wenn-Prüfungen vorzunehmen. Ändert man nämlich einen Zellinhalt, ändern sich alle anderen Zellen, die sich darauf über eine Formel beziehen, automatisch mit.

Die Benutzerführung der heute am Markt befindlichen Programme ist bereits soweit verbessert, daß sie nach einer vergleichsweise kurzen Einarbeitung (Schulung, Seminar oder ähnlichem) genutzt werden können. Wie bei allen Anwendungsprogrammen gilt auch hier: Das Programm macht aus niemandem einen Fachmann, es ersetzt weder eine kaufmännische Lehre noch ein Studium der Betriebswirtschaft, wie durch Schulung oder Lernprogramm. Man muß selbst wissen, was man wie kalkulieren will – dann aber ist ein Tabellenkalkulationsprogramm eine ungeheure Hilfe.

Die zur Zeit bekanntesten Tabellenkalkulationsprogramme im PC-Bereich sind Excel und Lotus 1-2-3.

Die verbreitetsten und einfachsten Darstellungsformen sind das Balkendiagramm, das Liniendiagramm und das Tortendiagramm. Gebräuchlich sind hauptsächlich zweidimensionale Diagramme, wobei insbesondere Balkendiagramme oft dreidimensional sind. Doch ist dies keine echte dreidimensionale Grafik, bei der drei Faktoren in Abhängigkeit voneinander dargestellt werden. Zur Verdeutlichung: Wenn es darum geht, den Absatz pro Monat darzustellen, gibt es die zwei Datenformen „Monat" und „Umsatz in DM" (oder Dollar, Gulden usw.). Diese beiden werden zueinander grafisch in Beziehung gesetzt. Es ist dann zwar hübscher, wenn das Programm den Umsatz eines Monats als Balken darstellt und nicht nur als Rechteck, ändert aber nichts an der inhaltlichen Aussage.

Muß oder soll dagegen der Umsatz pro Monat noch weiter aufgeschlüsselt werden (zum Beispiel bei einem Kaufhaus in Lebensmittel, Kleidung, Möbel, Bücher usw.), so wird eine echte dreidimensionale Darstellung nötig.

Einfache Geschäftsgrafiken lassen sich meist mit den entsprechenden Möglichkeiten moderner Tabellenkalkulationsprogramme (beziehungsweise Integrierter Softwarepakete, zu denen ein Tabellenkalkulationsteil gehört) erstellen. Es gibt jedoch auch speziell hierfür entwickelte Programme wie Harvard Graphics, die im allgemeinen über mehr Darstellungsmöglichkeiten verfügen als die in anderen Programmen enthaltenen Grafikzusätze. So können mit Harvard Graphics zum Beispiel auch Strukturen veranschaulicht werden. Für hierarchische Strukturen nimmt man Baumdiagramme und für komplexere Netzpläne. Solche Diagramme faßt man unter den Begriffen „Organigramm" oder „Struktogramm" zusammen. Grafikprogramme können Datensätze aus den gängigen Tabellenkalkulationen und Integrierten Softwarepaketen übernehmen.

Geschäftsgrafik

Als Geschäfts- oder Präsentationsgrafik bezeichnet man die Umsetzung von Zahlen in grafische Darstellungen, welche vor allem im kaufmännischen Bereich eingesetzt wird. „Ein Bild sagt mehr als tausend Worte" ist der Leitgedanke, der hinter dem Einsatz solcher Grafiken steht.

Ob es um die Umsatzentwicklung der letzten Jahre, die Börsenkurse oder die Verteilung der Prozente und Sitze bei einer Wahl geht: Die grafische Darstellung ist allemal anschaulicher als nackte Zahlenkolonnen.

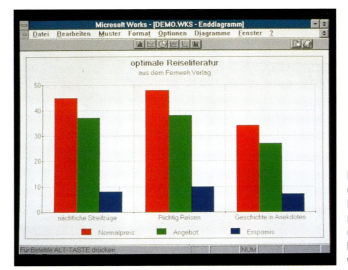

In Works für Windows können Diagramme direkt mit den Daten aus dem Modul Tabellenkalkulation erstellt werden

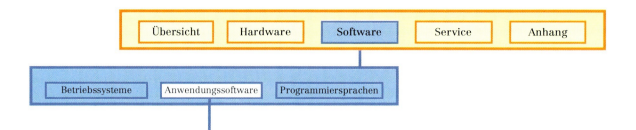

Integrierte Softwarepakete

Es gibt bestimmte Tätigkeiten, die fürs Büro typisch sind. Insbesondere, wenn es um den kaufmännischen Bereich geht, ähneln sie sich nicht nur sehr stark, sondern haben vor allem sehr viel mit Zahlen und Text zu tun. Dabei ergibt sich immer wieder die Notwendigkeit, Daten zwischen einzelnen Bereichen auszutauschen, also wie Tabellen in Texte zu übernehmen.

Werden für die einzelnen Arbeiten getrennte Programme eingesetzt, kann der Datenaustausch zu einem Problem werden. Es ist dann oft nicht oder nicht so einfach möglich, Ergebnisse aus der Tabellenkalkulation in einen Text einzubinden oder zu einer Grafik zu verarbeiten. Oft könnte der Computer auch noch die eine oder andere kleine Zusatzaufgabe übernehmen, jedoch müßte hierfür dann ein teures und nur teilweise nutzbares Programm gekauft werden. All diese Nachteile vermeiden Integrierte Softwarepakete, gelegentlich auch als Arbeitsplatzsoftware bezeichnet.

Man kann sagen: Integrierte Software umfaßt viele der auf den vorhergehenden Seiten besprochene Anwendungssoftware als „Module" eines einheitlichen Paketes und bietet noch einige zusätzliche Möglichkeiten. Typische Module sind:
- Textverarbeitung
- Tabellenkalkulation
- Datenbank
- Präsentationsgrafik
- Terminplanung
- Kommunikation (Datenübertragung)
- Programmierung eigener Anwendungen

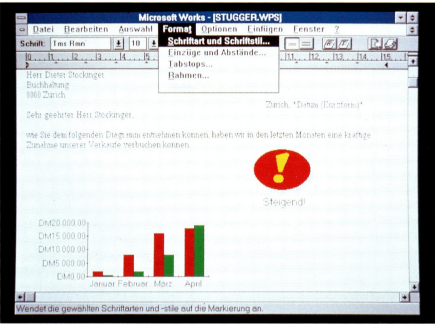

In integrierten Programmen kann man nicht nur Geschäftsgrafiken, sondern auch selbst erstellte Zeichnungen in den laufenden Text einbinden

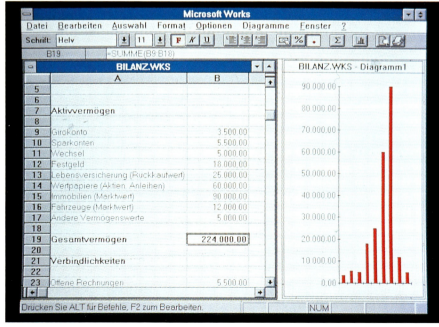

Wenn die Zahlen in der Tabellenkalkulation geändert werden, ändert sich auch automatisch die entsprechende Grafik

Auf vielen Gebieten sind die spezialisierten Einzelprogramme nur in selten benötigten Funktionen der Integrierten Software überlegen. Es lohnt sich also, einmal nüchtern abzuwägen, ob die im konkreten Fall benötigten Funktionen für eine bestimmte Aufgabe von einer integrierten Lösung nicht genausogut erfüllt werden wie von einem spezialisierten Programm – denn das integrierte bietet in jedem Fall insgesamt mehr Möglichkeiten.

Allerdings können auch Integrierte Pakete ihre Schwächen haben. So kommt es vor, daß der Datenaustausch zwischen zwei Modulen nicht direkt, sondern nur auf dem Umweg über ein drittes möglich ist. Oder das Textverarbeitungsmodul erlaubt es nicht, reine Textdateien abzuspeichern, aus dem alle programminternen Steuerungsinformationen entfernt wurden. Solche Textdateien können dann nicht mit anderen Programmen ausgetauscht werden, was oft nützlich und manchmal sogar unabdingbar ist.

Auch ist der interne Verwaltungsaufwand eines solchen Programmes oft so groß, daß ein Verlust an Arbeitsgeschwindigkeit entsteht. Dies macht sich dann bei älteren, langsameren Rechnern besonders deutlich bemerkbar. Man kann daher allgemein sagen: Wenn jemand in erster Linie nur spezialisierte Aufgaben erledigt, wird meist ein Einzelprogramm sinnvoll sein. Führt man dagegen viele miteinander in Zusammenhang stehende Aufgaben aus, ist ein Integriertes Softwarepaket meist die bessere Lösung.

Hat man sich etwas tiefer in ein solches Programmpaket eingearbeitet, besteht die zusätzliche Möglichkeit, bestimmte Abläufe vorzuprogrammieren. Dann bieten die Integrierten Pakete gegenüber den Einzelprogrammen erhebliche Vorteile.

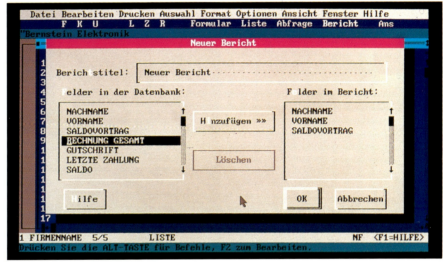

Listen werden in Works für DOS vom Berichtsgenerator erstellt

Die bekanntesten Integrierten Softwarepakete im PC-Bereich sind Open Access, Lotus Symphony, F & A, Microsoft Works und Framework.

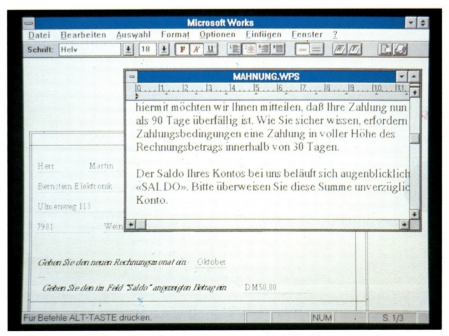

Eine Standardfunktion in integrierten Programmen besteht darin, Adressen aus dem Datenbankmodul in Serienbriefe einzufügen

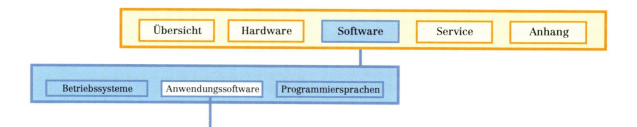

Desktop Publishing

Desktop Publishing bedeutet wörtlich übersetzt „Publizieren vom Schreibtisch aus". Umschrieben werden damit Layoutprogramme, die auf der Basis von Personal Computern professionellen Satz ermöglichen sollten, was bis dahin nur teuren und großen Fotosatzmaschinen vorbehalten war. Ende der achtziger Jahre waren diese Programme und die erforderliche Hardware wie Laserbelichter jedoch noch weit von der Professionalität entfernt. Heutzutage werden dagegen schon viele Zeitschriften und Bücher mit DTP produziert.

Was ist nun ein Layoutprogramm? Wörtlich übersetzt ist es ein „Auslege"-Programm. Was ausgelegt wird, sind Teile einer Seite (oder Doppelseite) eines Druckwerkes. Also zum Beispiel der eines Buches oder einer Zeitschrift.

Wird ein Buch in herkömmlicher Technik gestaltet, wird von allen Seiten ein Layout oder ein Umbruch angefertigt: Der Text wird von einer Setzerei in die Form gebracht, in der er später erscheinen wird, und dann als eine Papierschlange (Fahne) an den Verlag geliefert. Dort wird die Papierschlange zerschnitten und zusammen mit den Bildern auf ein Muster der jeweiligen Doppelseite gelegt. Das paßt natürlich nicht auf Anhieb, also werden die Bilder verkleinert oder vergrößert und der Text auf der Seite hin und her geschoben, bis alles zusammenpaßt. Erst dann wird die Seite geklebt.

Doch ist dies nicht etwa die Druckvorlage: Im Herstellungsbetrieb wird nun mit dieser Seite als

DTP-Programme bieten zahlreiche Möglichkeiten zur Schriftbearbeitung

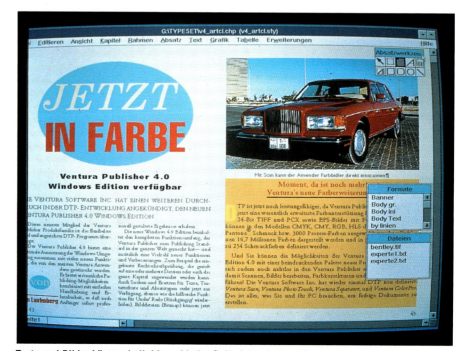

Texte und Bilder können beliebig auf jeder Seite integriert werden

Muster, neuen Satzfahnen und den Originalen der Bilder eine Druckvorlage erzeugt. Dies geht bei der herkömmlichen Produktion auch nur etwas anspruchsvollerer Druckwerke nicht anders.

Beim Desktop Publishing wird nun die Arbeit des Umbruchs vom Schreibtisch weg in den Computer hineinverlegt. Das Ergebnis jedes Montageschrittes ist auf dem Bildschirm zu sehen. Viele sich wiederholende Arbeitsschritte können automatisiert werden. Wiederholt sich – wie bei Büchern und Zeitschriften – das Grundmuster der Seiten, kann es als „style sheet" (Stilseite) abgespeichert werden.

Die Ausgabe des fertigen Blattes erfolgt über Laserdrucker oder Laserbelichter. Letztere belichten Filmmaterial mit den per DTP gesetzten Seiten, das direkt in der Druckerei für die Produktion verwendet werden kann.

Beim Satz kommt es sehr stark auf die Satzästhetik an, wenn man professionelle Ergebnisse erzielen will. Die Definition von Zeichenbreiten bei Proportionalschriften und das Unterschneiden müssen dabei nach Gesichtspunkten der Profis vorgenommen werden, damit eine Schrift gut aussieht.

Nicht alle Programme beherrschen die Proportionalschriften richtig. Bei diesen hat jeder Buchstabe eine bestimmte, für ihn typische Breite. Das i ist einer der schmalsten, das m einer der breitesten Buchstaben. Vergleichen Sie hier einmal das große M mit dem kleinen i: Mi. Es stellt einige Anforderungen an das Satzprogramm, eine solche Proportionalschrift richtig auf die Zeilen zu verteilen, insbesondere wenn auf

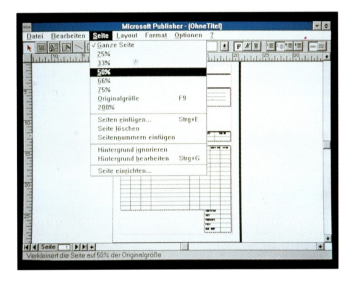

Bildausschnitte können in DTP-Programmen nach Wunsch vergrößert und verkleinert werden

beiden Seiten ein Randausgleich erfolgen soll (man nennt das Blocksatz).

Bei schmalen Spalten sind manchmal sogar mit dem besten Satzprogramm unästhetische Lücken unvermeidlich, weshalb zum Beispiel das vorliegende Buch im „Flattersatz" gesetzt wurde. Gute Desktop-Programme beherrschen dies alles, schlechtere nicht.

Ein weiterer Gesichtspunkt bei der Satzästhetik ist das Unterschneiden, im Fachjargon als Kerning bezeichnet: Manche Buchstaben haben in bestimmten Schriften an Anfang oder Ende Schrägen oder Rundungen. Folgt zum Beispiel ein e auf ein V, so sieht es einfach besser aus, wenn das e etwas an das V „herangerückt" wird. Im Bild erkennt man deutlich den Unterschied. Auch dies beherrschen heute nicht alle Desktop-Programme richtig. Daneben gibt es noch einige weitere Elemente der Satzästhetik, die vergleichbare Probleme aufwerfen.

Insgesamt gilt beim Desktop Publishing die gleiche Einschränkung wie bei allen Anwendungsprogrammen: Man muß Fachkenntnisse des Gebietes haben, in dem der Computer als Hilfsgerät benutzt werden soll. Und dies sind hier gleich mehrere Fachbereiche, insbesondere Grafik und Typographie.

Ein guter Grafiker und Typograph verwendet zum Beispiel nie zu viele Stilelemente auf einer Seite – der Laie dagegen will oft zeigen, was er (beziehungsweise das Programm) kann, und benutzt Linien, Rahmen, verschiedene Schrifttypen und so fort –, ohne daß ein wirklicher Grund hierfür vorhanden wäre. Entsprechend unausgewogen ist dann auch das Ergebnis. Fachleute sagen dann oft: „Typisch DTP" – obwohl sie eigentlich meinen: typisch für einen unqualifizierten DTP-Anwender.

Die bekanntesten Desktop-Publishing-Programme im PC-Bereich sind PageMaker, Ventura Publisher und QuarkXPress.

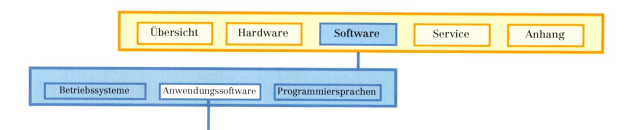

Gewerbliche Programme

Unter diesen Begriff fällt hier die Software, die typische Datenverarbeitung für gewerbliche Betriebe unterstützt. Dazu zählen die Bereiche Produktion, Vertrieb, Handel und Dienstleistung. In diesen Bereichen gibt es Aufgaben, die überall gleich, und solche, die sehr branchenspezifisch sind. Zum Beispiel müssen alle Gewerbetreibenden Rechnungen schreiben und bei Bedarf anmahnen können – eine Anforderung, die branchenübergreifend ist. Sehr spezifisch ist dagegen die Sammlung und Auswertung von Materialkosten für die Produktion zum Beispiel im Druckgewerbe. Entsprechend bunt geht es auf dem Softwaremarkt für das Gewerbe zu. Da gibt es Programme, die genau auf eine Branche zugeschnitten sind (Druckereiprogramme), und solche, die einen bestimmten Aufgabenbereich abdecken, der auf mehrere Branchen zutrifft (Lagerverwaltung, Buchhaltung). Schließlich wird noch speziell auf eine Firma zugeschnittene Individualsoftware angeboten.

Branchenlösungen

Zunächst gibt es zum einen sogenannte Branchenlösungen. Das sind Anwendungsprogramme, die auf die Bedürfnisse einer bestimmten Branche abgestimmt sind. Von isolierten Branchenprogrammen spricht man, wenn diese nur eine oder einen Teil aller anfallenden Aufgaben in einer Branche abdecken. Integrierte Branchenprogramme, auch Branchenpakete genannt, berücksichtigen dagegen alle wichtigen Aufgabenschwerpunkte innerhalb einer Branche. Bestenfalls können dann Daten zwischen den Programmteilen ohne manuellen Eingriff des Benutzers ausgetauscht werden. In fast alle Branchenpakete sind die Aufgaben integriert, die sonst von Basisprogrammen übernommen werden (Textverarbeitung, Buchhaltung, Fakturierung usw.).

Individualsoftware

In vielen Fällen reicht der Leistungsumfang standardisierter Branchenlösungen nicht aus, um den speziellen Anforderungen einer Firma gerecht zu werden. Auch sollen gewachsene und bewährte Organisationsstrukturen oftmals nicht um den Preis starrer Ablaufvorgaben, wie sie für Standardprogramme typisch sind, aufgegeben werden. Da der Leistungsumfang von Branchenlösungen auf die Anforderungen vieler verschiedener Firmen ausgelegt ist, kann es in einem konkreten Anwendungsfall wegen der vielen Optionen und Funktionen sogar zu Bedienungsproblemen kommen, zumal in der Praxis oftmals nur ein geringer Teil dieser Möglichkeiten genutzt wird.
In den vorgenannten Fällen empfiehlt sich die Anschaffung einer individuell entwickelten Lösung. Grundsätzlich deckt sich ihr Leistungsumfang mit dem eines Branchenpaketes, bietet aber neben der optimalen Anpassung an betriebliche Gegebenheiten auch ein Höchstmaß an Integration der verschiedenen Organisationsbereiche einer Firma. Wegen des einheitlichen Datenstandards sind der problemlosen Nutzung gemeinsamer Daten in verschiedensten Arbeitsbereichen kaum Grenzen gesetzt. Ist das System außerdem modular erweiterbar (Baukastenprinzip), so hat der Anwender die Möglichkeit, die Software schrittweise seinen wachsenden Anforderungen anzupassen. Individualsoftware wird von spezialisierten Entwicklungsfirmen bezogen.

Buchhaltung

Unter den Buchhaltungsprogrammen gibt es sehr komplexe, die alle Arten der Buchhaltung beherrschen. Oft sind Buchhaltungs-Programmmodule jedoch Bestandteil von Branchenprogrammen (siehe auch Kapitel „Sonstiges" S. 154). In den meisten Fällen beherrscht ein Buchhaltungsprogramm nur eine der gängigen Buchhaltungsarten, auf die im folgenden näher eingegangen wird.

Finanzbuchhaltung

Die grundlegendste der oben genannten Buchhaltungsarten ist die Finanzbuchhaltung. Dabei gibt es die einfache und die doppelte Buchführung. Gesetze und Verordnungen legen fest, welcher Betrieb mit einer einfachen auskommt und welcher eine doppelte durchführen muß. Kleine Handwerker und Selbständige benötigen meist nur die einfache.
  Bei der doppelten Buchführung geht es natürlich nicht – wie oft scherzhaft gesagt wird – darum, eine Buchführung fürs Finanzamt und eine für die eigenen Zwecke durchzuführen. Das gibt es zwar auch, aber der Fachausdruck „doppelte Buchführung" meint etwas ganz anderes: Jeder Betrag wird doppelt gebucht, einmal positiv und einmal negativ. Dadurch ergibt sich eine besonders genaue Buchführung, weil zum Schluß auf beiden Seiten die gleiche Summe stehen muß.
  Die wichtigste Anforderung an ein gutes Finanzbuchhaltungs-

programm ist, daß es mit dieser Methodik der doppelten Buchführung ausgerüstet sein muß. Weitere wichtige Anforderungen sind ebenfalls:

Das Programm muß mit „Kreditoren" und „Debitoren" rechnen können. Stark vereinfacht kann man sagen: Kreditoren sind die Lieferanten, Debitoren sind die Kunden.

Weiter muß das Programm mit unterschiedlichen Kontenarten wie Bilanz- oder Gewinn- und Verlustkonten arbeiten können.

Das Programm muß möglichst viele Sachkonten verwalten können und innerhalb der Sachkonten möglichst viele Buchungen zulassen:

- Es muß möglichst viele Kostenstellen und Bilanztexte zulassen.
- Es muß sich einfach an geänderte Rahmenbedingungen anpassen lassen (etwa Änderungen von Steuersätzen).
- Es muß eine Vielfalt von Auswertungen ermöglichen, aus denen sich betriebswirtschaftliche Rückschlüsse ziehen lassen.
- Es sollte vorgefertigte Mahntexte enthalten, muß aber in jedem Fall individuelle, jederzeit wieder änderbare Mahntexte zulassen.

Geht man tiefer in die Details, so ergibt sich daraus eine Reihe einzelner Anforderungen. So sollte es unbedingt eine Stammdatenverwaltung mit den folgenden Bereichen geben:

- Firmenstamm
- Sachkontenstamm
- Debitorenstamm
- Kreditorenstamm
- Kostenstellen
- Bilanztexte
- Mahntexte

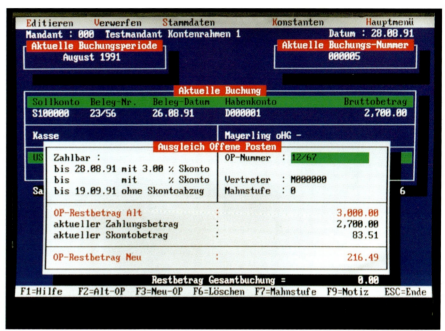

Der KHK-PC-Kaufmann ist das am meisten genutzte kaufmännische Programm und wird vor allem von kleinen Unternehmen und Handwerksbetrieben verwendet

Das Bild zeigt eine Auftragsbearbeitung mit dem KHK-PC-Programm

Nun kann man nach dem „Prozeßgliederungsprinzip" und nach dem „Abschlußgliederungsprinzip" vorgehen. Daher muß es möglich sein, daß der Kontenplan wahlweise nach einem dieser Prinzipien festgelegt wird, statt starr auf eines festgelegt zu sein.

Ist das Programm richtig installiert, stellt sich in der Praxis heraus, ob die Programmierer vom buchhalterischen Alltag genug verstanden haben. Was geschieht zum Beispiel, wenn auf ein Konto gebucht wird, das im Kontenplan nicht vorgesehen ist? Ein gutes FiBu-Programm läßt die Möglichkeit zu, das fehlende Konto ohne langwierige Installationsprozedur neu einzurichten.

Läßt sich bei der Eingabe der Buchungen ein Erfassungsprotokoll mitdrucken, um den unvermeidbaren kleinen Fehlern rasch auf die Spur zu kommen? Wie sieht es mit einer Belegnummerfortschreibung aus: Wird sie bei Bedarf automatisch durchgeführt? Kann das Fälligkeitsdatum von Hand korrigiert werden, etwa, weil sich die Auslieferung um ein oder zwei Tage verzögert hat, die Rechnung aber schon gebucht war? All dies gehört heute zu einem guten FiBu-Programm, war aber vor einigen Jahren noch gar nicht selbstverständlich. Damals mußte manches Programm noch vom Programmierer angepaßt werden, wenn sich ein Steuersatz geändert hatte. Diese Überarbeitung einer einmal durchgeführten Buchung führte häufig gar zu fehlerhaften oder absurden Ergebnissen – das berühmte Beispiel der Rechnung über 0,00 DM beweist es.

Neben dem täglichen Buchen gibt es noch eine Reihe anderer wichtiger Funktionen, wie den Listenausdruck. Folgende Listen sollte das Programm automatisch generieren können:
❏ Journal
❏ Kostenstellen
❏ Tägliche Verarbeitung
❏ Fälligkeitsliste
❏ Betriebswirtschaftliche Auswertung
❏ Umsatzsteuer-Voranmeldung
❏ Monatliche Verarbeitung (Summen- und Saldenbildung und Konten)
❏ Bilanz und Gewinn/Verlust-Rechnung
❏ Ausdruck offener Posten
❏ Mahnungen

Weiter sollte die automatische Durchführung von Überweisungen nach Kontrolle der Fälligkeitsliste ebenso möglich sein wie ein Jahresabschluß, die Verwaltung von Schecks und selbstverständlich auch noch eine regelmäßige Datensicherung in bestimmten Zeitabständen.

Fakturierung
Bei der Fakturierung geht es um das Erstellen von Rechnungen und von Angeboten. Damit ist natürlich nicht gemeint, daß eine Rechnung für eine einzelne Ware erstellt wird, denn das erledigt gegebenenfalls jedes bessere Buchhaltungsprogramm, oder man macht es per Textverarbeitung mit einem vorgefertigten Text. Vielmehr handelt es sich um die detaillierte Rechnungserstellung zum Beispiel einer Kfz-Werkstatt, in der alle einzelnen Ersatzteile, die Arbeitszeiten für die verschiedenen Tätigkeiten und andere Teilposten einzeln aufgeführt, die Beträge automatisch errechnet, der gültige Steuersatz für die Posten hinzuaddiert und der Gesamtbetrag errechnet wird.

Arbeitet die gesamte Verwaltung eines Betriebes mit EDV, so sollte ein solches Programm eine Schnittstelle zum FiBu-Programm der Firma besitzen. Das Gleiche gilt auch für die Lohnbuchhaltung und die Lagerverwaltung. Ein Adreßverwaltungsteil gehört ebenfalls zu den meisten Fakturierungsprogrammen. Ist ein sehr großer Adressenstamm zu verwalten, kann auch eine Schnittstelle zu einem entsprechenden Adreßverwaltungsprogramm oder einem Datenbankprogramm notwendig oder nützlich sein.

Lohnbuchhaltung
Ein Lohnbuchhaltungsprogramm kann auch für einen kleinen Betrieb mit nur wenigen Mitarbeitern von großem Vorteil sein. Dazu muß es aber eine Reihe von Bedingungen erfüllen:

Es muß eine Personalstammdatei verwalten, in der der Datensatz für einen Mitarbeiter eine Vielzahl von Feldern enthält. Dazu gehören Name, Personal-Nummer, Bankkonto, Steuerklasse, Urlaubstage, Eintrittsdatum, Krankenkasse und so weiter.

Es muß Lohn- und Gehaltsabrechnungen auf Stunden- oder Monatsgehaltsbasis mit korrekter Verrechnung von Überstunden inklusive aller Zuschläge brutto und netto erstellen können.

Es muß ein Lohn-/Gehaltsjournal für jeden Mitarbeiter und den Gesamtbetrieb führen können sowie eine Sozialversicherungsliste.

Es muß Löhne und Gehälter automatisch überweisen bzw. die Überweisungsformulare ausfüllen und entsprechende Abrechnungen erstellen können.

Netzwerkfähige Individualsoftware sollte auch eine komfortable Benutzerverwaltung enthalten, bei der einzelnen Benutzern verschiedene Rechte zugewiesen werden können

Die Maskenfelder können zwischen dem Kunden und dem Softwareunternehmen detailliert besprochen werden

Bei Buchungen in der Finanzbuchhaltung sollte es auch möglich sein, aus Debitoren und Kreditoren zu wählen

Dabei treten evtl. gerade bei leicht zugänglichen Personal Computern Probleme der Datensicherheit und des Datenschutzes auf, über die sich jeder Betriebsinhaber gründlich informieren sollte.

Lagerverwaltung

Bei Lagerverwaltungsprogrammen handelt es sich im Kern um Datenbankprogramme (siehe Seiten 132–133), die speziell für diese Aufgabe programmiert wurden. Wichtig ist der Zeitfaktor. Man denke dabei etwa an ein Lager für Lebensmittel: Hier muß das Programm dafür sorgen, daß die zuerst gelieferten Lebensmittel immer als erstes ausgeliefert werden. Es muß Verfallsdaten überwachen und gegebenenfalls rechtzeitig warnen.

Die Zeitproblematik stellt sich durchaus nicht nur bei Lebensmitteln, sondern auch bei vielen anderen Waren: Zum Beispiel muß ein Lagerverwaltungsprogramm die für einen Schlußverkauf anstehenden Modeartikel ausweisen können. Technische Bauteile und Geräte müssen nach einer gewissen Lagerfrist überprüft und entweder aus dem Lager entfernt oder gewartet werden.

Man sieht: Bei einem Lagerverwaltungsprogramm geht es nicht nur darum, einen Überblick darüber zu haben, was überhaupt vorhanden ist. Es geht vor allem darum: Was liegt seit wann wo, und wie ist es zu behandeln.

Welche Anforderungen daraus im einzelnen entstehen, kann sehr unterschiedlich sein und muß von den entsprechenden Fachleuten festgelegt werden. Erst daraus lassen sich dann die konkreten Anforderungen an das Programm ableiten.

Technisch-wissenschaftliche Programme

Die technisch-wissenschaftlichen Programme gehören zu den frühesten Computerprogrammen überhaupt: Die ersten Computer wurden ausschließlich zu technisch-wissenschaftlichen Zwecken entwickelt und eingesetzt. Seitdem hat sich dieser Bereich intensiv entwickelt, und es gibt heute auch für Personal Computer eine unüberschaubare Zahl technisch-wissenschaftlicher Programme.

Klammert man die Programme aus, die an anderer Stelle erläutert werden, so bleiben folgende Programmarten übrig:
- Programme zum Messen, Steuern und Regeln
- hochspezialisierte Programme zur Robotersteuerung
- Programme zur Konstruktion (CAD)
- Programme zur Fertigungsplanung und -überwachung

Obwohl es diese Programme auch für Personal Computer gibt, sind sie hier in ihren Möglichkeiten doch meist zu eingeschränkt. Die Rechenleistung der Geräte ist einfach (noch) nicht groß genug. Und so ist dieser Bereich noch immer eine Domäne der mittelgroßen und der großen Computer. Dabei wird heute vor allem versucht, die verschiedenen Stufen der Produktion durch Netzwerke miteinander zu verbinden.

Das Ziel ist dabei die „vollautomatische" Fabrik, in der die Daten der Konstruktionsabteilung direkt von den Industrierobotern in der Fertigung übernommen und ausgeführt werden, und in der die Ergebnisse der Produktion, die aktuellen Lagerbestände usw. ständig vom Verwaltungscomputer überwacht und aktualisiert wer-

Immer mehr Fertigungsmaschinen werden heute per Computer gesteuert, wie hier eine CNC-Fräsmaschine

Das Erstellen von technischen Zeichnungen und Bauplänen hat schon seit längerer Zeit der Computer übernommen. Auch die Planung von Inneneinrichtungen kann mit Hilfe des PCs realistisch durchgeführt werden

den. Man bezeichnet dies auch als „computer integrated manufactoring", abgekürzt CIM. Obwohl man von dem beschriebenen Endziel in der Praxis noch ein gutes Stück entfernt ist, gab es doch in den letzten Jahren viele Fortschritte auf dem Weg zu diesem Ziel.

Einen breiten Einsatz finden heute sogenannte CAD-Programme. Diese ermöglichen es, technische Konstruktionen am Bildschirm vorzunehmen. Die Vorteile liegen auf der Hand: Zeichnungen können einfach mit Hilfe von Maus und Grafiktablett erstellt werden. Müssen dann Korrekturen vorgenommen werden, so ist dies praktisch in allen Stadien der Konstruktion möglich – früher konnte man von vorne beginnen.

CAD-Programme werden heute vor allem von Ingenieurbüros und von Architekten verwendet. Die Hardware muß dabei mindestens ein 486er-PC oder besser noch eine Workstation sein.

Die praktischen Auswirkungen der technisch-wissenschaftlichen Programme sind heute aus dem Alltagsleben kaum noch wegzudenken. Sie reichen von der Waschmaschinensteuerung über die vollautomatische Wetterstation in der Antarktis bis zur Steuerung der kompletten Scheinwerferanlage eines Schauspielhauses. Nicht zu vergessen die Bordcomputer nicht nur im Flugzeug, sondern auch im Auto.

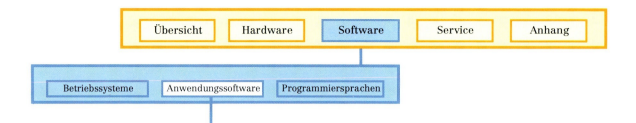

Lernprogramme

Lernprogramme, auch Teachware genannt, sind Dialogprogramme zur Vermittlung, zur Festigung und zum Test von Kenntnissen. Man unterscheidet:
- Drill-and-practice-Programme (Trainingsprogramme)
- tutorielle Programme
- Testprogramme und
- Simulationen

Drillprogramme, zum Beispiel Vokabeltrainingsprogramme, fragen einen Wissensstoff systematisch ab. Bei Falscheingaben wird als Rückmeldung zwar die richtige Antwort ausgegeben, eine Erklärung des Gegenstandes oder eine Begründung der Antwort ist dabei jedoch nicht vorgesehen. Zur Vermittlung komplexer Wissensinhalte ist diese Methode nicht geeignet.

Für diesen Zweck eignen sich tutorielle Programme, die dialogorientiert den individuellen Wissensstand des Benutzers/Lernenden berücksichtigen und die Neuvermittlung von Kenntnissen zum Ziel haben. Bei Lösungsvorführungen wird Wert auf die Nachvollziehbarkeit auch der kleinsten Lösungsschritte gelegt. Mittels Kontrollfragen wird überprüft, ob der bisher behandelte Stoff auch wirklich verstanden wurde.

Testprogramme hingegen dienen nicht der Vermittlung, sondern der Abfrage von Kenntnissen auf einem bestimmten Sachgebiet, also der Wissensüberprüfung. Intention ist die Beurteilung eines Wissensstandes. Testprogramme sind besonders für standardisierte Tests geeignet, zum Beispiel für Intelligenztests. Die Auswertung durch den Computer erfolgt schnell und objektiv (zumindest dann, wenn der zugrundeliegende Test objektiv ist).

Durch Simulationen technischer, wissenschaftlicher oder kaufmännischer Abläufe auf dem Computerbildschirm lassen sich schließlich Erkenntnisse gewinnen oder Fertigkeiten trainieren, die in der Realität nur mit großem Aufwand oder unter erheblichem Risiko zu erreichen sind (zum Beispiel Flugsimulatoren).

Eine andere Art, mit dem Computer zu lernen, ermöglicht zum Beispiel die Programmiersprache LOGO, mit der beispielsweise Kindern Konzepte der Mathematik und Trigonometrie spielerisch nahegebracht werden.

Trotz des unbestreitbaren Nutzens der Lernprogramme wird in pädagogischen Kreisen immer wieder Kritik an ihnen laut, insbesondere beim Einsatz im Vorschulalter und in den ersten Schuljahren. Inzwischen wird auch von den allermeisten Befürwortern zugegeben, daß die didaktische Qualität der Programme in der Anfangszeit oft sehr schlecht war, da man mehr von den (damals geringen) Möglichkeiten der Computer ausging als von den Bedürfnissen der Menschen. So wurde übersehen, daß vor allem visuell vermittelter Lehrstoff leichter behalten wird.

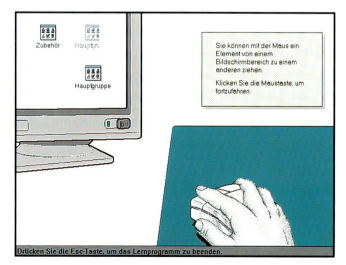

Fast alle Anwendungsprogramme (hier: Windows) besitzen immer häufiger ausgeklügelte Lernprogramme

Ein von der Firma M.I.T entwickeltes Lern- und Informationsprogramm für die Autoindustrie

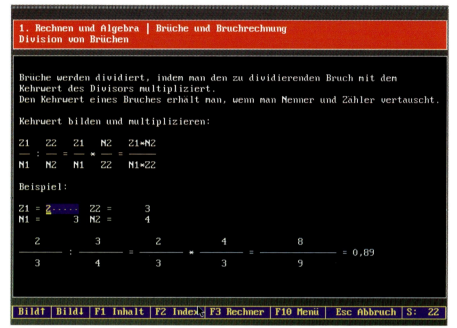

Interaktive Software ist ein ideales Lernmittel im mathematisch-naturwissenschaftlichen Bereich

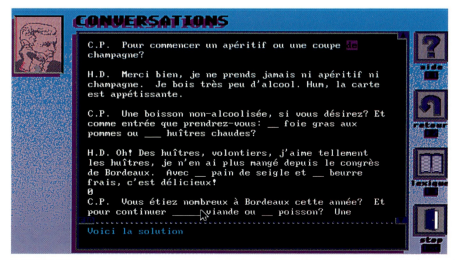

Lernsoftware für Fremdsprachen werden auch heute noch in erster Linie von Verlagen entwickelt

Auch heute ist die Qualität von Lernprogrammen noch sehr unterschiedlich. Dies liegt zum Teil an den Einschränkungen, die die Hardware mit sich bringt: Einfache Heimcomputer sind in ihren Möglichkeiten zu begrenzt, etwa durch zu geringe Auflösung bei der Grafik oder durch zu kleine Speicherkapazitäten. Andere Lernprogramme werden von Programmierern ohne Fachkompetenz auf dem zu erlernenden Gebiet erstellt. Dann kommt oft ein hübsch anzusehendes Programm heraus, dessen sachlicher Inhalt nicht stimmt oder pädagogisch so schlecht aufbereitet ist, daß man nichts mit dem Programm anfangen kann.

Oft werden Lernprogramme jedoch auch von Verlagen herausgeben, die sich in Jahrzehnten Fachkompetenz auf dem Gebiet erworben haben. Sind diese Programme dann noch von Profi-Programmierern unter Mitwirkung von Pädagogen erstellt worden, ist auch das Ergebnis entsprechend gut.

Am besten ist es deshalb, man schaut sich das Programm vor dem Kauf gründlich an. Ist dies nicht möglich, sollte man darauf achten, wer es gemacht hat. Ist zum Beispiel ein Fachautor und ein Softwarehaus an der Erstellung beteiligt, ist dies zumindest ein Hinweis darauf, daß hier in richtiger Weise arbeitsteilig vorgegangen wurde.

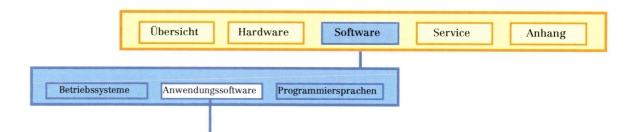

Expertensysteme (KI)

Expertensysteme sind ein Ausfluß einer Forschungsrichtung der Informatik, die man als „Künstliche Intelligenz" bezeichnet (die Informatik ist die Wissenschaft von der Datenverarbeitung, sozusagen der theoretische Überbau der Computerei). Um den Begriff „Künstliche Intelligenz" ranken sich inzwischen leider manche zwar recht interessante, aber doch falsche Vorstellungen.

Der Begriff „artificial intelligence" hat nichts mit Intelligenz zu tun, wie man vielleicht denken möchte, obwohl von ihm der deutsche Begriff „Künstliche Intelligenz" abgeleitet wurde. Man denke dabei auch an die allseits bekannte Abkürzung „CIA" für den amerikanischen Geheimdienst. CIA steht für „Central Intelligence Agency" und ist keine Agentur für Intelligenz, sondern ein Nachrichtendienst. Im englischsprechenden Raum trägt die Vokabel „intelligence" auch die Bedeutung von „Auskunft", „Mitteilung", „Nachricht". „Künstliche Auskunft" würde die Sache, um die es geht, zwar erheblich besser treffen, ist aber natürlich nicht so werbewirksam und auch nicht vollständig richtig.

Man kann das Problem auch so ausdrücken: Es gibt keine gültige Festlegung, was Intelligenz eigentlich ist. Hingegen gibt es durchaus Definitionen, was Künstliche Intelligenz darstellt – und man kann nun lange darüber streiten, ob das, was als solche definiert ist, wirklich Intelligenz ist.

„Künstliche Intelligenz" als Oberbegriff umfaßt alle Anstrengungen zur Entwicklung von Expertensystemen, der Erkennung von natürlicher (gesprochener) Sprache, von Schriften sowie von Bildern und Mustern, ebenso die Bemühungen, fremdsprachliche Texte automatisch zu übersetzen. Eng verbunden mit diesen Forschungsprojekten ist die Entstehung der KI-Sprachen, zum Beispiel LISP und PROLOG.

Als Expertensystem bezeichnet man ein Computersystem (Software oder Hardware und Software), das auf einem begrenzten Wissensgebiet die Leistung eines

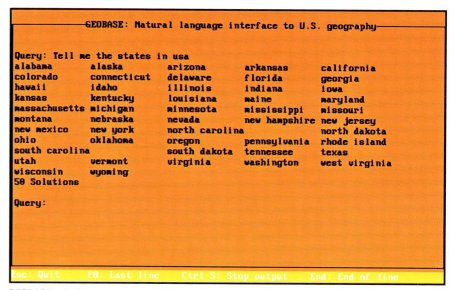

GEOBASE, ein Programm unter PROLOG, beantwortet Fragen zur amerikanischen Geographie

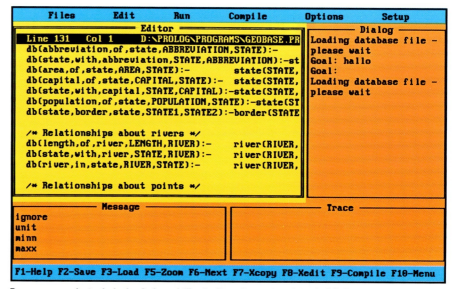

Der programmiertechnische Aufwand für ein Expertensystem ist erheblich

menschlichen Fachmanns erbringen soll und als Beratungs- und Problemlösungssystem eingesetzt wird. Beispiele für Expertensysteme sind im Bereich der Medizin zum Beispiel MYCIN (ein Expertensystem zur medizinischen Diagnose bakteriologischer Erkrankungen) und DENDRAL (Komplex der massenspektrometrischen Untersuchungen).

Ein Expertensystem besteht aus einer ständig zu ergänzenden Wissensbasis, einem Programmteil zur automatischen und logischen Verknüpfung von einzelnen Wissenselementen zu neuen Fakten sowie aus der Benutzerschnittstelle. Expertensysteme sollen lernfähig, die von ihnen angebotenen Lösungen überprüfbar sein.

Erstellt werden Expertensysteme mit Programmiersprachen der sogenannten fünften Generation, zum Beispiel LISP oder PROLOG. Heute befinden sich Expertensysteme noch in der ersten Anwendungsphase, sie werden jedoch als ein zukunftsträchtiges Gebiet angesehen. Ein typisches Beispiel hierfür ist der bereits angesprochene Bereich der Medizin, der für den einzelnen Fachmann aufgrund des ständigen Wissenszuwachses längst unüberschaubar geworden ist.

Dabei stecken die Versuche, den Computern durch sogenannte neuronale Vernetzungen, die dem menschlichen Gehirn nachempfunden sind, so etwas ähnliches wie menschliche Intelligenz zu vermitteln, zum heutigen Zeitpunkt noch ziemlich in den Anfängen. Ob dieser Zweig der KI-Forschung jemals zu brauchbaren Ergebnissen kommen wird, ist noch nicht abzusehen. Jedenfalls sind selbst die heutigen Supercomputer den auf

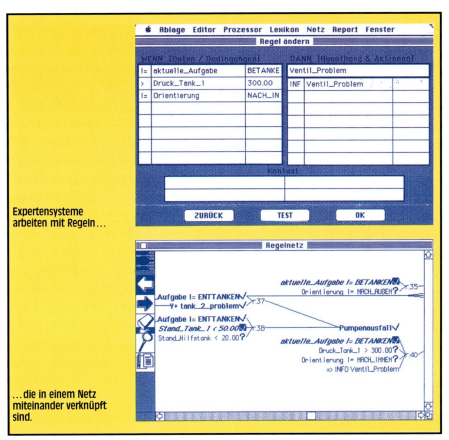

Expertensysteme arbeiten mit Regeln…

…die in einem Netz miteinander verknüpft sind.

Expertensysteme arbeiten mit Regeln, die in einem Netz miteinander verknüpft sind

diesem Gebiet tätigen Forschern bei weitem noch nicht leistungsfähig genug.

Erfolge hat die KI-Forschung dagegen auf vielen Gebieten aufzuweisen, in denen bestimmtes Wissen formalisierbar ist. Und dies ist in mehr Sparten möglich, als man zunächst vermuten würde (und auch die Wissenschaftler anfänglich vermuteten).

So gibt es heute bereits KI-Programme zur Analysierung von beispielsweise Getriebeschäden an Automobilen – sie können auf einem handelsüblichen PC eingesetzt werden.

Insgesamt gesehen kann man sagen: Das verfügbare menschliche Wissen ist auf vielen Gebieten so sehr angewachsen und so differenziert geworden, daß es ohne Expertensysteme in vielen Bereichen bald nicht mehr überschaut werden kann.

Vielleicht bringen die Expertensysteme einmal einen ähnlichen Zivilisationssprung wie die Erfindung von Schrift und Buchdruckkunst.

Wie die Möglichkeiten damit allerdings genutzt werden, was der Mensch daraus macht – das ist immer eine andere Frage.

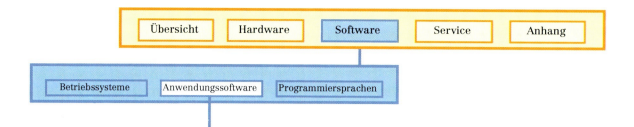

Hilfsprogramme

Ein Computer ist ein technisches Gerät, und so sind Fehler und Verschleißerscheinungen unumgänglich. Zum Beispiel gibt es Abrieb bei Disketten, und auch durch Magnetfelder kann deren Inhalt teilweise zerstört werden. Sind dabei wichtige Daten gefährdet, muß man versuchen, den Inhalt der Diskette so gut wie möglich zu rekonstruieren, um die Daten zu retten. Dies ist ein typischer Fall, in dem Hilfsprogramme (englisch: „utilities") benötigt werden.

Ein solches Hilfsprogramm kann auf der Ebene des Betriebssystems oder auf der von Anwendungsprogrammen arbeiten. Und viele Hilfsprogramme ermöglichen im Prinzip nichts anderes als das Betriebssystem, nur viel komfortabler. So gibt es mehrere Utilities, mit denen man sich Inhalt und Aufteilung einer Diskette oder Festplatte ansehen und verschiedenste Manipulationen vornehmen kann. Beispiele:

- Speicherbereiche auf Diskette und Festplatte können mit anderen oder dem Arbeitsspeicherinhalt verglichen werden.
- Dateien können kopiert werden, und zwar nicht nur ganze Disketten, sondern indem bestimmte Dateien (zum Beispiel der Teilinhalt einer Festplatte auf eine Diskette) markiert werden, können diese auch einzeln an anderer Stelle abgespeichert werden.
- Es können Dateien umbenannt und gelöscht werden.
- Es können im Inhaltsverzeichnis gelöschte, aber noch nicht überschriebene Dateien wiederhergestellt werden.
- Es kann der Status von Dateien geändert werden (zum Beispiel

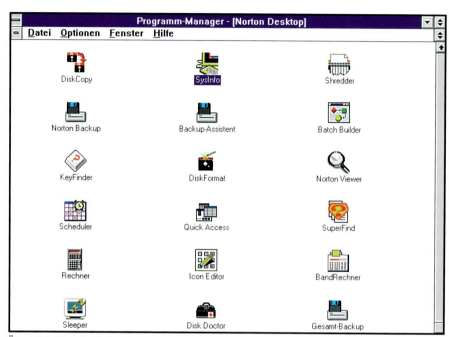

Überblick über die Unterprogramme des Norton Desktop, eines Hilfsprogramms unter Windows

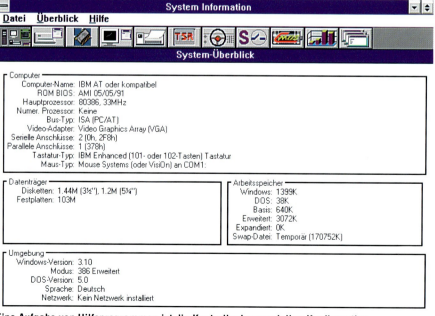

Eine Aufgabe von Hilfsprogrammen ist die Kontrolle der speziellen Konfiguration (Ausstattung) des Rechners

normale Dateien in Nur-Lese-Dateien und umgekehrt).
- Es können Dateien mit bekanntem, aber auch mit nur teilweise bekanntem Dateinamen auf der Diskette oder Festplatte gesucht werden, was bei umfangreichen Festplatten mit vielen Unterverzeichnissen sehr nützlich ist.

Andere Hilfsprogramme erlauben es, den Zeichensatz von Druckern abzuändern und zu ergänzen. So kann man benötigte mathematische Symbole oder die Sonderzeichen von Fremdsprachen erzeugen. Manche Utilities erlauben dies auch für die Ausgabe am Bildschirm.

Typische Beispiele für Hilfsprogramme, die in einem Anwendungsprogramm integriert sind, sind zum Beispiel Maskengeneratoren für Datenbankprogramme.

Als einen Bereich der Hilfsprogramme kann man auch Benutzeroberflächen ansehen, die dem Anwender die Funktionen des Betriebssystems zugänglicher machen. So gibt es für DOS zum Beispiel die Programme Norton Commander und PC-Tools. Beide bieten zusätzlich eine komfortable Benutzeroberfläche sowie noch viele nützliche Hilfsfunktionen. Diese Utilities bieten Benutzeroberflächen an, sind jedoch nicht mit einer Betriebssystemerweiterung wie Windows vergleichbar.

Für Windows gibt es mittlerweile Utilities mit eigenen Benutzeroberflächen, die die Arbeit mit Windows erleichtern sollen. Das Programm Norton Desktop für Windows enthält zum Beispiel eine eigene Windows-Shell, die einige Vorteile gegenüber dem Programm-Manager von Windows bietet.

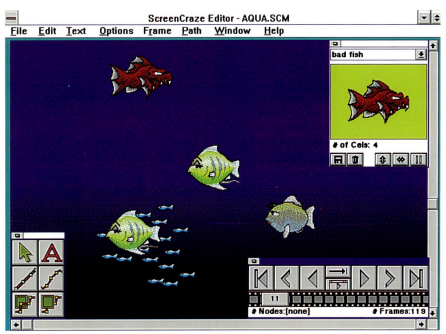

Bildschirmschoner sorgen dafür, daß sich Bildschirme im Dauerbetrieb nicht so schnell abnutzen und dienen gleichzeitig der Unterhaltung

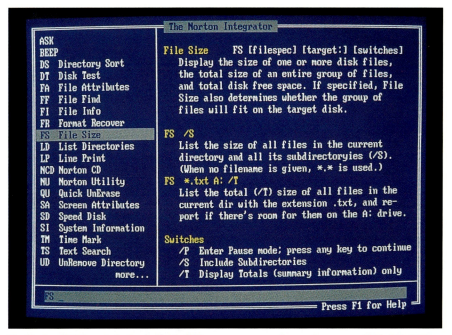

Die Norton Utilities sind eine beliebte Hilfsprogrammsammlung, die es sowohl für MS-DOS als auch für Macintosh-Computer gibt

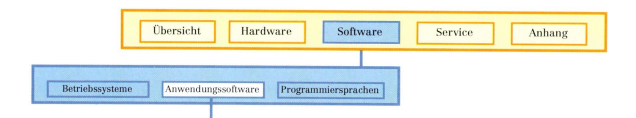

Spiele

Wenn man heute an Computerspiele denkt, so hat man automatisch eine sehr breite Produktpalette vor Augen:
- Taschenspiele, in denen ein Chip eine Flüssigkristallanzeige steuert und die man mit zwei oder drei Drucktasten bedient (zum Beispiel den Gameboy von Nintendo)
- Schachcomputer
- Schachprogramme für PCs
- Spielgeräte in Spielhallen (die inzwischen in den allermeisten Fällen von Mikrocomputern gesteuert werden)
- Zahlreiche Computerspiele, die es als Software für Heim- und Personalcomputer gibt

Bei den Spielen lassen sich drei Hauptgruppen unterscheiden:
- Spiele, die sich an klassischen Vorbildern orientieren, wie Schach, Rommé, Bridge, Frage- und Antwort-Spiele
- Geschicklichkeitsspiele
- Abenteuerspiele (Adventures)

Insbesondere zwischen den beiden letzteren Gruppen gibt es Mischformen, außerdem existieren auch noch Überschneidungen zu anderen Softwarebereichen etwa in Gestalt von Lernprogrammen mit spielerischem Charakter.

In der ersten Gruppe übernimmt der Computer die Rolle eines Spielpartners oder -leiters.

In den Rahmen der zweiten Gruppe sind auch die vielen Schießspiele mit zum Teil recht zweifelhaftem Inhalt einzuordnen. Auch höchst komplexe Simulationen wie die Golfprogramme oder die Flugsimulationen gehören hierher.

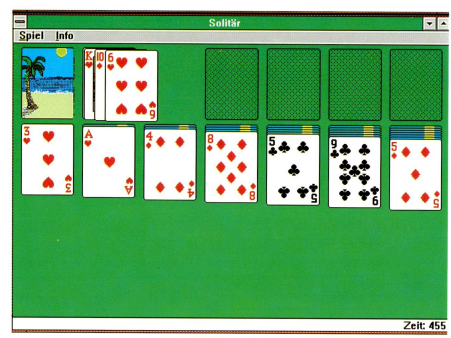

Böse Zungen meinen, das Kartenspiel „Solitär" sei das Beste an Windows

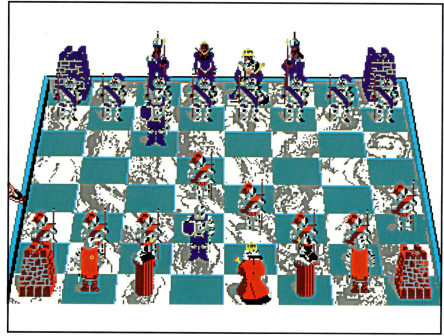

„Battle Chess" – Krieg der Schachfiguren in lebensechter Simulation mit Geräuschkulisse

Immer beliebter und ausgereifter werden Abenteuerspiele und Simulationen. Bei ihnen wird eine künstliche Welt oder auch ein Teil der wirklichen Welt im Computer nachgeahmt. Bei Abenteuerspielen muß man mit einer Spielfigur oder einer ganzen Truppe von Figuren innerhalb eines Gänge-Labyrinthes (Dungeon) ein Ziel erreichen, sei es, die Prinzessin oder die Welt vor einem bösen Dämon zu retten. Die Grafik solcher Spiele ist teilweise dreidimensional und so ausgereift, daß man das Gefühl hat, einen Film zu steuern.

In Simulationen gibt es dagegen manchmal gar kein ausdrückliches Ziel. Hier besteht der Spielspaß darin, Wechselwirkungen in einer abgeschlossenen Welt zu erforschen. In dem Spiel Sim City zum Beispiel wird das Wachstum einer Stadt simuliert. Der Spieler nimmt dabei die Position des Bürgermeisters ein und steuert das Spiel durch gezielte Landvergabe an Handel, Einwohner und Industrie, Bau einer Infrastruktur und Festlegung von Steuersätzen. In Abhängigkeit von diesen Faktoren wächst oder schrumpft die Stadt ständig.

Auch das Spekulieren an der Börse kann spielerisch geübt werden

Die Qualität der Spiele wächst heute zunehmend. Dabei wird auch immer mehr neue Hardware aus dem Multimediabereich eingesetzt. Viele Spiele nutzen zum Beispiel Soundkarten, über die Musik, Geräusche und Sprache vom Computer ausgegeben wird.

Flugsimulatoren gehören zu den anspruchsvolleren Spielen

Aus Rußland kommt die Spielidee zu „Tetris", die einfach, aber genial für stundenlange Unterhaltung sorgt

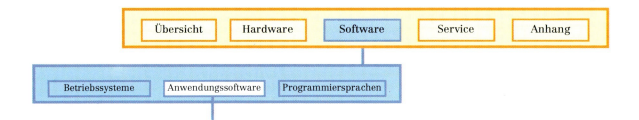

Sonstiges

Viele Programme beziehen sich auf spezielle Anwendungen, die oft auch zusätzliche Hardware erfordern. Dazu gehört zum Beispiel ein Modem. Will man über ein Netz – zum Beispiel das öffentliche Telefonnetz – Daten zwischen zwei Computern austauschen, dann benötigt man dazu neben dem Modem die entsprechende Software. Bekannte Programme für diesen Zweck sind Kermit, Procomm, Crosstalk, Telix und Telemate. Kermit ist ein für viele Computer erhältliches Free-Soft-Programm, es wird oft auch zum Austausch von reinen ASCII-Dateien zwischen unterschiedlichen Computertypen verwendet.

Eine andere Hardware-Software-Kombination sind die Entwicklungssysteme. Dies sind Computersysteme, die speziell für die Entwicklung von Hardware und Software für andere Computer (etwa Steuerungscomputer) geeignet sind. Es ist zum Beispiel nicht möglich, das Steuerprogramm für eine Spülmaschine auf dem Kleinstcomputer zu entwickeln, auf dem es in der Praxis eingesetzt wird. Es wird auf einem Entwicklungssystem für diesen Kleinstrechner geschrieben und getestet. Ein solches Entwicklungssystem besteht oft aus einem leistungsfähigen Personal Computer mit einem EPROM-Programmiergerät als Zusatzhardware und spezieller Software.

Um die Leistungsfähigkeit von Computern zu ermitteln, werden manchmal – insbesondere von Fachzeitschriften – sogenannte Benchmark-Programme eingesetzt. Beim Benchmark-Verfahren werden mehrere Computer oder

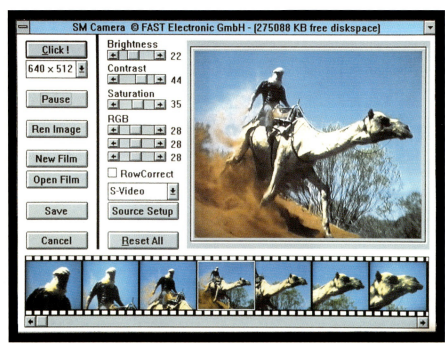

Mit „Screen Machine" können Videofilme in den PC geladen und weiterverarbeitet werden – ein neues Zeitalter, Multimedia genannt, hat begonnen

Paintbrush ist das derzeit beliebteste Pixelmalprogramm unter Windows

Programme dem selben Prüfverfahren unterzogen, um so die verschiedenen Verarbeitungszeiten zu vergleichen. Dies ist allerdings mit Vorsicht zu betrachten, da immer überprüft werden muß, ob ein bestimmter Benchmark dem speziellen Computer und seinen Fähigkeiten auch gerecht wird.

Neben den teuren CAD-Programmen, die Spezialprogramme für den Konstruktionsbereich sind, gibt es zwei weitere Arten von Grafikprogrammen, die für den normalen Anwender interessant sind: Die Zeichenprogramme (Draw-Programme) und die Malprogramme (Paint-Programme). Mit den Zeichenprogrammen lassen sich Strichzeichnungen in Form von Vektoren erstellen, während die Malprogramme mit Rasterpunkten arbeiten. Bei ihnen ist die Bilderzeugung mit Pinseln und mit Farb- und Musterpaletten möglich. Die Steuerung erfolgt dabei über eine Maus. Paint-Programme enthalten oft auch die grundlegenden Funktionen von Draw-Programmen. Manche, aber nicht alle diese Programme können Bildformate erzeugen, die von DTP-Programmen übernommen werden können.

Eine ganz spezielle Art von Programmen sind sogenannte Demo-Programme. Dabei handelt es sich meist um die im Leistungsumfang eingeschränkte Version eines Anwendungsprogramms oder einer Programmiersprache. Demo-Programme werden aus werblichen Gründen entweder kostenlos oder gegen geringe Gebühr abgegeben. Der Anwender kann ohne große Investitionen überprüfen, ob ein bestimmtes Programm die Dienstleistungen erfüllen kann, die er benötigt. Manche Demo-

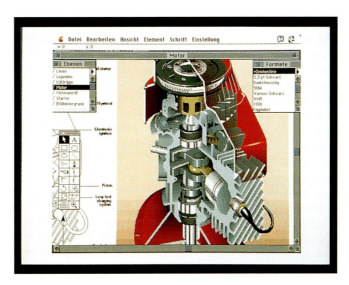

Mit Vektorgrafikprogrammen können auch komplizierte und anspruchsvolle Detailzeichnungen erstellt werden

Programme laufen selbständig ab, um zum Beispiel beim Händler die Möglichkeiten des zum Verkauf angebotenen Programms zu veranschaulichen.

Dann gibt es noch den großen Bereich der Public-Domain-Software. „Public Domain" heißt soviel wie „öffentlicher Bereich". Gemeint sind damit Programme, die zum Selbstkostenpreis an jedermann weitergegeben werden. Eine Diskette mit Public-Domain-Programmen kostet kaum mehr als eine leere.

Oft handelt es sich um Utilities, die aus Universitäts- und Forschungskreisen stammen und quasi als Nebenprodukt abgefallen sind. Die Programmierer stellen so ihre Leistung allen Interessenten zur Verfügung, ohne daran verdienen zu wollen. Einige Public-Domain-Programme (auch Freeware genannt) sind leicht fehlerhaft, andere bringen durchaus Profileistung, wohlgemerkt zu einem Preis, mit dem die Profis nicht mithalten können.

Damit ist die Vielfalt der bereits heute verfügbaren Programme bei weitem noch nicht erschöpft. Es gibt unter anderem Programme
❒ für die Vermögensverwaltung inklusive aller Arten von Wertpapieren und Immobilien, mit denen nicht nur eine aktuelle Übersicht ermöglicht wird, sondern zusätzlich auch Renditeberechnungen durchgeführt werden können (natürlich auch für geplante Investitionen),
❒ zur Familien- und Ahnenforschung (Stammbaumerstellung),
❒ zur Gesundheitsvorsorge (sie fragen Risikofaktoren ab und bewerten sie),
❒ zum Komponieren und Zusammenstellen von Musiktiteln,
❒ zum Erstellen von Kreuzworträtseln,
❒ für die statistische Auswertung der Lottozahlen (mit Tippvorschlägen),
❒ für astronomische und astrologische Berechnungen,
❒ zum Thema Biorhythmus,
❒ zur Vereinsverwaltung.

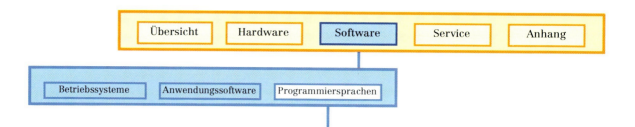

Programmiersprachen

Programme, wie sie im vorhergehenden Kapitel beschrieben wurden, sind nichts weiter als eine Ansammlung von Kommandos, die der Prozessor des Computers interpretiert und verarbeitet. Die verschiedenen Kommandofolgen bewirken, daß Texte auf dem Bildschirm oder Drucker ausgegeben und die Tastatureingaben verarbeitet werden. Dabei werden Funktionsaufrufe durchgeführt, Daten gespeichert, ausgedruckt usw. Von den Kommandos selbst sieht der Anwender nichts; sie werden intern verarbeitet, ohne daß er sich Gedanken darüber machen müßte.

Erhält man jedoch einen Einblick in die Kommandofolgen eines Programms, so sieht man eine verwirrende Ansammlung von Zeichen und Zahlen: den Maschinencode, auch Maschinensprache genannt. Kommt zum Beispiel die Zeichenfolge „C60056" und so weiter vor wird lediglich erreicht, daß ein Dateiname den Zusatz „VAP" erhält. Werden Dateinamen aufgelistet, erscheint aufgrund dieser Anweisungen beispielsweise der Name DATEN.VAP. Jede Funktion eines Programms setzt sich aus unterschiedlichen Codes dieser Art zusammen.

Es wäre sehr mühsam, ein Programm direkt in Maschinensprache zu erstellen, selbst professionelle Programmierer wären damit überfordert. In den Anfängen der Computeranwendungen mußten allerdings tatsächlich die Codes für Programmausführungen – quasi „per Hand" – Schritt für Schritt eingegeben werden. Heute erleichtern Programmiersprachen diese Arbeit. Eine Programmiersprache stellt eine Reihe von Befehlswörtern aus der Alltagssprache zur Verfügung, mit denen sich ein Funktionsablauf bestimmen läßt, etwa die eben erwähnte Dateinamenerweiterung „VAP". Alles, was ein Programm können soll, wird in Befehlszeilen eingegeben und erst danach durch ein spezielles Programm in Maschinensprache übersetzt. So bestehen die Befehlszeilen bei der Programmierung aus Anweisungen wie „Schreibe das Wort Textverarbeitung auf den Bildschirm," „Warte auf das Drücken einer Taste," „Lies die Dateinamen der Diskette" usw. Tatsächlich sind diese Befehlszeilen jedoch in einer ganz bestimmten Schreibweise formuliert, die von Programmiersprache zu Programmiersprache verschieden ist. Dabei sind die Befehlsworte meistens der englischen Sprache entnommen.

Bei einigen höheren Programmiersprachen ist es sogar möglich, beispielsweise eine Prozedur zu erstellen, die im Klartext „Dateierweiterung" heißt. Immer, wenn diese Prozedur benötigt wird, genügt es, als Befehlszeile „Dateierweiterung" einzugeben. Durch diese Vereinfachung wird es auch für Hobbyprogrammierer relativ leicht, ein eigenes Programm zu schreiben.

Trotzdem kann man nicht einfach drauflos programmieren. Zu jeder Programmentwicklung gehört ein genaues Konzept darüber, was das Programm können soll, und eine genaue Aufstellung der dafür notwendigen Funktionen und Prozeduren. Je exakter diese Struktur vorgegeben wird, um so leichter ist das eigentliche Programmieren (siehe Seite 158).

Das Programm wird zunächst mit einem speziellen Editor oder einem normalen Textverarbeitungsprogramm Zeile für Zeile geschrieben. Danach bestehen zwei Möglichkeiten: Ein „Interpreter" übersetzt die einzelnen Programmzeilen bei der Programmausführung, oder ein „Compiler" übersetzt das gesamte Programm auf einmal in Maschinensprache. Interpreter werden heute immer seltener eingesetzt. Selbst bei der Programmiersprache BASIC, auf die wir im folgenden noch eingehen, kommen heute immer mehr Compiler zum Einsatz, da diese erhebliche Vorteile bieten.

In der Praxis wird nicht das gesamte Programm als ein Block geschrieben, sondern in sinnvolle Teile aufgesplittet. Die Programmierer machen dann für jeden Programmabschnitt einen Probelauf, damit Fehler, die sich eingeschlichen haben, rascher gefunden werden können.

Warum gibt es unterschiedliche Programmiersprachen? Ein Rosenzüchter stellt an den Boden andere Anforderungen als ein Weizenanbauer. In ähnlicher Weise gibt es für die verschiedenen Anforderungen, die an Programme gestellt werden, auch unterschiedlich geeignete Programmiersprachen. FORTRAN beispielsweise wird im technisch-wissenschaftlichen Bereich eingesetzt, weil diese Programmiersprache Rechenfunktionen in großer Geschwindigkeit durchführen kann. PROLOG hingegen eignet sich besonders zur Verarbeitung von Textelementen und wird vorzugsweise zur Erstellung sogenannter Expertensysteme benutzt.

Eine gewisse Einteilung läßt sich durch die Begriffe *systemorientierte, anwendungsorientierte und höhere Programmiersprachen* schaffen. Doch bei einigen Sprachen ist die Grenze fließend, das heißt, sie sind so universell einsetzbar, daß mit ihnen die meisten anfallenden Programmaufgaben gelöst werden können. Welche Bedeutung haben Programmiersprachen im Computeralltag?

Für den durchschnittlichen Anwender ist es nicht notwendig, sich mit Programmiersprachen auseinanderzusetzen. Die fertigen Programme können praktisch ohne irgendwelche besonderen Computerkenntnisse genutzt werden. Hier geht es mehr um die richtige Handhabung einer Menüstruktur.

Wer einen IBM-kompatiblen Personal Computer einsetzt, wird aber möglicherweise mit sogenannten Batch-Programmen in Berührung kommen. Es handelt sich dabei um Befehlszeilen, die vom Betriebssystem des Rechners (MS-DOS, PC-DOS, DR DOS) ohne Kompilierung, also ohne Übersetzung in Maschinensprache, abgearbeitet werden. Der Sprachumfang für Batch-Programme ist recht bescheiden. Anwender kommen für einfache Aufgabenstellungen mit fünf, sechs Befehlen aus. Will man – um bei dem ersten Beispiel zu bleiben – dem Dateinamen DATEN die Erweiterung „VAP" geben, so müßte man hierzu eingeben:

REN DATEN DATEN.VAP

REN ist hier die Abkürzung für „rename" (umbenennen). Alle Befehlszeilen werden als Text eingegeben, so wie beim Schreiben eines Einkaufszettels. In der Reihenfolge der Eingaben werden sie auch abgearbeitet. Wer sich darüber hinaus eigene kleine oder größere Programme erstellen will, kann auch ohne Informatikstudium in der Regel innerhalb von einigen Monaten lernen, einigermaßen flott mit einer Programmiersprache umzugehen. Zu empfehlen sind höhere Programmiersprachen wie PASCAL, BASIC oder LOGO.

Strukturierung

Wie oben erwähnt, ist es nicht sinnvoll, einfach drauflos zu programmieren. In aller Regel wird vor Beginn der Programmierung eine Strukturierung des Programms erfolgen. Die Methoden, mit denen dies geschieht, sind von Fall zu Fall unterschiedlich.

Umfangreiche Programme werden nicht von einem einzelnen Programmierer geschrieben. Die Erarbeitung einer klaren Struktur für die Zusammenarbeit aller Teilprogramme ist dann besonders wichtig. Viele moderne Programmiersprachen unterstützen deshalb strukturierte Programmier-

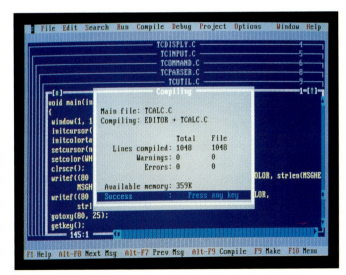

Jedes geschriebene Programm muß zunächst kompiliert, d. h. in für den Computer verständliche Codes umgesetzt werden

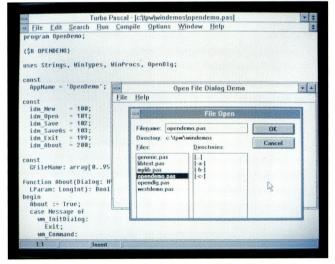

Viele Programmiersprachen sind heute auch in Windows-Versionen erhältlich, wie zum Beispiel Turbo Pascal

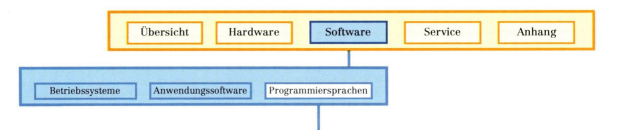

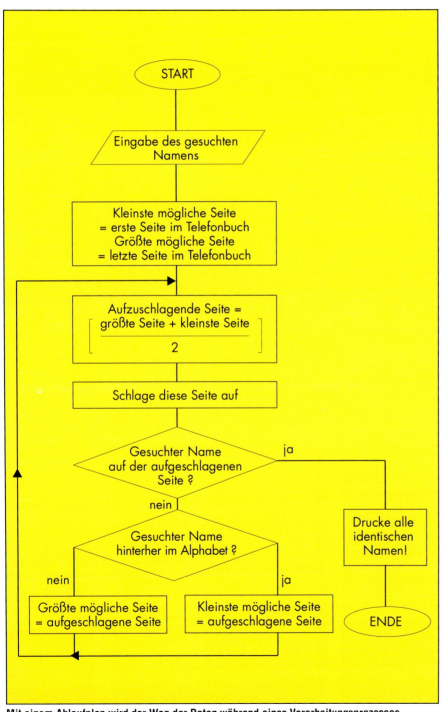

```
ASSUME CS:Code_Seg,DS:Data_Seg
ADD  AX,OFFSET 6164H
JZ   L006AH
DB   06EH
OR   WORD PTR [SI]+97,SP
JZ   L0070H
DB   06EH
JBE  L006FH
JO   LFFABH
ADD  BYTE PTR [BX+SI],AL
ADD  AX,OFFSET 5500H
MOV  BP,SP
MOV  DI,OFFSET L003CH
PUSH DS
PUSH DI
MOV  DI,OFFSET L0000H
PUSH CS
PUSH DI
CALL FAR 05H:04DCH
MOV  DI,OFFSET L003CH
PUSH DS
PUSH DI
MOV  DI,OFFSET L0006H
PUSH CS
PUSH DI
CALL FAR 05H:06A4H
CALL FAR 05H:020EH
MOV  SP,BP
POP  BP
XOR  AX,AX
CALL FAR 05H:0D8H
ADD  BYTE PTR [BX+SI],AL
ADD  BYTE PTR [BX+SI],AL
ADD  BYTE PTR [BX+SI],AL
ADD  BYTE PTR [BX+SI],AL
ADD  BYTE PTR [BX+SI],AL
ADD  BYTE PTR
[BP+SI]+75H,BH
MOV  DS,DX
MOV  WORD PTR [L0030H],ES
XOR  BP,BP
MOV  AX,SP
ADD  AX,OFFSET 13H
MOV  CL,OFFSET 4
SHR  AX,CL
MOV  DX,SS
ADD  AX,DX
MOV  WORD PTR [L0008H],AX
MOV  WORD PTR [L000AH],AX
ADD  AX,WORD PTR [L0002H]
MOV  WORD PTR [L000CH],AX
MOV  WORD PTR [L0016H],AX
MOV  WORD PTR [L001AH],AX
MOV  AX,WORD PTR ES:[L0002H]
```

Mit einem Ablaufplan wird der Weg der Daten während eines Verarbeitungsprozesses veranschaulicht (hier eine Adressensuche im Telefonbuch)

Assemblerlisting: Auch für einfache Aufgaben entstehen viele Zeilen Programmcode

methoden oder setzen sie sogar voraus. Die neueste Entwicklung auf diesem Gebiet ist die sogenannte objektorientierte Programmierung. In gewisser Weise sind aber auch die „Objekte" nichts anderes als die seit langem bekannten Unterprogramme, wenn auch mit neuen, die Programmierung erleichternden Eigenschaften. Und so ist es nicht weiter verwunderlich, wenn Programmierer folgendes feststellen: „Zwar sind mit objektorientierter Programmierung im Programmierteam einige Absprachen weniger nötig, aber die Notwendigkeit zu genauen Absprachen und exakter Strukturierung bis in die Details hinein besteht noch immer."

Im Laufe der Zeit wurden eine Reihe von Methoden als Hilfsmittel entwickelt. Eine der älteren und für Hobbyprogrammierer und auch Laien gut überschaubaren Methoden ist der Programmablaufplan. In ihm werden die einzelnen Schritte eines Programms oder Teilprogramms bildlich dargestellt.

Für die verschiedenen Operationen werden standardisierte Symbole (die in DIN 66001 sogar genormt sind) verwendet. Zum Beispiel werden Ein- und Ausgabeoperationen durch Parallelogramme (Rauten), interne Operationsanweisungen durch Rechtecke, Programmanfang und -ende durch Ovale gekennzeichnet. Den Ablauf des Programms kennzeichnen Pfeile zwischen den Symbolen. Eine neuere Methode, die aus den Notwendigkeiten der strukturierten Programmierung entstanden ist, sind Struktogramme, die nach ihren Entwicklern auch als Nassi-Shneidermann-Diagramme bezeichnet werden.

Assembler

Assembler (englisch: „to assemble", montieren) ist eine sogenannte systemnahe Programmiersprache. Sie ist immer an eine bestimmte Prozessorfamilie gebunden, weil sie sich direkt an den Maschinensprachelementen orientiert, die von Prozessortyp zu Prozessortyp verschieden sind. Assembler wird häufig als die erste Programmiersprache überhaupt bezeichnet. Sie entstand zu einer Zeit, als Computer noch mit Röhren und später mit Transistoren gebaut wurden. Das Programmieren in Assembler setzt fundierte Kenntnisse über den Aufbau und die Wirkungsweise eines Prozessors voraus. Ein Hobbyprogrammierer wird diese Anforderungen kaum erfüllen.

Um den professionellen Programmierern den Umgang mit Assembler zu erleichtern, wurden Merkwörter (sogenannte Mnemoniks) für die verschiedenen Programmbefehle entwickelt. So lautet zum Beispiel der Befehl „Addiere" als Mnemonik ADD. Den dazu passenden Maschinensprachebefehl stellt der Assembler-Editor beziehungsweise der Compiler selbst zur Verfügung.

Obwohl dies eine erhebliche Erleichterung gegenüber den direkten Maschinensprachelementen ist, bleibt das Programmieren in Assembler eine komplizierte und kleinschrittige Angelegenheit. Um das oben angeführte Beispiel (Ergänzung eines Dateinamens) in Assembler zu verwirklichen, sind die Eingaben notwendig, die das Assembler-Listing auf dieser Seite zeigt. Dabei handelt es sich nur um einen Ausschnitt des Gesamtprogramms.

ADA

Die Programmiersprache ADA wurde aufgrund einer Initiative des amerikanischen Verteidigungsministeriums in den Jahren 1975–1980 entwickelt und nach Ada Lovelace benannt, der Mitarbeiterin von Charles Babbage, dem Erfinder einer frühen Rechenmaschine.

ADA wurde für einen Computer geschrieben, der noch gar nicht gebaut war. Es ging in erster Linie darum, die Vielfalt der Programmiersprachen innerhalb der NATO zu überwinden, um Kosten zu sparen und Programme aus verschiedenen Entwicklungen transparent zu halten.

In ADA lassen sich in erster Linie Programmierungen für den technischen Bereich (Flugüberwachung, Raketensteuerung ...) realisieren, wobei das Hauptaugenmerk darauf liegt, Programmfehler oder Fehlbedienungen schadlos abzufangen. Inzwischen stehen aber wegen dieses Sicherheitsprinzips auch kommerzielle Anwendungen wie große Datenverwaltungsprogramme zur Verfügung, die in ADA programmiert wurden.

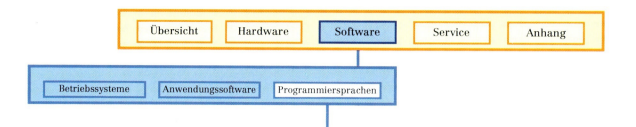

BASIC

Unter Hobbyprogrammierern und bei jungen Leuten war die Programmiersprache BASIC etwa bis zum Ende der 80er Jahre sehr populär. Praktisch alle Heimcomputer stellten nach dem Einschalten automatisch BASIC zur Verfügung, weil diese Programmiersprache dort fest im Arbeitsspeicher enthalten war. Heimcomputer der jüngeren Generation und der etwas gehobenen Klasse arbeiten inzwischen jedoch wie Personal Computer mit einem bestimmten Betriebssystem. BASIC oder andere Sprachen müssen zusätzlich geladen werden. Bei IBM-kompatiblen Personal Computern ist BASIC im Lieferumfang des Betriebssystems enthalten.

Das Programmieren in BASIC erlernen auch interessierte Computerlaien in der Regel rasch, weil die Befehlswörter leicht zu merken sind und eine sogenannte unstrukturierte Programmierung möglich ist.

Unstrukturierte Programmierung bedeutet, daß die Abfolge von programmierten Einzelfunktionen an beliebigen Stellen innerhalb des Programms stehen können, ohne daß dies zu Fehlern führt. Der interne Programminterpreter springt, den Nummern der Programmzeilen entsprechend, im Programm auf und ab.

Bei strukturierten Programmen hingegen müssen die eingegebenen Programmzeilen genau mit dem Bedienungsablauf des Programms übereinstimmen.

Der Nachteil von BASIC ist die zum Teil sehr langsame Ablaufgeschwindigkeit der so erstellten Programme. Ein weiteres Problem ergibt sich aus den verschiedenen BASIC-Dialekten, die im Laufe der Zeit entstanden sind. Sie machen einen Programmaustausch zwischen den Computerfamilien oft unmöglich. Aus diesem Grund haben selbst Hobbyprogrammierer inzwischen damit begonnen, in einer anderen höheren Programmiersprache, etwa PASCAL, zu programmieren.

Eine Ausnahme bildet Turbo-BASIC und HT-BASIC. Turbo-BASIC wird zusammen mit einem Editor (Programm zur leichten Eingabe von BASIC-Programmzeilen) und einem Compiler geliefert, der die Programmzeilen in Maschinensprache übersetzt. Die Programme laufen über ihn wesentlich schneller ab als über den Interpreter der anderen BASIC-Versionen.

HT-BASIC ist noch komfortabler als Turbo-BASIC. Es handelt sich um eine professionelle Programmiersprache, die sogar die Speichergrenze des IBM-Standards überwindet und dabei Datenmengen bis zu 4000 MByte (4000 Millionen Zeichen/Speicherplätze) gleichzeitig verwalten kann.

C

Die Programmiersprache C zählt wie Assembler zu den systemnahen Sprachen. Sie ist kompliziert in ihrer Syntax, damit ist die nach Schreibweise und Abfolge korrekte Eingabe von Befehlen gemeint. C ist entsprechend schwierig zu erlernen und wird in erster Linie von professionellen Programmierern benutzt. C hat sich zwischenzeitlich für die verschiedensten Anwendungen durchgesetzt. Der Grund für diesen Erfolg ist die Flexibilität und die Schnelligkeit der Programme. Auch das Betriebssystem UNIX besteht zu 95 Prozent aus C-Programmen.

Es gibt verschiedene C-Compiler. Die bekanntesten sind Microsoft-C, Lattice-C und Turbo-C. Ebenso werden zahlreiche standardisierte Funktionsbibliotheken angeboten. Dies sind universelle Programmroutinen, die durch einfache Funktionsaufrufe in Hauptprogramme eingebunden werden. Solche Routinen (Tools = Werkzeuge) erleichtern dem Programmierer die Arbeit erheblich.

Die Programmiersprache C (hier Turbo C von Borland) wird vor allem von professionellen Programmierern verwendet

COBOL

COBOL hat ebenso viele Freunde wie Gegner. Auch diese Programmiersprache entstand aufgrund einer Initiative des amerikanischen Verteidigungsministeriums, und zwar schon im Jahr 1959. COBOL ist eine anwendungsorientierte Programmiersprache. Ihre Struktur ist hauptsächlich zur Erstellung von kaufmännischen Programmen geeignet.

Die Anzahl der Befehlswörter von COBOL ist gering, so daß für eine Befehlsabfolge wesentlich mehr Programmzeilen geschrieben werden müssen als zum Beispiel in C oder BASIC. Die kompilierten COBOL-Programme erreichen dafür eine sehr hohe Ablaufgeschwindigkeit. COBOL verwendet Klartext-Befehlswörter; sogar Grundrechenfunktionen wie Addieren und Dividieren werden nicht durch die Symbole + und : sowie =, sondern durch die Wörter ADD, DIVIDE und GIVING eingegeben.

Eine Programmzeile wie
A = 8 : 2
heißt in COBOL:
DIVIDE 8 BY 2 GIVING A.

Da COBOL große Datenmengen verarbeiten kann und keine Elemente enthält, die auf einen speziellen Prozessor oder Rechnertyp direkt zugreifen, sind COBOL-Programme recht gut übertragbar und finden in großen Rechenanlagen Verwendung.

FORTRAN

FORTRAN ist ebenso wie COBOL eine anwendungsorientierte Programmiersprache. Der Name FORTRAN entstand aus den Begriffen „Formula" und „Translater" (Formelübersetzer). Damit wird bereits der Anwendungsbereich von dieser Programmiersprache umschrieben: die Umsetzung technisch-wissenschaftlicher Aufgaben.

FORTRAN-Programme werden in erster Linie dort verwendet, wo Menschen hauptsächlich mit Zahlen arbeiten (Ingenieure, Techniker, Wissenschaftler …).

Ein besonderes Merkmal von FORTRAN ist die Möglichkeit, sogenannte Unterprogramme getrennt vom eigentlichen Programm zu erstellen und bei Bedarf einzulesen. Im Laufe der Zeit entsteht so eine Unterprogrammbibliothek für verschiedene Einzelaufgaben, die nun nicht immer wieder aufs neue programmiert werden müssen. Diese Technik wurde in viele andere Programmiersprachen übernommen.

Es gibt verschiedene FORTRAN-Versionen. Die bekanntesten sind FORTRAN II, FORTRAN IV und FORTRAN 77.

LISP

LISP (Abkürzung für: LISt Processing language) wurde 1957 am Darthmouth College in den USA entwickelt und dient zur Lösung von Problemen der künstlichen Intelligenz. Das bedeutet, in LISP werden keine Berechnungsformeln programmiert, sondern Listen von Daten, Variablen und Symbolen erstellt, die sich, in vielfältiger Weise ineinander verschachtelt, manipulieren lassen. Auf dieser Programmstruktur basieren sogenannte Expertensysteme, also zum Beispiel Programme, die aufgrund von eingegebenen Fakten Diagnosen stellen. Es gibt Heilpraktiker, die solche Systeme einsetzen.

Seit ihrer Entwicklung ist die Programmiersprache LISP nicht sonderlich verbessert worden, so daß das Erlernen der zahlreichen Befehlswörter sehr aufwendig und kompliziert ist. Es gibt allerdings auch LISP-Varianten mit sehr einfacher Syntax. Die Befehlsfolgen können vom Anwender aus Anleitungsbüchern abgetippt werden. Das heißt, ein LISP-Interpreter wird mit Hilfe einer anderen Programmiersprache programmiert.

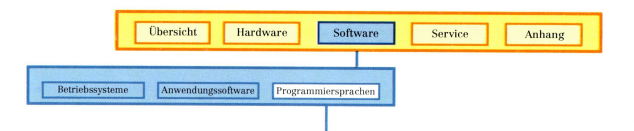

LOGO

Die höhere Programmiersprache LOGO wird häufig dazu benutzt, Kinder in die Welt der Computer einzuführen. Durch die sehr einfache Struktur von LOGO können Kinder schon ab acht Jahren eigene kleine Programme schreiben, mit denen Grafiken auf dem Bildschirm aufgebaut werden oder ähnliches. Dabei ist es nicht erforderlich, die Befehlswörter einzugeben. Ein kleines Dreieck, das Turtle (Schildkröte) genannt wird, läßt sich auf dem Bildschirm bewegen und erlaubt das Zeichnen von Linien, Kreisen und so weiter. Wenn die Kinder etwas Erfahrung mit LOGO gesammelt haben, können sie Prozeduren auch durch Worteingaben programmieren. Für praktische Anwendungen oder professionelle Programme ist LOGO nicht geeignet.

PASCAL

PASCAL zählt, ebenso wie C, zu den am meisten eingesetzten Programmiersprachen. Der Grund ist die Verständlichkeit der Syntax, die Übersichtlichkeit der Programmzeilen und die rasche Ablaufgeschwindigkeit der Programme. PASCAL wurde 1971 von dem Schweizer Niklaus Wirth entwickelt. Seither sind verschiedene Versionen dieser Programmiersprache auf den Markt gekommen. Die bekannteste heißt Turbo-PASCAL.

Das Programmieren in PASCAL erfordert logisches und strukturiertes Denken. Der Lernaufwand ist höher als für BASIC, doch auch für Hobbyprogrammierer lohnend, wenn es darum geht, etwas umfangreichere Programme zu erstellen. Hier kann man in BASIC leicht den Überblick verlieren.

PROLOG

PROLOG ist, ebenso wie LISP, eine Programmiersprache zur Realisation von Expertensystemen. Der Name ist eine Abkürzung von: programming in logic. Dies macht schon die Anforderung an den Programmierer deutlich. Dabei ist jedoch nicht die Reihenfolge der Programmzeileneingabe wichtig (in PROLOG kann die Reihenfolge der Zeilen beliebig sein, weil die Programmiersprache sie bei der Abarbeitung selbsttätig ordnet), sondern die Art der Anweisungen, das heißt, die effektive Nutzung der syntaktischen Struktur. Es ist zwar möglich, sehr komplexe Probleme in wenigen Programmzeilen zu lösen, jedoch erfordert dies die genaue Kenntnis der PROLOG-Arbeitsweise. Auch etwas erfahrenere Programmierer, die sonst in anderen Sprachen programmieren, sind bei PROLOG oft überfordert. Wer jedoch in den Bereich der „künstlichen" Intelligenz einsteigen und Expertensysteme schreiben möchte, wird in PROLOG ein besseres Werkzeug finden als in LISP.

Ebenso wie bei anderen Sprachen gibt es von PROLOG verschiedene Versionen. Eine bekannte und populäre ist Turbo-PROLOG von Borland.

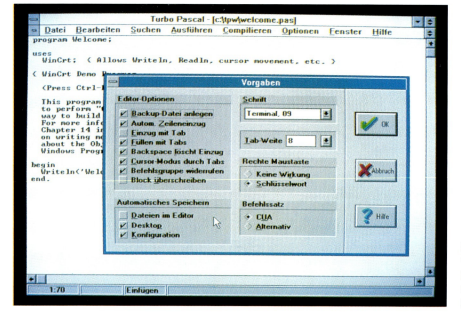

Pascal (das Bild zeigt Turbo Pascal von Borland) gehört zu den gebräuchlichsten Programmiersprachen

Andere Programmiersprachen

Neben den zuvor beschriebenen Programmiersprachen wurde eine Reihe weiterer Sprachen entwickelt, die teilweise Vorbilder für Populärsprachen waren, selbst aber keine große Verbreitung fanden. Sie sind nachfolgend knapp zusammengefaßt.

ALGOL
ALGOL (Abkürzung für: ALGOrithmic Language) ist eine europäische Entwicklung. Hier wurden erstmals Programmstrukturen für Blockbedingungen verwirklicht wie „Wenn ... Dann ... Sonst" (IF ... THEN ... ELSE) oder „Wiederhole, bis diese/jene Bedingung erfüllt ist" (REPEAT ... UNTIL). Neu war auch eine dynamische Speicherverwaltung. Das bedeutet, der für den Programmablauf notwendige Speicher wird bei bestimmten Prozeduren erst während des Ablaufs vergeben, nicht statisch vordefiniert. Trotzdem konnte sich ALGOL im bedeutenden amerikanischen Markt nicht behaupten.

FORTH
FORTH ist eine Programmiersprache, die nicht nur fest vorgegebene Befehlswörter bereitstellt, sondern erlaubt, eigene Befehle zu definieren und dem vorhandenen Vokabular hinzuzufügen. Diese persönlich generierten Befehle müssen allerdings aus den vorhandenen Befehlen zusammengesetzt sein. Trotz der Flexibilität und auch der guten Ablaufgeschwindigkeit von FORTH-Programmen konnte sich diese Programmiersprache nur begrenzt durchsetzen.

PL/1
PL/1 wurde von IBM entwickelt und in Großrechenanlagen eingesetzt. Sie vereint in sich Sprachelemente von COBOL, ALGOL und FORTRAN. PL/1 bietet Möglichkeiten zur Multitasking-Programmierung (Mehrprogrammbetrieb). Die schwere Beherrschbarkeit dieser Sprache ist der Grund für ihre geringe Verbreitung.

APL
Die Sprache APL wurde 1960 entwickelt und 1966 öffentlich vorgestellt. Sie wird für anspruchsvolle mathematische Aufgaben eingesetzt und hat in dieser Anwendungsebene Bedeutung erlangt. Kommerzielle Verbreitung fand APL jedoch nicht.

COMAL
Zehn Jahre nach der Entwicklung von BASIC wurde COMAL vorgestellt. Es handelt sich um eine Sprache mit BASIC-ähnlichen Befehlswörtern und PASCAL-ähnlichen Strukturen. COMAL wird häufig für schulische Zwecke eingesetzt. Eine besondere Bedeutung für kommerzielle Anwendungsprogramme hat diese Sprache nicht erreicht.

MODULA-2
MODULA-2 ist eine PASCAL-Erweiterung, die seit 1975 entwickelt und mehrfach verbessert wurde. Besonderheit dieser Sprache ist unter anderem die Möglichkeit, einzelne Module eines Programmes getrennt zu kompilieren (in Maschinensprache zu übersetzen) und dabei ihre Verträglichkeit mit anderen Modulen zu überprüfen. Dadurch lassen sich auch umfangreiche Programme in Teams (Workgroups) erstellen, die relativ unabhängig voneinander arbeiten können.

PEARL
Anfang der 70er Jahre wurde PEARL (Abkürzung für: process and experiment realtime language) in Deutschland entwickelt. Dabei handelt es sich um eine rechnerunabhängige Sprache, die unter anderem für Programme mit Echtzeitanwendungen eingesetzt wird (Meßwerterfassung, Überwachungsprogramme etc.). Ihr Sprachumfang erinnert stark an PASCAL.

Multitasking-Anwendungen und die Steuerung von Multiprozessor-Anlagen sind in PEARL ebenfalls möglich.

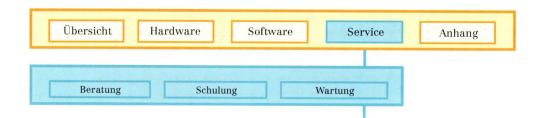

Service

Vor der Anschaffung eines Rechners, unmittelbar danach und im weiteren Verlauf seiner Nutzung ist guter Rat sehr gefragt. Grund genug, sich rechtzeitig um Beratung, Schulung und Wartung zu kümmern. Diese drei Stichworte stehen für
❒ die richtige Entscheidung, vor und nach der Anschaffung,
❒ Fachwissen aus erster Hand, schnell und sicher vermittelt
❒ und Hilfe in der Not.

Bei allen Entscheidungen auf diesem Gebiet muß man sich vor Augen halten, wozu der oder die Computer eingesetzt werden sollen. So handelt in der Regel eine Firma unklug, die für 100.000,– DM Hardware kauft, für 10.000,– DM Software und 1000,– DM in einen Kurzlehrgang für den Geschäftsinhaber investiert. In Unternehmen, die EDV professionell einsetzen, wird bis zu einem Drittel der Investitionskosten für die Schulung der Mitarbeiter angesetzt! Und Software, die umständlich und langsam ist, behindert die Mitarbeiter.
  Mit 30.000,– DM für die Hardware, 30.000,– DM für die Software und 30.000, – DM für Mitarbeiterschulung wäre das Beispielunternehmen wahrscheinlich besser bedient.
  Dann hätte es auch noch etwas Luft im Etat für einen Wartungsvertrag, der für schnelle Hilfe bei Ausfällen sorgen würde.

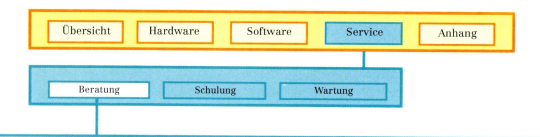

Beratung

Bei der Entscheidung für eine Anlage sollten Sie sich auf bestimmte Fragestellungen konzentrieren. Beachten Sie besonders, welches Betriebssystem verfügbar ist und welche Programme damit arbeiten können. Denken Sie an mögliche Erweiterungen, die Qualität von Bildschirmen und Tastaturen und die Arbeitsgeschwindigkeit des Rechners.

Entscheidung mit Folgen

Kaufen Sie einen Computer, wird Ihre Entscheidung langfristig Folgen haben. Bedenken Sie: Mit dem Erwerb der Maschine legen Sie sich auf ein bestimmtes System fest. Sollte sich später herausstellen, daß dieses System Ihre Anforderungen nicht erfüllen kann, müssen Sie es auswechseln. Das kann bitter sein, denn Programme, Zubehör wie Drucker und Bildschirme und nicht zuletzt Ihr Fachwissen lassen sich oft nicht so ohne weiteres auf ein anderes, leistungsstärkeres System übertragen.

Haben Sie sich etwa anfangs für ein besonders »günstiges« Auslaufmodell entschieden, wird bei steigendem Appetit auf mehr Computerleistung vielleicht ein ganz neues Rechnersystem mit entsprechend hohen Kosten notwendig.

Welche Zukunftschancen, also welche Lebenserwartung, welche Leistungsentwicklung und welche Verfügbarkeit ein Rechnersystem hat, kann ein Laie nur schwer erkunden. Er sollte auf den Rat von Fachleuten nicht verzichten.

Guter Rat kann billig sein

Sie müssen nicht unbedingt ein Informatiker werden, um die richtige Entscheidung für den Kauf eines Computers fällen zu können. Etwas Fachwissen kann jedoch nicht schaden. Fachbücher und Fachzeitschriften können Ihnen in kurzer Zeit ein solides Grundwissen vermitteln. Dann sind Sie gewappnet für den Kontakt mit den Fachleuten.

Berater

Im Gespräch mit erfahrenen EDV-Anwendern, mit interessierten Kollegen und Freunden werden Sie sicher bald erfahren, welche EDV-Systeme für Ihre Zwecke interessant sind. Profitieren Sie ruhig von den guten (und schlechten) Erfahrungen der anderen: Sie müssen nicht alle Niederlagen noch einmal erleben. Von Anwendern hören Sie oft mehr über die Vor- und Nachteile eines Systems als stundenlanges Studium seiner Dokumentation erklären könnte. Achten Sie auf folgende Punkte:
☐ Welches Computersystem wird besonders oft positiv erwähnt?
☐ Welche Programme werden häufig genannt?
☐ Wie heißen die Händler?

Vielleicht wenden Sie sich an einen EDV-Berater, der Ihnen bei der Entscheidungsfindung behilflich ist. Das kann ein Fachhändler sein, der nach einem intensiven Beratungsgespräch allerdings auch einen finanziellen Vorteil haben möchte. Sie können auch einen EDV-Berater konsultieren, wie er von Berufsverbänden empfohlen wird.

Wichtig ist, daß Sie vorab sorgfältig prüfen, ob der Fachmann, den Sie um Rat bitten, auch wirklich neutral berät. Manche Fachhändler vertreten nur einen Hersteller und damit dessen System, so daß ein objektiver Systemvergleich nicht erwartet werden kann.

Zeitschriften

Der Fachzeitschriftenmarkt in der Bundesrepublik ist fast unüberschaubar geworden. Neben den großen Verlagen tummeln sich Miniaturverlage, die auch ausgefallene Fragestellungen diskutieren. In den großen Magazinen finden Sie Grundlagenbeiträge, Erfahrungsberichte, Tests und Marktübersichten.

Grundlagenberichte sind interessant, wenn Sie sich schnell und kompakt über neue Entwicklungen und Trends informieren wollen. Themen wie „Der beste Bildschirm" oder „Textverarbeitung" werden in kurzen Abständen immer wieder in den Heften erörtert.

Erfahrungsberichte finden sich nicht so oft. Meist berichten EDV-Leiter aus mittleren Unternehmen über größere Projekte. Themen wie „Auftragsabwicklung mit dem PC" oder „Vernetzung eines mittelständischen Betriebes" werden gelegentlich publiziert.

Testberichte füllen in den meisten Zeitschriften die Seiten. Es werden neue Geräte und Programme getestet und bewertet. Jede Zeitschrift prüft nach eigenen Kriterien. Der bejubelte Testsieger muß wegen der manchmal einseitigen und wirklichkeitsfremden Beurteilungskriterien nicht unbedingt mit dem besten Produkt

Zu einer guten Beratung gehört eine Vorführung des kompletten Systems

identisch sein. So bewertet kaum ein Test, ob auf einem bestimmten Rechnermodell wirklich alle wichtigen, zur Systemfamilie gehörigen Programme einwandfrei laufen. Auch Dauer- oder Belastungstests sind äußerst selten.

Marktübersichten werden in Form umfangreicher Tabellen veröffentlicht. Diese Beiträge sollen über Leistungsmerkmale und Preise aller zur Zeit am Markt - verfügbaren Produkte einer Warengruppe informieren. Wegen der Produktvielfalt begrenzen die Magazine ihre Übersichten in der Regel auf ganz enge Marktsegmente. Themen wie „Nadeldrucker unter 1000 Mark" oder „Farbmonitore für den VGA-Standard" werden Sie oft finden. Meist geben die Zeitschriften bloß ungeprüfte Herstellerangaben wieder, die über eine Fragebogenaktion eingesammelt wurden. Gelegentlich sind die Angaben auch veraltet, besonders die Preise und die Ausstattungsmerkmale sind in der Computerwelt heftigen Schwankungen unterworfen. Sollte Ihnen das eine oder andere Gerät in einer Marktübersicht gefallen, sollten Sie sich zusätzlich beim Fachhandel über die aktuelle Ausstattung und den geltenden Preis informieren.

Handel

Es gibt „Fachhändler", die in erster Linie Interesse am schnellen Geld haben und stets zu einem System raten: zu dem mit der höchsten Gewinnspanne für sich selbst. Auf der anderen Seite stehen die seriösen Händler, die langfristig denken und vor allem zufriedene Kunden haben wollen. Wenn Sie dauerhaft mit einem Händler kooperieren, wird er sich für den Erfolg Ihres EDV-Einsatzes ein Stück mitverantwortlich fühlen.

Woran erkennt man nun einen kompetenten, seriösen Handelspartner? Er wird sich vor dem Verkauf ausführlich mit den Anforderungen auseinandersetzen, die Sie an ein Computersystem stellen. Er wird sich zuerst eingehend mit Ihren Wünschen, den Perspektiven Ihres Unternehmens und Ihren Vorerfahrungen beschäftigen und danach einen Rat erteilen. Wenn Sie also merken, daß Ihr Gesprächspartner Sie bereits nach kurzer Zeit kaum noch zu Wort kommen läßt, scheint er sein Ziel schon klar vor Augen zu haben.

Ein kompetenter Händler kennt die von ihm betreute Hard- und Software nicht nur aus den Prospekten. Er kann Ihnen die Geräte zeigen und sie auch bedienen. Er ist mit den Programmen vertraut und kann zumindest einfache Vorgänge demonstrieren. Sollte aber Ihr Ratgeber bei Ihren Fragen stets nur nicken und sagen: „Dieses Programm kann alles, was Sie verlangen, ohne Einschränkung", dann ist bestimmt etwas faul. Lassen Sie sich die Realisation Ihrer Anforderungen zeigen!

Nicht in jedem Beratungsgespräch durch den Fachhändler werden alle Register gezogen. Denken Sie daran, daß Beratung Geld kostet. Für den Verkauf eines Programms von 200 oder 300 Mark kann kein Verkäufer Stunden investieren.

Beratung bei der organisatorischen Eingliederung des Computers in den Arbeitsablauf

Schulung

Auch wenn in der Werbung stets behauptet wird, daß speziell das von Ihnen gekaufte Programm kinderleicht zu bedienen ist, müssen Sie mit einer Einarbeitungszeit rechnen.

Erlauben Sie einen Vergleich: Erinnern Sie sich noch an Ihre ersten Fahrversuche mit dem Auto? Auch hier brauchten Sie Zeit, um alle Fertigkeiten zu erwerben, die für eine einfache Fahrt in die Innenstadt notwendig sind. Heute kommt Ihnen beim Autofahren alles ganz selbstverständlich vor ...

Sicherlich kann man EDV-Anwendungen im Heimstudium erlernen. Immerhin liefern die großen Computer- und Programmanbieter dicke Handbücher zu ihren Produkten. Aber in einem guten Computerseminar werden Sie schneller und unterhaltsamer mit den Grundlagen der Computerei

Eine intensive Schulung hilft, betriebliche Aufgabenstellungen mit dem Computer zu lösen

vertraut als durch Lesen der Handbücher, den Gebrauch von Lernprogrammen oder gar über die Methode „Versuch und Irrtum".

Verkürzte Einarbeitung

Die mit einem Programm gelieferten Handbücher sind meist von Technikern verfaßt und haben den Zweck zu dokumentieren. Daher ist meist in knapper Sprache technisch exakt formuliert, welche Funktionen die Software im einzelnen beherrscht und wie man sie aufruft. Ein Anfänger ist mit derartig spezialisiertem Wissen überfordert. Handbücher sind Nachschlagewerke, keine Lehrbücher.

Am Anfang benötigen Sie einen Überblick über die Möglichkeiten Ihres Programms. Direkt am Computer sollten Sie unter Anleitung einfache Arbeitsschritte ausprobieren. Natürlich kann man das auch mit Lernprogrammen tun, die von vielen Anbietern den Programmen beigepackt werden. In einem Seminar jedoch können Sie sofort den Trainer befragen, wenn etwas nicht klappt. Oft ist man am Anfang von all den Fachbegriffen, Tastenkombinationen und Techniken einfach überfordert.

Besonders die ersten Schritte in die EDV sind schwierig. Zunächst gilt es sich mit einer völlig ungewohnten Art der Mensch-Maschine-Kommunikation anzufreunden. Man muß lernen, die Tastatur zu bedienen und die Informationen auf dem Bildschirm richtig zu deuten. Und vor allen Dingen muß man eine Theorie entwickeln, wie das Programm funktioniert und wie es bedient wird. Das alles kann man sich Schritt für Schritt mit einem Handbuch in der Hand oder einem Lernprogramm im Computer erarbeiten. Aber im Dialog mit einem erfahrenen Trainer wird der Lernerfolg schneller und sicherer eintreten.

Welche Schule ist die beste?

Wenn Sie sich für eine Schulung entscheiden, sollten Sie bei deren Wahl einige Überlegungen berücksichtigen:

In einem Massenbetrieb mit zwanzig oder mehr Hörern kann kein effektives EDV-Seminar abgehalten werden. Kleinere Gruppen ermöglichen schnelleren Lernerfolg. Zwei Argumente sind besonders einleuchtend: Je mehr Teilnehmer vorhanden sind, desto weniger Zeit bleibt für die individuelle Betreuung des einzelnen. Und: Wenn viele Teilnehmer zusammen kommen, ist die Chance, daß sie ähnliche Voraussetzungen mitbringen, gering. Die erste Regel lautet daher: *Nicht mehr als acht Teilnehmer pro Kurs.*

Wollen Sie den Umgang mit Ihrem Computer lernen, müssen Sie das am Computer tun. Die Benutzung von Hard- und Software ist eine praktische und keine theoretische Aufgabe. Deshalb lautet die zweite Forderung: *Jeder Teilnehmer bekommt einen PC.*

Computerprogramme sind meist umfangreich und leistungsstark. Wenn der Trainer selbst gerade die Grundlagen beherrscht, kann er Ihre Fragen nicht richtig beantworten. Sie erwarten zu Recht, daß Ihr Trainer das gesamte Programm überblickt, damit er Ihnen eine richtige Vorstellung von der Software vermitteln kann. Er muß Zwischenfragen zu Rand-

Arbeit in Kleingruppen ist effektiver als Frontalunterricht

gebieten beantworten können. Bestehen Sie darauf: *Kompetente Trainer auch in Einsteigerseminaren!*

Die meisten Programme geben viele Informationen auf dem Bildschirm aus. Mit Worten allein kann da nicht alles erklärt werden: Sie verstehen einen Vorgang besser, wenn Sie ihn auf dem Bildschirm des Trainers verfolgen können. Deshalb sind Vorführungen – zusätzlich zu Ihren eigenen Experimenten – eine Bereicherung des Seminars. Vor allem, wenn der Dozent über einen Projektor zur Darstellung des Bildschirminhaltes verfügt, kann er Programmabläufe plastischer und unmißverständlicher vermitteln als mit Worten allein. Vorteilhaft ist also: *Präsentationshilfsmittel wie Bildschirmprojektion oder Folienprojektor sollten vorhanden sein.*

Überlasten Sie sich nicht mit zu viel Stoff. Die Erfahrung zeigt, daß es günstiger ist, ein eng umgrenztes Themengebiet systematisch und fundiert zu erlernen als in einem unübersehbaren Wissensmeer zu schwimmen. Sie sollten deshalb nicht darauf bestehen, daß in Ihrem Seminar möglichst viele Themen behandelt werden. Statt dessen empfiehlt sich: *Konzentration auf das Wesentliche.*

Kein 3-Tage-Seminar kann Ihnen die Übung geben, die Sie für die Praxis benötigen. Unmittelbar nach Abschluß der Lehrveranstaltung sollten Sie sich deshalb an Ihr eigenes Gerät setzen und in den nächstenTagen und Wochen intensiv mit dem Computer arbeiten. Wiederholen Sie die im Seminar durchgeführten Übungen. Erweitern Sie diese Vorgänge langsam, bis Sie auch kompliziertere Arbeitsvorgänge sicher beherrschen. Auch in der EDV gilt: *Übung macht den Meister.*
Es ist ein unbeliebtes Thema, aber Sie sollten sich rechtzeitig darüber Gedanken machen: Auch Ihr Rechner kann ausfallen. In diesem Fall benötigen Sie fachmännische Hilfe. Ein paar Vorsorgemaßnahmen helfen, das Ausfallrisiko gering zu halten.

Wartung

Wenn Sie ein paar tausend Mark für einen Computer ausgeben, wollen Sie ihn sicher auch zum Geldverdienen einsetzen. Was ist aber, wenn das Gerät im entscheidenden Augenblick ausfällt, der Bildschirm dunkel bleibt? Haben Sie Ihren Rechner im Versandhandel gekauft, müssen Sie jetzt per Telefon oder Telefax mit dem Händler Kontakt aufnehmen und wegen der Reparatur verhandeln: Wo ist eine Vertragswerkstatt, wer hat die Ersatzteile? Unter Umständen müssen Sie das Gerät einpacken und zu einer Werkstatt schicken. Das Transportrisiko tragen übrigens Sie, und die Zeitverzögerung dürfte erheblich sein.

Beim Kauf bereits an den Ausfall denken

Haben Sie die Leistungen eines Händlers vor Ort in Anspruch genommen, wird der auch eine eigene Werkstatt besitzen. Dort können Sie das Gerät zur Reparatur abgeben.

Die Zeit kurz nach dem Kauf eines Computers kann Ihnen helfen Ärger zu vermeiden: Nutzen Sie Ihren Rechner sofort nach der Auslieferung intensiv. Die Erfahrung zeigt, daß Defekte häufig in den ersten 24 Betriebsstunden auftreten. Leisten Sie diese Stunden also frühzeitig ab, und Sie können im Fall eines Defektes Ihr Gerät gleich wieder zum Händler bringen, der es Ihnen wahrscheinlich umtauschen wird. Diese Umtauschfrist (zu der der Händler nicht verpflichtet ist) beträgt nach unseren Erfahrungen ein bis zwei Wochen.

Wenn es passiert ist

In einem Unternehmen mit mehreren PCs sollte es leichter zu verschmerzen sein, wenn einer der Rechner für ein paar Tage ausfällt. Man weicht einfach auf einen anderen Rechner aus und bringt den Patienten zur Werkstatt. Voraussetzung ist, daß die Daten des defekten Gerätes von der anderen Maschine weiterverarbeitet werden können. Aus diesem Grund ist es sinnvoll, ähnliche Geräte mit identischen Sicherungsmethoden anzuschaffen. Nur so können Sie die gesicherten Daten problemlos von einem Gerät auf das andere übertragen.

Oft fallen Peripheriegeräte aus: Drucker versagen, Tastaturen haken oder der Bildschirm bleibt dunkel. Von einem Händler werden Sie in der Regel ein Leihgerät bekommen, eine Versandwerkstatt kann Ihnen in diesem Punkt nicht helfen.

Schlimmer ist es, wenn der Computer selbst nicht mehr will. Denn in diesem Fall verlieren Sie –

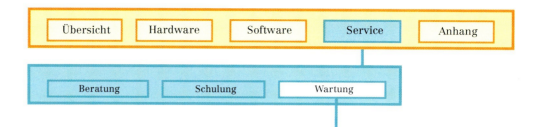

jedenfalls in den meisten Fällen – den Zugriff auf Ihre Festplatte und damit auf Ihre Programme und Daten. Dann kommt es darauf an, Daten zu retten, soweit das noch möglich ist. Halten Sie sich an einfache Schritte, um das Schlimmste zu verhüten:

❒ Erster Schritt: Schützen Sie die zuletzt angefertigten Sicherheitskopien der Daten vor Überschreiben. In der Aufregung passiert sonst leicht eine „Tragödie". Haben Sie die Daten auf Disketten gesichert, benötigen Sie das Programm zum Zurückspielen der Daten. Sollten Sie ein Bandlaufwerk zum Sichern der Daten benutzt haben, müssen Sie eventuell den Ausbau des Laufwerkes aus Ihrem Rechner veranlassen, um es in einen anderen Rechner einbauen zu können.

❒ Zweiter Schritt: Läuft die Festplatte im defekten Gerät noch? Wenn ja: Prüfen Sie, ob sich ein Ausbau lohnt, um die Festplatte in einem anderen Rechner zu verwenden. Wenn nein: Überprüfen Sie, ob Sicherheitskopien der wichtigen Daten existieren. Sollte die Festplatte zum Händler in die Werkstatt müssen, vergessen Sie nicht, rechtzeitig darauf hinweisen, daß die Daten unersetzlich sind und nicht gelöscht werden dürfen. Nur zu gern werden Festplatten zu Testzwecken neu formatiert und dabei gelöscht.

❒ Dritter Schritt: Benachrichtigen Sie die Werkstatt, und liefern Sie das Gerät sicher verpackt dort ab.

Wägen Sie ab: Zeit gegen Kosten

Je wichtiger und unentbehrlicher der Rechner in Ihrem Unternehmen ist, um so wichtiger ist es, daß Sie einen Wartungsvertrag abschließen, der Reparaturen in einer festgelegten Zeit (zum Beispiel 24 Stunden) garantiert. Wartungsverträge dieser Art kosten zwar Geld, helfen aber, hohe Ausfallkosten und lange Ausfallzeiten zu verhindern. In der Regel werden solche Verträge individuell zwischen einem Händler und dem Kunden abgeschlossen; es gibt keine Standards. Geregelt wird:

❒ die maximale Zeit, die zwischen Meldung eines Fehlers und Eingreifen der Werkstatt vergehen darf,

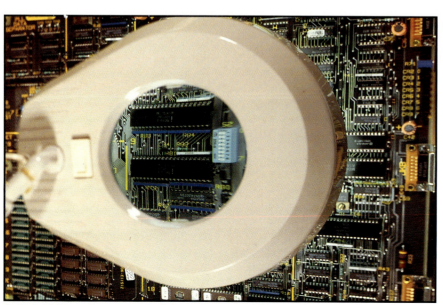

Optische Prüfung einer Computerplatine mit einer Leuchtlampe. Der kleine 8fach-Schalter rechts wird von Technikern scherzhaft als „Mäuseklavier" bezeichnet

Nicht nur die Hardware bedarf der Wartung, sondern auch die Software

☐ die Modalitäten für Ersatzgeräte (Kosten, Bereitstellungsfrist),
☐ Häufigkeit und Umfang von Servicearbeiten (wie Reinigung, Pflege und Anfertigung von Sicherheitskopien der Daten)
☐ sowie – bei Bedarf – die Dauer der telefonischen Anwenderberatung.

Die Kosten werden oft prozentual nach dem Wert der Anlage (etwa 5 Prozent des Computerverkaufspreises pro Jahr) bemessen. Da kann es sich für manches Unternehmen mit mehreren Personal Computern schon lohnen, statt des Wartungsvertrages lieber eine Ersatzanlage vorrätig zu halten.

Haben Sie keinen Wartungsvertrag abgeschlossen, müssen Sie sich für eine Werkstatt entscheiden. Sollten Sie Ihren Computer bei einem Fachhändler gekauft haben, können Sie dessen Werkstatt in Anspruch nehmen. Der Vorteil: Sollte bei den Arbeiten etwas schief gehen, haben Sie sofort einen Ansprechpartner. Außerdem wird der Fachhändler (sofern Sie ein »guter« Kunde sind) Ihnen entgegenkommen, wenn es um ein Ersatzgerät für die Dauer der Instandsetzung oder um eine beschleunigte Reparatur geht. Der Nachteil: Ist die Werkstatt überlastet oder müssen die Ersatzteile erst beschafft werden, haben Sie auf Ihr Gerät zu warten.

Bei einer Werkstatt in der Nähe haben Sie die Vorgänge sicher besser unter Kontrolle als bei einer weit entfernten Großwerkstatt, die Ihren Rechner per Spedition zur Reparatur erhalten hat. Dafür kann eine Großwerkstatt unter Umständen preiswerter und (wenn es sich um eine zentrale Werkstatt des Herstellers handelt) kulanter vorgehen, als es ein Händler tun könnte. Sollten Sie sich zwischen einer Werkstatt vor Ort und einer über den Versandweg zu erreichenden Großwerkstatt entscheiden müssen, helfen Ihnen folgende Überlegungen:
☐ Ist nur ein Computer vorhanden, dessen Ausfall gravierende Folgen hat – oder kann im Notfall auf andere Computer ausgewichen werden?
☐ Ist spezielle Hardware vorhanden, die häufiger Wartung bedarf, oder werden nur Standardgeräte verwendet, bei denen zudem noch die Ausfallwahrscheinlichkeit gering ist?
☐ Müssen bei Ausfällen in jedem Fall externe Kräfte eingeschaltet werden oder sind im Unternehmen Mitarbeiter vorhanden (und ggf. auch dafür einsetzbar), die über Hard- und/oder Softwarekenntnisse verfügen?

Wenn Sie bei diesen drei Fragen immer die erste Hälfte bejahen müssen, ist in jedem Fall ein Händler vor Ort zu empfehlen. Können Sie immer die zweite Hälfte bejahen, dürfte die zentrale Werkstatt die (preis-)günstigere Wahl sein. Wenn mal die erste Hälfte und mal die zweite zutrifft, müssen Sie selbst entscheiden oder sich kompetenten Rat verschaffen – siehe auch den Anfang dieses Kapitels.

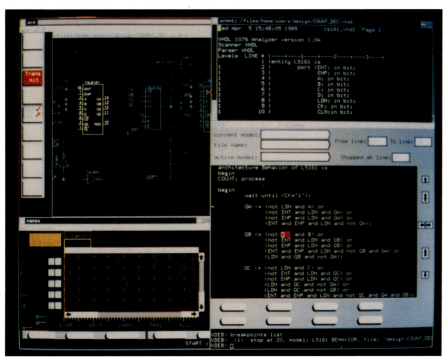

Diagnose von Computerfehlern per Computer: Durch spezielle Hard- und Software können alle Betriebszutände überprüft werden

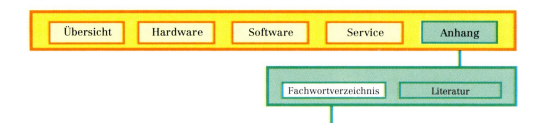

Fachwortverzeichnis

Ablaufplan/-diagramm: In einem Ablaufplan werden die einzelnen Arbeitsschritte eines Programms oder eines → Algorithmus mittels standardisierter Symbole grafisch wiedergegeben.

Adreßbus: Ein Leitungsbündel, das Bestandteil der → Zentraleinheit ist. Über diese Leitungen werden exakt definierte Positionen im → internen Speicher angesprochen, an denen Daten abgelegt oder von denen Daten abgeholt werden sollen (→ Bussystem).

adventure: Eine Gattung beliebter Computerspiele, in denen der Spieler in Situationen versetzt wird, die ihm Entscheidungen und das Lösen von kniffligen Problemen und Rätseln abverlangen.

Akustikkoppler: Gerät mit eingebautem → Modem, das es erlaubt, Telefonapparat und -leitungen zur → Datenfernübertragung zu nutzen. Der A. übersetzt am Eingang einer Telefonverbindung die Bitimpulse des Computers in akustische Signale, die anschließend über die Telefonleitung übertragen werden. Der A. auf der Empfängerseite sorgt für die Rückübersetzung der akustischen Signale in Bits.

Algorithmus: Eine endliche Folge eindeutiger und ausführbarer Schritte zur Bewältigung einer Aufgabenstellung.

ALU: Abkürzung für: arithmetic and logic unit (→ Rechenwerk).

analog: Entsprechend, ähnlich, vergleichbar. In der Datenverarbeitung ein Wert, dessen (physikalische) Größe stetig veränderbar ist (im Gegensatz hierzu:→ digital).

Animation: Die Bewegung von Bildern auf dem Computerbildschirm; bei der Erstellung von Trickfilmen angewandte Technik der Computergrafik.

ANSI: Abkürzung für: American National Standards Institute. Amerikanische Normengesellschaft, die frühzeitig im Bereich der Datenverarbeitung Normen festgelegt hat.

Anwendungsprogramme: Sie ermöglichen es, den Computer zur Erledigung bestimmter Aufgaben einzusetzen, ohne daß der Benutzer oder Anwender über Programmierkenntnisse verfügen muß.

APL: Abkürzung für: a programming language. Eine Programmiersprache für mathematische Operationen.

Arbeitsspeicher: Im A. (→ interner Speicher) werden Programme und Daten abgelegt, die sich gerade in Bearbeitung befinden.

artificial intelligence: Häufig abgekürzt auch AI. Sammelbegriff für alle Entwicklungen auf dem Gebiet der sogenannten „künstlichen Intelligenz".

ASCII: Abkürzung für: american standard code for information interchange. Internationale Vereinbarung über die Codierung alphanumerischer Zeichen.

Assembler: Systemnahe Programmiersprache, die immer an eine bestimmte Prozessorfamilie gebunden ist, weil sie sich direkt an den Maschinensprachelementen orientiert, die von einem Prozessortyp zum anderen verschieden sind.

Auflösung: Ein Maß für die Qualität der Zeichendarstellung; gibt die Anzahl der Punkte an, aus denen ein Bild aufgebaut ist.

Ausgabeeinheit: Alle Geräte, die maschinenlesbare Zeichen in gerätespezifische Zeichen umsetzen. So setzt ein → Drucker den → ASCII in alphanumerische Zeichen um.

backup: Verfahren zur Datensicherung, bei dem von allen → Dateien Kopien angefertigt werden, damit man beim Verlust von Daten durch Programmfehler oder den Ausfall von Geräten auf diese Kopien zurückgreifen kann.

BASIC: Abkürzung für: beginners all-purpose symbolic instruction code. Zu Beginn der sechziger Jahre entstandene Programmiersprache, die sich großer Beliebtheit erfreut, weil die Befehlswörter leicht zu merken sind und eine sogenannte umstrukturierte Programmierung möglich ist.

Batch-Dateien: Das → Betriebssystem MS-DOS bietet dem Anwender die Möglichkeit, häufig wiederkehrende Arbeitsprozesse in sogenannten Batch-Dateien (mit dem → Extender „bat") zusammenzufassen. Sie können entweder automatisch nach dem Einschalten des Computers oder durch Eingabe ihres Dateinamens aufgerufen werden.

Baud: Abgekürzt Bd., nach dem Pionier der Telegrafie, Jean Baudot, benannte Maßeinheit für die Schrittgeschwindigkeit der Datenübertragung. Ein Baud entspricht (nur!) bei bitweiser Übertragung einem Bit pro Sekunde (→ bps).

Benchmark-Verfahren: Beim B. werden mehrere Computer oder Programme demselben Prüfverfahren unterzogen, um ihre Leistungsfähigkeit zu vergleichen.

Benutzerführung: Von B. spricht man, wenn ein Programm über Bildschirmausgaben dem Benutzer die Hilfestellungen gibt, die er benötigt, um mit dem Programm arbeiten zu können (→ Menütechnik).

Betriebssystem: Das B. koordiniert die Zusammenarbeit von → Hardware und → Software. Es besteht aus zahlreichen kleinen Systemprogrammen. Je nachdem, ob ein B. einen oder mehrere Benutzer unterstützt, unterscheidet man Ein- und Mehrplatzbetriebssysteme. Ein weiteres Kriterium ist, ob das B. pro Benutzer immer nur eine oder mehrere Teilaufgaben überwachen kann.

Bildschirm: Ausgabegerät zur Darstellung von Computerdaten. Bei den B. finden heute drei Techniken Verwendung: die Röhrentechnik (Kathodenstrahlröhre), die LCD-Technik und die Plasma- (Gasentladungs-) Technik.

Binärsystem: Logisches System, das mit nur zwei Elementen auskommt, um Zahlen, Buchstaben, Sonderzeichen und so weiter zu verschlüsseln. Wichtigstes binäres Zahlensystem ist das → Dualsystem.

Bit: Abkürzung für: binary digit (binäre Ziffer). Kleinste von einem Computer zu verarbeitende Einheit. Jedes Bit kann nur einen von zwei möglichen Zuständen annehmen. Eine Folge von acht Bits ergibt ein → Byte oder ein → Computerwort.

bps: Abkürzung für: bits per second. Maßeinheit für die Übertragungsgeschwindigkeit von Bits.

Bussystem: Sammelleitungen zur Übertragung von Daten im Verbund der Hardwarekomponenten (Zentraleinheit, Ein- und Ausgabeeinheiten, externe Speicher und Datenendeinrichtungen). Nach Art der übertragenen Daten unterscheidet man → Adreßbus, → Datenbus und → Steuerbus.

business graphics: Die Aufbereitung kaufmännischen Zahlenmaterials (zum Beispiel des monatlichen Umsatzes) in Form von Grafiken (zum Beispiel Linien-, Torten- oder Balkendiagrammen).

Byte: Eine Folge von acht Bits, die als Einheit ein → Computerwort ergibt. Aufgrund der möglichen Kombinationen in der Bitfolge kann in einem Byte eins von 256 verschiedenen Zeichen maschinenlesbar werden.

C: Maschinennahe Programmiersprache, die besonders für die Systemprogrammierung geeignet ist.

CAD: Abkürzung für: computer aided design. Computerunterstütztes Entwerfen und Konstruieren, besonders in den Gebieten Maschinenbau, Elektrotechnik und Bauingenieurwesen.

CAM: Abkürzung für: computer aided manufacturing. Computerunterstützte Fertigung. Sie berührt alle Bereiche der Produktion.

Centronics-Schnittstelle: Nach einem Hersteller von Druckern benannte, weit verbreitete Steckverbindung von einem Computer zum Drucker für die parallele Übertragung von Daten. Das heißt, alle acht → Bits eines → Bytes werden gleichzeitig über acht Leitungen gesendet.

Chip: Siliziumplättchen von wenigen Millimetern Kantenlänge, auf das als in sich abgeschlossenes, elektronisches Bauteil (integrierter Schaltkreis) eine Vielzahl von Transistoren, Widerständen und Kondensatoren aufgebracht ist.

CNC: Abkürzung für: computerized numerically control. Computerisierte numerische Steuerung von Produktionsmaschinen.

Codierung: Die eindeutige Zuordnung von Zeichen, die bestimmte Informationen enthalten, zu anderen Zeichen, die daraufhin Träger jener Informationen werden.

Compiler: Ein C. übersetzt Programme, die in einer höheren Programmiersprache geschrieben wurden, in Maschinencode. Im Un-

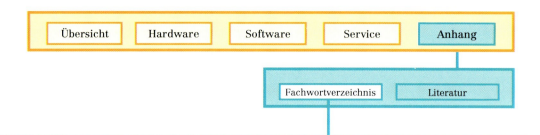

terschied zum → Interpreter, der bei jedem Programmablauf jede Programmzeile aufs Neue übersetzt, übersetzen C. das gesamte Programm vor seinem Ablauf und erzielen so höhere Ablaufgeschwindigkeiten.

Computerwort: Die Zentraleinheit kann eine bestimmte Anzahl von Bits gleichzeitig verarbeiten. Diese bilden zusammen ein Computerwort. Die Bitanzahl entspricht der Breite des Datenbusses in der Zentraleinheit. Gängige Breiten sind 8, 16 und 32 Bit.

CPU: Abkürzung für: central processing unit. → Zentraleinheit.

Cursor: Auf dem → Bildschirm erscheinendes Zeichen (Pfeil, Quadrat, Unterstrich), das die Stelle markiert, an der die nächsten Benutzereingaben erfolgen können. Die Steuerung des Cursors kann sowohl automatisch durch ein Programm erfolgen als auch manuell mit Hilfe von Cursor-Tasten. → Joystick oder → Maus.

Datei: Eine Sammlung von → Daten unter einem Dateinamen, über den sie eingelesen, bearbeitet, wieder abgespeichert und/oder auf → Bildschirm und → Drucker ausgegeben werden können.

Daten: In Zeichen und/oder Zeichenkombinationen verschlüsselte Informationen zum Zweck der Speicherung und/oder Weiterverarbeitung auf elektronischen Datenverarbeitungsanlagen.

Datenbank: Sammlung von → Dateien, auf die nach unterschiedlichen Kriterien zugegriffen werden kann. Aus Datenbankbeständen können zum Beispiel nach beliebigen Gesichtspunkten zusammengestellte Listen, das heißt Informationen aus verschiedenen Dateien, extrahiert und weiterverarbeitet werden.

Datenbus: Neben → Adreßbus und → Steuerbus ein weiterer Bestandteil des → Bussystems. Der D. dient ausschließlich dem Transport der eigentlichen → Daten.

Datenfernübertragung (DFÜ): Wenn → Daten über größere Entfernungen von einem Rechner oder einer Datenstation zu einem anderen Rechner übermittelt werden, spricht man von Datenfernübertragung. Dies geschieht häufig mit Hilfe eines → Modems über die Leitungen des Fernsprechnetzes.

Datenpaket: Eine im Rahmen der → Datenfernübertragung zu übermittelnde Datenmenge, die mit Sicherungs- und Adreßinformationen versehen wurde.

Datentechnik, mittlere: Mit dem Begriff der mittleren Datentechnik beschreibt man den nicht genau eingrenzbaren Bereich mittelgroßer kommerzieller Anwendungen.

Datenträger: Grundsätzlich jedes Medium, auf das → Daten abgelegt werden, um zu einem späteren Zeitpunkt wieder aufgerufen werden zu können (zum Beispiel → Disketten, → Festplatten, → Magnetbänder.)

Datenverarbeitung: Der Begriff umfaßt im weitesten Sinne jegliches Bearbeiten oder Verarbeiten von Informationen. Dies kann im Kopf, manuell, mit mechanischen, elektrischen oder – im voll automatisierten Ablauf – mit elektronischen Hilfsmitteln (Computern) geschehen.

Desktop Publishing: Ursprünglich ein Verfahren für Personal Computer, mit dessen Hilfe Texte und grafische Elemente am Bildschirm entsprechend dem späteren Ausdruck gestaltet werden können. Der Begriff wird nicht ganz einheitlich verwendet.

digital: In der Datenverarbeitung häufig synonym verwendet für binär codierte Informationen (→ Binärsystem → Codierung). Im Gegensatz hierzu: → analog.

directory: Das Dateiinhaltsverzeichnis eines Massenspeichers. Es enthält die Namen der dort abgespeicherten → Dateien sowie meist das Datum und die Uhrzeit ihrer Abspeicherung und die Anzahl der von einer Datei beanspruchten → Bytes.

Diskette: Externer Massenspeicher (→ Datenträger). Disketten bestehen aus einer Hülle, in der sich eine biegsame Scheibe befindet, deren Oberfläche mit einer hauchdünnen, magnetisierbaren Schicht versehen ist. – Die für Personal Computer gebräuchlichen Minidisketten haben einen Durchmesser von 5 1/4 Zoll. Mikrodisketten sind in drei Größen erhältlich: 3 1/2 und 3 Zoll. Sie verfügen über eine starre Hülle.

Diskettenlaufwerk: Schreib- und Lesegerät für → Disketten.

DOS: Abkürzung für: disk operating system: Plattenbetriebssystem. Moderne Computer arbeiten entweder mit → Disketten oder mit Disketten und → Festplatten als externen Speichern. Beides wird im Englischen als „disk" (Platte) bezeichnet („floppy disk"/„hard disk"). Da die Plattenverwaltung den Kern des → Betriebssystems darstellt, wird oft auch das gesamte Betriebssystem als DOS bezeichnet (zum Beispiel bei → MS-DOS).

double density: Doppelte Dichte. Die Aufzeichnungsdichte von → Disketten wird unter anderem über die Dichte ihrer Spuren (→ tracks) definiert (→ Formatierung).

double sided: Zweiseitig. Eigenschaft von → Disketten, auf deren Vorder- und Rückseite → Daten abgespeichert werden können. Dies bedingt allerdings ein Diskettenlaufwerk, das mit zwei → Schreib-/Leseköpfen ausgestattet ist.

Drucker: Neben den → Bildschirmen sind D. die wichtigsten → Ausgabeeinheiten. Nach Art der Zeichendarstellung teilt man sie auf in D. mit Ganzzeichendarstellung und → Matrixdrucker.

Dualsystem: Wichtigstes binäres Zahlensystem (→ Binärsystem), das auf der Basis der beiden Zahlzeichen 0 und 1 alle Zahlen als Potenzen von 2 darstellt.

Eingabeeinheit: Alle Geräte oder Medien, die Zeichen oder physikalische Größen in solche Werte umsetzen, die vom Computer verarbeitet werden können.

error: Englisch für: (Form-)Fehler → Fehlermeldung.

Erweiterungskarte: Personal Computer verfügen in der Regel über eine Reihe von Steckplätzen, die zur Aufnahme von E. vorgesehen sind. Auf diese Weise läßt sich ein bestehendes Computersystem um neue Entwicklungen oder nützliche Zusatzfunktionen, beispielsweise eine Grafikkarte, ergänzen.

EVA-Prinzip: Das grundlegende Prinzip jeder Datenverarbeitung: Eingabe, Verarbeitung, Ausgabe.

Expertensystem: Ein Computersystem (→ Hardware und → Software), das auf einem begrenzten Wissensgebiet die Leistung eines menschlichen Fachmanns erbringen soll (→ artificial intelligence).

Extender: Bestandteil von Dateinamen. Diese bestehen in der Regel aus maximal acht Buchstaben und/oder Ziffern, einem Punkt und einem dreistelligen E. (englisch „extent", Ausdehnung).

Fehlermeldung: Bildschirmmeldung, daß ein Fehler aufgetreten ist. Es kann sich um einen Hardware-, Programm- oder Bedienungsfehler handeln.

Fenster: Abgegrenzter Bereich auf dem → Bildschirm, der einem Programm, einer → Datei oder dem → Betriebssystem zur Verfügung gestellt wird (englisch „window").

Festplatte: Eine oder mehrere in einem luftdicht verschlossenen Gehäuse montierte starre Magnetplatten (→ Datenträger).

Festwertspeicher: → ROM

file: → Datei

flag: Englisch für: Flagge, Signal. Eine Speicherstelle, die zur Kennzeichnung eines bestimmten Betriebszustandes den logischen Zustand „wahr" oder „falsch" (1 oder 0) enthält.

Formatierung: Einteilung einer → Diskette oder → Festplatte in konzentrische Spuren und Sektoren. Diese erhalten eine Adressenmarkierung, Identifikations- sowie Beginn- und Endemarken, die das spätere Wiederfinden von Spur und Sektor garantieren.

Funktionstasten: Bestandteil der Tastatur. F. senden, wenn sie gedrückt werden, spezielle Steuerzeichen und lösen damit vordefinierte Abläufe aus.

Hardware: Englisch für: Eisen-, Metallkurzwaren. Überbegriff für alle physikalisch vorhandenen Teile einer Datenverarbeitungsanlage. Im Unterschied hierzu: → Software.

Hauptspeicher: → Speicher, interner

Hexadezimalsystem: In der Computertechnik verbreitetes Zahlensystem mit der Grundzahl 16. Verwendet werden die Zahlen 0 bis 9 und die Buchstaben A bis F.

IC: Abkürzung für: integrated circuit (integrierter Schaltkreis). Ist ein → Chip in einem Gehäuse mit Anschlußstiften untergebracht, spricht man von einem IC.

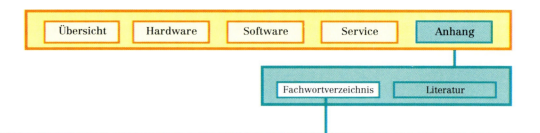

Indexfenster: Öffnung in der Diskettenhülle, durch die eine Lichtschranke das → Indexloch abzutasten vermag.

Indexloch: Kennzeichnung des ersten Sektors einer → Diskette.

Installation: Alle Erfordernisse, um → Hardware und → Software anwendungsbereit zu machen.

Interface: → Schnittstelle

Interpreter: Ein I. übersetzt Programme, die in einer höheren Programmiersprache geschrieben wurden, in Maschinencode. Im Unterschied zu compilierten Programmen (→ Compiler), die vor ihrem ersten Ablauf vollständig übersetzt wurden, arbeitet der I. jede Programmzeile bei jedem Programmablauf erneut ab.

KByte: Wortschöpfung aus „Kilo" und „Byte". 1 KByte = 1024 → Bytes.

Kompatibilität: Verträglichkeit. Programme, Rechner und/oder elektronische Baugruppen sind untereinander kompatibel, wenn sie ohne besondere Maßnahmen zusammenarbeiten können.

Laden: Übertragen von Programmen und Dateien in den → Arbeitsspeicher eines Computers, um damit zu arbeiten.

Laserdrucker: Sehr schneller Drucker mit besonders guter Schrift- und Zeichenqualität. Das Grundprinzip entspricht dem Fotokopierer, die Fotoleitertrommel wird jedoch von einem entsprechend gesteuerten Laserstrahl belichtet.

Magnetband: Externes Speichermedium (→ Datenträger), oft in Form von Kassetten. Auf M. aufgezeichnete Daten können immer nur hintereinander gelesen und bearbeitet werden.

Magnetplatte: → Festplatte

Maschinenprogramm/-code: Ein Programm in der „Sprache" des Prozessors oder der CPU. Programme, die in einer höheren Programmiersprache geschrieben wurden, müssen stets durch einen → Compiler oder → Interpreter in Maschinencode übersetzt werden, damit sie vom Computer verarbeitet werden können.

Matrixdrucker: Sammelbegriff für Druckertypen, die die darzustellenden Zeichen aus einer Vielzahl von Punkten zusammensetzen (→ Nadeldrucker, → Tintenstrahldrucker, → Thermodrucker, → Laserdrucker).

Maus: Ein in der Hand liegendes kleines Eingabegerät, das an seiner Unterseite mit einer drehbar gelagerten Kugel ausgestattet ist. Durch Rollen über eine ebene Fläche gibt die Maus Impulse an den Rechner ab und steuert so die Bewegungen des → Cursors auf dem → Bildschirm.

MByte: Wortschöpfung aus „Mega" und „Byte". Ein MByte = eine Million Bytes.

Menütechnik: Methode der → Benutzerführung in → Anwendungsprogrammen. Befehle für einzelne Arbeitsschritte werden durch Auswahl aus einem angebotenen Vorrat (Menü) gegeben. Dabei zeigt jedes Menü dem Benutzer alle zu einem bestimmten Zeitpunkt möglichen Arbeitsschritte auf dem → Bildschirm an.

Modem: Kunstwort aus: Modulator/Demodulator. Ein Gerät zur Umwandlung → digitaler Informationen in elektrische Frequenzen oder Tonsignale (→ analog) und umgekehrt.

MS-DOS: Abkürzung für: microsoft disk operating system. → Betriebssystem der amerikanischen Firma Microsoft, das im Bereich der Personal Computer weite Verbreitung gefunden hat.

Nadeldrucker: N. gehören zur Gruppe der → Matrixdrucker. Sie setzen die einzelnen Zeichen aus Punkten zusammen, und diese werden durch mechanischen Anschlag der Nadeln auf ein Farbband auf dem Papier sichtbar gemacht. Die Qualität des Schriftbildes hängt von der Anzahl der im Druckkopf befindlichen Nadeln ab.

Nassi-Shneidermann-Diagramm: Nach ihren Entwicklern benannte Methode zur grafischen Darstellung von Programmabläufen durch Strukturblöcke (Struktogramm).

Netzwerke: Systeme der → Datenfernübertragung. Man unterscheidet öffentliche und geschlossene (einem bestimmten Benutzerkreis vorbehaltene) N., klassifiziert sie nach Art ihrer räumlichen Ausdehnung und nach der Art ihrer Vernetzung (Bus-, Ring-, Sternnetzwerke und vermaschte N.).

off-line: Englisch für: nicht angeschlossen, nicht verbunden

on-line: Englisch für: angeschlossen, verbunden. Ein on-line-arbeitendes → Peripheriegerät ist über eine Leitung direkt mit der sie steuernden und überwachenden → Zentraleinheit verbunden.

PASCAL: Problemorientierte Programmiersprache mit überwiegendem Einsatz im mathematisch-technisch-wissenschaftlichen Bereich.

Peripherie: Randbezirk, Randzone. Alle an eine → Zentraleinheit angeschlossenen Ein- und Ausgabegeräte, externe Speicher und Datenendeinrichtungen.

Plotter: Ausgabegerät für grafische Darstellungen auf Papier.

Programm: → Software

Programmfehler: Ein P., auch „bug" (Wanze) oder „error" (Formfehler) genannt, kann syntaktisch oder logisch bedingt sein. Bei Syntaxfehlern handelt es sich um leicht zu behebende Schreibfehler. Logische Fehler sind oft nur schwer zu erkennen.

Programmiersprachen: Künstliche Sprachen, in denen → Algorithmen in einer Form definiert sind, die einerseits für den Anwender möglichst verständlich sein soll und andererseits dem zur P. gehörenden Übersetzungsteil eindeutige Handlungsanweisungen für seine Arbeit gibt, aus dem → Quellprogramm ein → Maschinenprogramm zu erstellen.

Prozessor: Dasjenige Element einer Datenverarbeitungsanlage, in dem die Verarbeitung der → Daten stattfindet. Zum Prozessor gehören: → Steuerwerk, → Rechenwerk (→ ALU), → Register und → Bussystem.

Prüfbit: Ergänzt eine Bitkombination zu einer (geraden oder ungeraden) → binären Quersumme und dient der Erkennung von Übertragungsfehlern.

Quellprogramm: Ein in einer höheren Programmiersprache verfaßtes Programm. Damit es vom → Prozessor verarbeitet werden kann, muß es zunächst von einem → Compiler oder → Interpreter in → Maschinencode übersetzt werden.

RAM: Abkürzung für: random access memory, Speicher mit wahlfreiem (englisch „random") oder direktem Zugriff (englisch „access"), gelegentlich auch Schreib-/Lesespeicher genannt.

Raubkopie: Die illegale Kopie eines Programms.

Rechenwerk: Bestandteil des Prozessors, in dem die zu einem Datenverarbeitungsprozeß benötigten mathematischen und arithmetischen Operationen sowie logischen Verknüpfungen durchgeführt werden.

Register: Als R. bezeichnet man die internen Speicherplätze des → Prozessors. Sie werden im Unterschied zu den Speicherplätzen des Arbeitsspeichers (→ Speicher, interner: → Adreßbus) nicht über Adressen, sondern über einen Befehlscode angesprochen. R. dienen zur Speicherung von Zwischenwerten, zum Vergleich und zur arithmetischen Berechnung von Werten sowie zur Zwischenspeicherung von Adressen und Adreßteilen.

Roboter: Als R. bezeichnet man alle Maschinen, die Arbeitsabläufe automatisch – das heißt ohne menschlichen Eingriff – durchführen können.

rollover: Die Fähigkeit von Tastaturen, zwischen den Impulsen von mehreren, kurz nacheinander gedrückten Tasten, die zusätzlich auch noch gedrückt gehalten werden, zu unterscheiden. Schlechte Maschinenschreiber wissen dies zu schätzen.

ROM: Abkürzung für: read only memory. Nur-Lese-Speicher. Im Gegensatz zu Schreib-/Lesespeichern (→ RAM) sind ROMs Festwertspeicher. Ihre Inhalte sind unveränderbar und bleiben auch nach dem Wegfallen der Betriebsspannung erhalten.

Rückkehradresse: Die Adresse, zu der ein Programm nach Abarbeitung eines → Unterprogramms zurückkehren soll.

Schaltkreis, integrierter: → Chip

Schnittstelle: Jede Verbindung, über die eine EDV-Komponente mit einer anderen in Kontakt treten kann.

Schreib-/Lesekopf: Element zum Beschriften und Einlesen von → Daten auf/von magnetisierbaren Oberflächen. Während der Schreib-/Lesekopf in → Diskettenlaufwerken und bei Bandspeichern unmittelbar mit der magnetisierbaren Oberfläche in Berührung kommt, schwebt er bei der Festplatte in einem Luftpolster

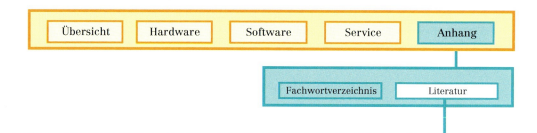

über oder unter der Plattenoberfläche.

Schreibschutz: Um dem unbeabsichtigten Löschen oder Überschreiben von → Daten vorzubeugen, ist auf handelsüblichen 5¼-Zoll-Disketten eine Schreibschutzkerbe vorgesehen, die mit einer Folie überklebt werden kann. Bei 3½-Zoll-Disketten sorgt ein kleiner Schieber in der (starren) Plastikhülle für Sicherheit.

Sektor: Kleinste, adressierbare Speichereinheit auf einer → Diskette oder → Festplatte (→ Formatierung).

single density: Einfache Dichte. Herstellerangabe zur Aufzeichnungsdichte von → Disketten.

single sided: Einseitig. Eigenschaft von → Disketten, die die Datenaufzeichnung auf nur einer Seite erlauben.

Software: Der Begriff umfaßt alle zur Inbetriebnahme der → Hardware notwendigen Programme. Er trifft allein auf das Produkt der geistigen Arbeit des Menschen zu. Die → Diskette, auf der die Software zum Beispiel abgespeichert sein kann, zählt schon zur Hardware.

Speicher: Grundsätzlich jedes Medium, das der Aufnahme von → Daten in computerlesbarer Form dient.

Speicher, externe: Sie dienen dazu, die begrenzte → Speicherkapazität des internen Speichers zu erweitern und/oder → Daten in unbegrenztem Umfang dauerhaft zu fixieren (→ Datenträger).

Speicher, interne: Auch Haupt- oder Arbeitsspeicher genannt. Er besteht aus einem Festwertspeicher (→ ROM) und einem flüchtigen Speicher (→ RAM).

Speicherkapazität: Menge des zur Verfügung stehenden Speicherplatzes (Fassungsvermögens) einer bestimmten Speicherart. Die Kapazität wird in KByte oder MByte angegeben.

Steuerbus: Bestandteil des → Bussystems. Er überträgt die Signale zur Ablaufsteuerung aller Operationen.

Steuerwerk: Neben → Rechenwerk (→ ALU) und → Registern der dritte wichtige Bestandteil des → Prozessors. Er regelt unter anderem die Reihenfolge, in der Befehle aus dem Arbeitsspeicher gelesen werden.

Systemprogramme: Gesamtheit aller Programme, die im Computer für den reibungslosen Ablauf aller → Anwendungsprogramme sorgen. Hierzu zählen beispielsweise Dienst- und Übersetzungsprogramme.

Tastatur: Peripheriegerät zur Eingabe von → Daten und Befehlen.

Thermodrucker: → Matrixdrucker. Bei der → Älteren, nur noch selten verwendeten Variante werden die Zeichen durch Erwärmen der Segmente des Druckkopfes in ein thermoempfindliches Spezialpapier eingebrannt. Die moderne Variante ist der Thermo-Transfer-Drucker. Hier wird durch den Druckkopf die wärmeempfindliche Schicht eines speziellen Farbbandes geschmolzen und verbindet sich mit dem Papier. Die Auflösung, die dieser Druckertyp hervorbringt, ist sehr gut (Briefqualität). Er arbeitet leise und schnell.

Tintenstrahldrucker: → Matrixdrucker. Sie spritzen feine Farbpunkte auf das Papier. Dies geschieht nahezu geräuschlos und sehr schnell.

track: Spur. Beim → Formatieren werden → Disketten und Festplatten in konzentrische Kreise (Spuren oder „tracks") sowie in radiale Sektoren aufgeteilt. Die Abstände der einzelnen Spuren voneinander sind identisch.

Unterprogramm: Ein in sich abgeschlossener Teil eines Hauptprogramms, der vom Hauptprogramm aus beliebig oft angesprochen werden kann.

Zentraleinheit: Im Bereich der Personal Computer hat es sich eingebürgert, den zentralen Teil des Gerätes – also alles, was sich im Hauptgehäuse befindet und somit praktisch den kompletten Computer mit Ausnahme von → Tastatur, → Bildschirm und anderen → Peripheriegeräten – als Zentraleinheit zu bezeichnen. Der Begriff wird nicht einheitlich verwendet, oft wird auch der → Prozessor Zentraleinheit oder → CPU genannt.

ZZF-Nummer: Zulassungsnummer des Fernmeldetechnischen Zentralamtes für elektrische und elektronische Geräte, die nach einer ausführlichen technischen Prüfung erteilt wird.

Literatur

Die Informationsflut zum Thema Computer läßt eine auch nur halbwegs vollständige Darstellung nicht zu: mehrere hundert Computerbücher erscheinen alleine in Deutschland jedes Jahr. Dazu kommen noch um die hundert Fachzeitschriften, die manchmal nur für eine kurze Zeit Bestand haben. Viele dieser Zeitschriften befassen sich nur mit einigen Teilbereichen der Computeranwendung beziehungsweise nur mit bestimmten Computertypen.

Aus diesem Grund werden hier in alphabetischer Reihenfolge nur einige wenige Bücher genannt, die Grundlagen erläutern, sowie eine Anzahl Zeitungen bzw. Zeitschriften, die bereits seit einigen Jahren regelmäßig erscheinen und eine gewisse Bedeutung erlangt haben.

Bücher

Das Computerbuch für Frauen
FALKEN Verlag, Niedernhausen
ISBN 3-8068-4372-4
Ein verständlich geschriebenes und anschaulich bebildertes Buch, das das Wissen rund um den PC erläutert. Nicht nur für Frauen!

Der PC
FALKEN Verlag, Niedernhausen
ISBN 3-8068-4732-0
Eine für jedermann verständliche Einführung in die Grundlagen der PC-Technologie mit einem umfassenden Überblick über System- und Anwendungssoftware.

Falken Computer Lexikon
FALKEN Verlag, Niedernhausen
ISBN 3-8068-4356-3
Eine verständlich geschriebene Übersicht über die wichtigsten Computerfachbegriffe.

Informationsbeschaffung mit dem PC
McGraw-Hill, Hamburg
ISBN 3-89028-231-8
Eine Einführung in die Online-Recherche in externen Datenbanken.

Netzwerkführer...
Rossipaul-Verlag, München
Umfassende, katalogartige Übersicht über Hardware und Software für Netzwerke. Die in der Regel jährlich aktualisierten Übersichten sind herstellerneutral.

PC-Reihe
FALKEN Verlag, Niedernhausen
Computerbücher mit Problemlösungen im Bereich der PC-Anwendung (typische Titel: „Die ersten Schritte mit dem PC", „Dateien retten...", „Viren erkennen und beseitigen", „FAXen mit dem PC" usw.).

Schnelleinstieg
Data Becker, Düsseldorf
Eine Reihe, die schnell den Einstieg in die bekanntesten Anwendungsprogramme ermöglicht.

Softwareführer...
Rossipaul-Verlag, München
Sehr umfassende, katalogartige Übersichten über die für verschiedene Bereiche verfügbaren Programme. Die Übersichten sind herstellerneutral und werden jährlich aktualisiert.

Zeitungen/Zeitschriften

Chip
Vogel-Verlag, Würzburg

Computer Persönlich
Markt & Technik, Haar

c't
Heise Verlag, Hannover

Computerwoche
CW-Publikationen, München

Die Computer-Zeitung
Konradin-Verlag, Leinfelden

DOS International
DMV-Verlag, Eschwege

mc
Franzis Verlag, München

PC-Magazin
Markt & Technik, Haar

PC Praxis
Data Becker, Düsseldorf

PC Professionell
Ziff Verlag, München

Office Management
FBO-Fachverlag, Baden-Baden

Register

Abakus 50
Ablaufplan 158
ADA 159
Addition 39, 40
Adreßbus 31, 36, 42, 45, 66
Adventure 152
Akustikkoppler 101
ALGOL 163
Algorithmus 28
ALU 45
Anwendungssoftware 28, 110, 126
API 120, 121
APL 163
Arbeitsspeicher 20, 36, 38, 45, 60, 64
Assembler 159
Ausgabeeinheit 26, 28
Autorensystem 28

Babbage, Charles 51
BASIC 160
Befehl 44, 45
Benutzeroberfläche 28, 114, 119
– grafische 120
Beratung 166–168
Betriebssystem 28, 110, 112, 113, 114, 115, 117, 118, 120, 123
Bildschirm 86, 87, 88
Bildschirmmaske 133
Bildschirmtext 102
Bildwiederholfrequenz 87
BIOS 67, 113
Bit 31
Bitmuster 73
Boot-Vorgang 114
Branchenlösung 140
Buchhaltung 140
Bus 31, 32, 34, 36, 37

C 160
Cache 67, 68
CAD 145, 155
Centronics-Schnittstelle 69, 93

Chip 46, 48, 53, 54
CIM 145
COBOL 161
COMAL 163
Computer 10, 14
Computerspiele 152–153
Controller 72
Co-Prozessor 72
CPU 26, 42, 43, 72
CUA 119

Daten 31, 32
Datenaustausch 123, 137
Datenbank 132, 136
Datenbankmanagementsystem 132–133
Datenbus 31, 34, 61, 62, 66
Datenfernübertragung 100, 154
Datensatz 133
Datentechnik, mittlere 24, 55
Datentyp 133
Datexnetz 104
DDE 124
Dekoder 38, 39
Demo-Programm 155
Desktop Publishing 138, 139
Dezimalsystem 40
Diagramm 135
Diskette 75–78, 80
Diskettengröße 78
Diskettenlaufwerk 76, 78
Drucker 92, 93
DTP 138, 139
Dualsystem 40

EEPROM 67
Eingabeeinheit 26, 85
Elektronenröhre 52
ENIAC 52
EPROM 67
Ergonomie 21
Erweiterungssteckplatz 71
Expanded Memory 117
Expertensystem 148, 149
Extended Memory 117

Fakturierung 142
FAT 115
FAX-Karte 84

Fenstertechnik 122
Festplatte 80, 81
Festplattenlaufwerk 80, 81
Festspeicher 38, 60
Festwertspeicher 64, 67
Finanzbuchhaltung 140
Flipflop 35, 36, 66
Flugsimulator 152
Flüssigkristallbildschirm 22, 88–89
Formatierung 77, 81
FORTH 163
FORTRAN 161
Freeware 155
Fußnote 131

Geschäftsgrafik 135, 136
Grafikkarte 73–75, 88
Grafikmodus 74
Grafiktableau 91
Großrechner 25

Hardware 26, 56
Hauptspeicher 64, 75
Heimcomputer 19–21
Hilfsprogramme 150–151
Hollerith-Maschine 51

IBM-kompatibel 21
IC 19, 48, 49, 53
Individualsoftware 140
ISDN 105

Joystick 91

Kathodenstrahl-Bildschirm 22, 86
KI 148, 149
Kommandoprozessor 28
Kommunikation 59, 100, 136
Komparator 37
Kompatibilität 21
Kondensator 66

Lagerverwaltung 143
LAN 106
Laptop 22
Laserdrucker 94
Laufwerk 75, 76, 78

LCD 88
Leibniz, Gottfried Wilhelm von 51
Leitungstreiber 34
Lernprogramme 146, 147
Lightpen 91
LISP 148, 149, 161
LOGO 162
Lohnbuchhaltung 142

Magnetband 81, 82
Magnetbandkassetten 82
Magnetbandlaufwerk 81
Makro 129
Malprogramm 155
Mark 1 52
Matrixdrucker 92
Maus 26, 90
Maus, optische 90
Mikroprozessor 19, 54, 85
Modem 101, 154
MODULA-2 163
MS-DOS 55, 114–117
Multitasking 117, 118, 122
Multiuser-Betrieb 118
Mutterplatine 60

Nadeldrucker 93, 94
Netzwerk 24
Neumann, John von 52

OLE 124
OS/2 118, 120

Pascal, Blaise 50
PASCAL 162
PC-DOS 55
PEARL 163
Peripherie 59, 92
Personal Computer 10, 18, 20, 21, 55
PL/1 163
Plasmabildschirm 22, 88–89
Platine 48, 49
Plotter 96, 97
Portables 22
Portierbarkeit 118
Programme
– gewerbliche 140
– technisch-wissenschaftl. 144

Programmgenerator 28
Programmierschnittstelle 120
Programmiersprache 28, 111, 156–163
Programmierung 14
PROLOG 148, 149, 162
PROM 67
Protected Mode 64, 118
Prozessor 42, 60, 62–64
Prüfbit 77
Public Domain 155

QBE 133

RAM 64, 66–68
Real Mode 63
Rechenmaschine 50–52
Rechenwerk 60
Register 36, 42, 60, 64, 69
ROM 64, 67
ROM-BIOS 28, 60
Routine 67
RS232-Schnittstelle 71, 93

SAA 119
SAA/CUA 119
Scanner 98, 99
Schickhardt, Wilhelm 50
Schnittstelle 68
– parallele 68, 69
– serielle 69, 70
Schreibschutz 80
Schrittmotor 78
Schrittzähler 42
Schulung 169–171
SCSI 69
Silizium 13, 46
Software 26, 56, 108
Softwarepaket, integriertes 136–137
Speicher, optischer 82, 83
Speichermanagement, virtuelles 123
Speichermedium 28
Speicherverwaltungseinheit 64
SQL 133
Startbit 70
Steckkarte 71, 84
Steuerbus 31, 66

Steuerwerk 60
Stopbit 70
Streamer 82
Supercomputer 25
Systemsoftware 28

Tabellenkalkulation 134–136
Taktfrequenz 62, 63
Taschenrechner 130
Tasks 64
Tastatur 26, 85, 86
Telefax 104
Teletex 102
Telex 102
Testprogramme 146
Textmodus 74, 75
Textverarbeitung 128–131, 136
Thermodrucker 96
Tintenstrahldrucker 95, 96
Touchdisplay 91
Transistor 53
Treiber 42, 43
Treiberprogramm 28
Trennhilfe 130
Typenraddrucker 96

Übertragung
– asynchrone 70
– synchrone 70
UNIX 118
Utility 150–151

Verarbeitungseinheit 26
V24-Schnittstelle 71

Wafer 46, 48
Wartung 171–173
Wechselplatte 81
Westentaschencomputer 22
Windows 120, 121
Windows-Desktop 121
Workstation 24, 25
WORM 82, 83

Zeichenprogramm 155
Zentraleinheit 21, 26, 30, 31, 58, 60
Zuse, Konrad 51
Zwischenablage 124, 125

Weitere Computerbücher aus dem FALKEN Verlag:

Das neue FALKEN Computerlexikon (Bd. 4356)
Desktop Publishing: Typografie und Layout (Bd. 4330)
Das Computerbuch für Frauen (Bd. 4372)
Der PC (Bd. 4732)

ISBN 3 8068 4359 7

© 1991/1994 by Falken-Verlag GmbH, 65527 Niedernhausen/Ts.
Die Verwertung der Texte und Bilder, auch auszugsweise, ist ohne Zustimmung des Verlags urheberrechtswidrig und strafbar. Dies gilt auch für Vervielfältigungen, Übersetzungen, Mikroverfilmung und für die Verarbeitung mit elektronischen Systemen.
Umschlagkonzeption: Franz Wöllzenmüller, München
Überarbeitung Software-Kapitel: Martin Hofmann
Bildquellennachweis: Aldus Software, Hamburg: 138 (1), 155; ANDATEC, Hamburg: 163; Apple Computer, München: 119 (1); Archiv für Kunst und Geschichte: 50 (2), 52 (2); AVM, Berlin: 105; BASF, Ludwigshafen: 77, 80 (2), 81, 82; Borland, Langen: 109 (5), 132, 157, 160, 162; Bundespost, Darmstadt: 102, 103 (8), 104; Calcomp, Düsseldorf: 98; Canon, Neuss: 16; Cherry, Auerbach: 85; Commerzbank, Frankfurt/M.: 15 (2); Commodore, Frankfurt/M.: 15, 19; Compugraphic, Langen: 172/1; Control Data, Frankfurt/M.: 56, 168; Cray Research, München: 23; DAZIX, München: 11, 84, 173; Deutsches Museum, München: 50; Digital Equipment, München: 23; DSM, München: 74 (2); Epson, Düsseldorf: 99; Ericsson, Frankfurt/M.: 17; FALKEN, Niedernhausen: 25, 68, 71, 146 (1), 147, 149, 150, 151, 152, 153 (1) 158 (1); FAST Electronics, München: 154 (1); Hofmann Unternehmensberatung, Hamburg: 143; Hofmann Computergrafics, Oberursel: 27, 29, 30, 31, 32, 33, 34, 35 (2), 36 (2), 37, 38, 39, 40, 41 (2), 42, 44, 69, 70 (2), 76, 100, 107; IBM Deutschland, Stuttgart: 10 (2), 11 (2), 18, 19, 46, 47, 48 (2), 49 (3), 51 (2), 52, 53 (2), 54 (3), 55 (2), 57 (3), 59, 62, 63, 64, 65, 67, 75, 81 (3), 82 (2), 83 (2), 84 (2), 88 (2), 89 (3), 90 (2), 91 (2), 92, 93, 96, 97, 99 (3), 108 (1), 109 (3), 119 (2), 164–165, 167, 168, 169, 170; Inmac, Raunheim: 101 (2); Intel, München: 73; Intergraph Deutschland, Grasbrunn: 145; Jolo Data, Hildesheim: 17, 72; KHK Software, Frankfurt/M.: 141; Lotus Development, München: 109 (1); Lufthansa, Frankfurt/M.: 15, 24; Micrografx Deutschland GmbH, München: 109/2; Micropartner, Düsseldorf: 95; Microsoft (Publipress, Ottobrunn): 108 (1), 108 (2), 112 (1), 114, 121, 122, 123, 124, 127 (1), 127 (2), 128, 129, 131 (1), 133, 134 (2), 135, 136, 137, 139, 153 (2), 154 (2); M.I.T., Friedrichsdorf: 146 (2); Olivetti, Frankfurt/M.: 144; Peter Pinzer: 153 (4) (© Millennium/Vectordean 1990); Rank Xerox, Düsseldorf: 10–11, 56; Rein Electronic, Nettetal: 79; Riggs Etcetera, Frankfurt/M.: 93; Rikadenki, Freiburg: 97; Sharp, Hamburg: 16; SNI, München: 22 (2), 23, 57, 66, 86, 87, 95, 172/2; Stiftung Preußischer Kulturbesitz, Berlin: 50; Studio Hagenmeyer, Frankfurt/M.: 47, 77, 78, 94; Tandon, Frankfurt/M.: 20, 21; Toshiba, Neuss: 21; Typografik, Bonn: 61; P. Vogel, Hamburg: 24, 130 (2), 148 (1), 148 (2), 151, 153 (3); Ventura (Henschel + Stinnes, München): 108 (2), 125, 138 (2); VW, Wolfsburg: 15; WordPerfect, Eschborn: 130 (1), 131 (2)
Die Ratschläge in diesem Buch wurden von Autor und Verlag sorgfältig geprüft, dennoch kann eine Garantie nicht übernommen werden. Eine Haftung des Autors bzw. des Verlags und seiner Beauftragten für Personen-, Sach- und Vermögensschäden ist ausgeschlossen.
Satz: FROMM Verlagsservice GmbH, Idstein
Druck: Ernst Uhl, Radolfzell